List Taschenbücher der Wissenschaft
Erziehungswissenschaft

Zenke, Pädagogik – Kritische Instanz der Bildungspolitik?
Band 1664

Die Reihe *Erziehungswissenschaft* wird herausgegeben von Hans-Jochen Gamm

In dieser erziehungswissenschaftlichen Reihe sind Themen geplant, die auf den bisher als gesichert geltenden pädagogischen Fundus teilweise verzichten und die weißen Flecke auf der Landkarte unserer scheinbaren erzieherischen Gewißheiten markieren. Inzwischen hat sich nämlich herumgesprochen, daß Theorie und Praxis derzeitiger pädagogischer Verhältnisse einen kläglichen und selbst kulturpolitisch höchst beunruhigenden Rückstand erreichen. Die Diskussionen um Kreativität, Innovation, Emanzipation, Chancengleichheit und Gesamtschule bieten nur wenige herausgehobene Stellen einer durchgehend verunsicherten Bildungstheorie, die den sozialen Veränderungen nicht länger standhält.

In der Reihe kommen Autoren zu Wort, deren leitendes Interesse von der Absicht konkreter Schulreform bestimmt ist. Sie befassen sich daher auch mit Themen, die im bisherigen Wissenschaftsbetrieb unseres Faches weithin unberücksichtigt blieben. Die Relevanz einer Fragestellung muß vielleicht erst unter dem Gesichtspunkt prinzipieller Veränderbarkeit der pädagogischen Umstände begriffen werden, ehe sich die Perspektive auf Schulreform eröffnet. Die Verfasser wollen durch Schreiben lernen, schreibend die eigene Praxis reflektieren und damit in die Wissenschaft zurückholen. Gerade dadurch sind die einzelnen Bände als Studientexte charakterisiert: sie ermutigen auch die Studenten, lernend zu schreiben und schreibend zu lernen.

Karl Zenke

Pädagogik – Kritische Instanz der Bildungspolitik?

Zur technischen und emanzipatorischen Relevanz der Erziehungswissenschaft

List Verlag München

Originalausgabe

ISBN 3471616640

Printed in Germany. Schrift: Garamond-Antiqua
Gesamtherstellung: Wagner, Nördlingen

Die Erziehungswissenschaft hat zweifellos in der Öffentlichkeit während der vergangenen Jahre ihr soziales Renommee aufbessern können; die überraschende Ausdehnung ihrer Erkenntnisinteressen, ihre interdisziplinären Fragestellungen, die Verfeinerung ihrer Forschungsmethoden und vor allem der zunehmende Gebrauch eines kritischen Instruments auch den eigenen Ansätzen gegenüber, haben das pädagogische Denken längst sowohl aus dem bloßen Radius einer Kunstlehre als auch einer lediglich angewandten Philosophie herausgehoben. Keine »pädagogische Tatsachenforschung« wird sich noch auf die ermittelten Daten berufen, ohne sie im Kontext anderer sozialwissenschaftlicher Fakten zu interpretieren und zu relativieren. Die Pädagogen könnten mit diesem Fortschritt zufrieden sein.

Und doch macht sich die derzeitige Erziehungswissenschaft einer folgenschweren Unterlassung schuldig. Es fehlt die kritische Analyse der Gesellschaft, durch die sie selbst begründet wird. Damit ist der pädagogische Typos der sozialen Unverantwortlichkeit in Hinsicht auf die gesellschaftlichen Implikate wie Resultate des eigenen Denkens geschaffen. Das Woher und Wohin der pädagogischen Reflexion kann nur mittels Analyse der tatsächlichen politischen Machtverhältnisse erhellt werden, d. h. durch ein Erkenntnisinteresse an den Zusammenhängen von *Herrschaft und Erziehung*. Hier haben jedoch die Wahrnehmungsorgane *aller* derzeitigen erziehungswissenschaftlichen Richtungen ihren blinden Fleck, den *Karl G. Zenke* in seiner materialreichen und vorzüglich strukturierten Untersuchung näher bestimmt.

Eine Pädagogik aber, die sich bildungspolitisch abstinent verhält, liefert sich Mächten aus, die die vermeintliche Unparteilichkeit des Erziehungswissenschaftlers für eigene Zwecke nutzen. So kann der Pädagoge zum nützlichen Idioten politischer Machtgruppierungen werden und dabei noch mit dem Bewußtsein arbeiten, »das Beste« zu wollen.

Die gründliche Analyse von Karl G. Zenke wird möglicherweise aggressive Antworten hervorrufen, denn welcher Fachwissenschaftler wird schon den Nachweis willig akzeptieren, daß sich seine eigenen Erkenntnisabsichten nicht auf gesellschaftliche Gegebenheiten richten? Aber es wird die Erziehungswissenschaft in Hinsicht auf ihre äußere Relevanz nur zu stärken sein, wenn sie sich die kritische Selbstanalyse auf Dauer verordnet und sich »einheimische Begriffe« nach Maßgabe der gesellschaftlichen Determinanten erarbeitet, in denen Erziehung tatsächlich geschieht und nicht nur postuliert wird.

Darmstadt, im Mai 1972

Hans-Jochen Gamm

Inhalt

I. Einleitung

Im Verlaufe der Geschichte der pädagogischen Wissenschaft werden zwei Themen so beständig erörtert, daß man geradezu von konstitutiven Problemen sprechen kann:
Zum einen steht immer wieder zur Diskussion, wie sich die Pädagogik als Theorie für das erzieherische Handeln begründet, zum anderen hat sich die Pädagogik – weitgehend wegen ihres Anspruches, von praktischer Bedeutung für die Erziehung zu sein – permanent mit dem Vorwurf auseinanderzusetzen, sie sei eigentlich gar keine Wissenschaft.
Die **praktische** Absicht der Pädagogik, dem erzieherischen Handeln Orientierung im Zielbereich und Anleitungen für die Verfahren zu geben, wird bereits von J. F. HERBART vertreten, indem er die Pädagogik auf Ethik (praktische Philosophie) und Psychologie begründet.[1]
Als **philosophische** Disziplin soll sie um eine Systematisierung des grundlegenden Wissens über die Erziehung bemüht sein, also die allgemeinsten Zwecke, Ziele und Möglichkeiten der Erziehung aufzeigen. »Mit welcher Absicht der Erzieher sein Werk angreifen soll: diese praktische Überlegung ... ist nur die erste Hälfte der Pädagogik.«[2]
Als auf Psychologie begründete **Erfahrungswissenschaft** ist sie sodann bemüht, **theoretische** Aussagen über die psychischen, sozialen und physischen Bedingungen aller Erziehung zu formulieren. Allerdings muß HERBART in seiner »Allgemeinen Pädagogik« (1806) feststellen: »Aber eine solche zweite Hälfte ist bis jetzt ein frommer Wunsch; sowohl wie die Psychologie, worauf sie fußen müßte.«[3]
Von F. E. D. SCHLEIERMACHER wird die praktische Bedeutung der Pädagogik nicht aus ihrer Begründung durch Ethik und Psychologie abgeleitet. Die Theorie steht der Praxis

nicht normativ- und technisch-regulierend gegenüber, vielmehr geht Theorie aus der immer schon vorgegebenen Praxis hervor und vermag zu bewirken, diese Praxis bewußter, also wohl rationaler, kritischer, distanzierter zu gestalten. Denn: »Die Dignität der Praxis ist unabhängig von der Theorie; die Praxis wird nur mit der Theorie eine bewußtere.«[4]

Damit spricht SCHLEIERMACHER ein Theorieverständnis an, das bei W. DILTHEY und verschiedenen Vertretern der sogenannten DILTHEY-Schule – oder der geisteswissenschaftlichen Pädagogik – wieder aufgenommen wird. Die pädagogische Theorie soll aus einer komplexen historischen – geistes- und sozialgeschichtlichen – Analyse der Erziehung als kulturellem und gesellschaftlichem Teilsystem Kriterien für die jeweils in der Zeit erforderlichen Verbesserungen der erzieherischen Praxis gewinnen. In diesem Sinne ist die Aussage dieser wissenschaftlichen Tradition zu verstehen, **Pädagogik sei Theorie von und für die Erziehung.**

Der Anspruch der Pädagogik, sie sei eine Theorie für das Handeln, erbringe also Erkenntnisse, an denen sich erzieherische Praxis – auch die Bildungspolitik – orientieren könne, wird dann auch bei den namhaften Vertretern der deutschen Pädagogik in der ersten Hälfte dieses Jahrhunderts artikuliert.

So heißt es bei Th. LITT in seinem 1921 erstmals veröffentlichten Beitrag »Das Wesen des pädagogischen Denkens« – in deutlicher Nähe zur SCHLEIERMACHERschen Konzeption –: »Zwar hat auch die Pädagogik einen bestimmten Kreis von vorgefundenen Tatsachen der Wirklichkeit zum Gegenstand, eben die Wirklichkeit derjenigen Vorgänge und Leistungen, die den Inbegriff der Erziehung ausmachen, aber sie betrachtet diese Erscheinungen nicht lediglich, um sie so, wie sie ihr vorliegen, zu verstehen und zu denken, sondern um aus ihrer gedanklichen Verarbeitung Nutzen zu ziehen für die Praxis der Erziehung selbst. Sie will und soll sein die Theorie eines Handelns.«[5]

Und E. SPRANGER weist der Pädagogik wenig später in dem schon vom Titel her bezeichnenden Aufsatz über »Die Bedeutung der wissenschaftlichen Pädagogik für das Volksleben« (1928) die Aufgabe zu, »eine bereits gegebene Kulturwirklichkeit aufzufassen, unter ordnende Begriffe zu bringen und zuletzt durch Wertsetzung und Normen zu gestalten.«[6]

Spranger betont ausdrücklich – darin in krassem Gegensatz zum Postulat der Wertfreiheit der Wissenschaft, das von M. Weber kurz zuvor in mehreren wissenschaftstheoretischen Beiträgen argumentiert worden ist[7] –: »Die Wissenschaft hat auch das Recht, Werte zu setzen und Normen aufzustellen.«[8] Wird von Litt, Spranger u. a.[9] im wesentlichen die Funktion der Pädagogik hervorgehoben, Ziele, Normen und Anweisungen für den angemessenen pädagogischen Umgang der Lehrer und Erzieher mit den Heranwachsenden zu begründen, womit im Sinne der Herbartschen Konzeption die **praktisch-philosophische Aufgabe** der Pädagogik angesprochen ist, so wenden sich eine Reihe anderer Pädagogen entschieden gegen die spekulativ-philosophische Vorgehensweise der Pädagogik, soweit dieser Teil ihrer Reflexion nicht zugleich durch erfahrungswissenschaftliche Forschung ergänzt würde. Denn die praktische Bedeutung muß sich auch in der Analyse und den Handlungsanweisungen für die Lösung didaktisch-methodischer, erzieherischer und therapeutischer Probleme bewähren. Deshalb wendet A. Fischer gegen die tradierte Pädagogik der Herbart-Schule ein: »Wir dürfen uns nicht mehr mit einer Pädologie und einer Lehrerkunde begnügen, die einige Tatsachen mit vielen willkürlichen Annahmen und Konstruktionen mischt [,] ... auf einer so ungenügenden Kenntnis des Objektes wie des Subjektes der Erziehung beruhen auch heute noch zahlreiche Methoden und Einrichtungen unseres Erziehungs- und Schulwesens. Es ist demgegenüber für die Neubegründung der Erziehungswissenschaft von größter Bedeutung, daß wir über die rein tatsächlichen Verhältnisse in einwandfreier, d. h. exakt kontrollierter Forschung informiert werden.«[10]

Doch wenn sich auch der von A. Fischer 1913 beklagte Mangel an kontrolliertem Erfahrungswissen, das eine inhaltliche Theorie und dann auch eine pädagogische Technologie zuließe, bis jetzt nicht wesentlich hat abstellen lassen, H. Röhrs tritt auch heute für ein Verständnis von Pädagogik ein, für das **praktische Verantwortung** konstitu-

tiv ist. In seiner 1969 erschienenen »Allgemeinen Erziehungswissenschaft« betont er: »Als Wissenschaft vom Menschen und seiner Bildung ist sie trotz ihres spekulativen Grundcharakters von vornherein für die Gestaltung der Erziehungswirklichkeit verantwortlich gewesen.«[11]
So ist von Pädagogen immer wieder behauptet worden, ihre Wissenschaft sei für das persönliche Schicksal aller jeweils Heranwachsenden, für die Qualität der Erziehung und des Unterrichts und letztlich sogar für die Zukunft der Nation von beachtlicher Relevanz.
Bei A. Fischer klang die Kritik an der auf Leitung der Praxis bedachten philosophischen Pädagogik bereits an, er fordert eine »Neubegründung der Erziehungswissenschaft«! Damit führt er eine Problematik fort, die – wie oben angezeigt – bis heute zu den ständig aktuellen Themen der innerwissenschaftlichen Diskussion der Pädagogik gehört: die Frage nach dem Wissenschaftscharakter dieser Disziplin.
Bezogen auf die jeweilige historische Praxis der Pädagogik ist ihre Wissenschaftlichkeit und Bedeutung für die Praxis vom ausgehenden 18. Jahrhundert – der Zeit erster pädagogischer Theorieversuche – bis in die Gegenwart abgesprochen worden. Die vielfältigen Vorwürfe der Rückständigkeit beziehen sich zwar auf unterschiedliche Mängel der pädagogischen Wissenschaft, doch insgesamt besteht Einigkeit darin, daß man noch gar nicht wisse, wie diese eigenartige **Doppelwissenschaft,** Theorie von und für die Erziehung, zu konstituieren sei. F. Nicolin kann in diesem Zusammenhang auf die 1793 von J. Chr. Greiling vorgetragene Kritik an der Pädagogik verweisen, in der es heißt, die Pädagogik sei »bis jetzt nicht viel mehr als ein Aggregat von Bemerkungen, Erfahrungen und Regeln . . ., die durch kein gemeinschaftliches Band innerlich verbunden und geordnet sind«.[12]
Viel zitiert ist sodann die äußerst entschiedene Ablehnung einer mit dem Anspruch auf allgemeingültige Leitung der Praxis auftretenden Pädagogik durch W. Dilthey. In seiner 1888 vorgelegten Abhandlung »Über die Möglichkeit einer allgemeingültigen pädagogischen Wissenschaft« heißt es: »Diese abstrakte und allgemeingültige pädagogische Wissenschaft, in allen ihren bisherigen Gestalten, ist eine

Genossin der natürlichen Theologie und des Naturrechts, der abstrakten Nationalökonomie und Staatslehre. Während die historische Schule sonst überall längst das natürliche System verdrängt und eine geschichtliche Auffassung herbeigeführt hat, ist die Pädagogik allein rückständig geblieben.«[13]

Doch offensichtlich ist die von DILTHEY auch für die pädagogische Forschung geforderte »geschichtliche Auffassung« – worunter heute sozialwissenschaftliche Forschung im weitesten Sinne fiele, also Makro-Soziologie ebenso wie Sozialisationstheorie – nicht in dem Maße realisiert worden, daß die beklagte Rückständigkeit nach DILTHEY überwunden worden wäre. So kommt es, daß gerade dort, wo die Pädagogik ihre Relevanz für die Praxis besonders augenfällig erweisen könnte, in der Lehrerbildung nämlich, diese Wissenschaft höchst umstritten bleibt.

J. DOLCH weiß 1952 zu berichten: »Dort [in den Universitäten und Hochschulen, K. Z.] wird noch immer die Wissenschaftlichkeit der Pädagogik überhaupt bestritten, und manche Praktiker lehnen sie als unnötig, wenn nicht gar als geradezu schädlich gänzlich ab.«[14]

Derartige Erfahrungen muß auch W. BREZINKA gemacht haben, denn für ihn steht fest, »daß unsere Studenten vielfach Steine statt Brot, Wortgeklingel statt Erkenntnisse erhalten, weil uns eine brauchbare wissenschaftliche Pädagogik noch fehlt«.[15]

Die Stimmen der Kritik ließen sich unschwer vermehren, so daß das »Elend der spätbürgerlichen Pädagogik«, von dem H.-J. GAMM in seinem jüngsten Buch ausführlich spricht[16], weiter in mehr oder weniger beißenden Farben gezeichnet werden könnte.

Seitdem im letzten Jahrzehnt die Bildungspolitik in der bundesrepublikanischen Innen- und Wirtschaftspolitik eine bis dahin unbekannte Beachtung und Aktivierung erfahren hat, stellt sich die Frage nach der praktischen Bedeutung der Pädagogik gegenwärtig erneut, diesmal unter dem Aspekt der **technischen** und **emanzipatorischen Relevanz** dieser Disziplin für die Bildungspolitik.

Es wird zu prüfen sein, welche Beiträge im Zusammenhang der längst überfälligen Reform des westdeutschen Ausbil-

dungswesens von einer Wissenschaft bzw. ihren verschiedenen »Schulen« oder Konzeptionen zu erwarten sind, wenn man von den methodologischen Normen der Konzeptionen, ihrer wissenschaftstheoretischen Position ausgeht.
Denn, daß die Wissenschaft inzwischen wichtige Funktionen im Bereiche der Politikberatung übernehmen mußte, dokumentieren die vielfältigen Beiräte und Gutachtergremien, die sich Regierungen, Parlamente und Parteien inzwischen allerorts zugelegt haben. Die äußerst komplexe bildungspolitische Materie, der hohe Anteil der für das Ausbildungswesen und die Forschung zu investierenden öffentlichen Finanzen und das Spezifikum bildungspolitischer Entscheidungen und Maßnahmen, in der Regel erst nach 15–20 Jahren die erwünschten Resultate zu zeitigen, macht in diesem Sektor der Politik den wissenschaftlichen Sachverstand besonders erforderlich.[17]
Zudem gehört die Einsicht in die Bedeutung der Bildungspolitik für das persönliche Schicksal aller von ihr unmittelbar Betroffenen, insonderheit also der Kinder und Jugendlichen, für die Demokratisierung, Humanisierung und Sozialisierung der Gesellschaft sowie deren ökonomische Wohlfahrt längst zu den Selbstverständlichkeiten des öffentlichen Bewußtseins, hinter die eine verantwortliche Politik nicht zurückfallen darf.
Es erscheint von daher berechtigt und auch erforderlich, wenn diejenige Wissenschaft, der es gemäß ihrem durchgängigen Selbstverständnis um die Beschreibung, Erklärung und Beeinflussung aller Prozesse geht, die für die Erziehung und Ausbildung der heranwachsenden Generation Bedeutung haben, auf ihre **Relevanz für Bildungspolitik** geprüft wird.
Daß hier offensichtlich ein heikles Problem angegangen wird, lassen die eingangs skizzierten Auseinandersetzungen vermuten.

II. Der gesellschaftliche Zusammenhang gegenwärtiger Bildungspolitik – Rationalisierung durch Bildungsplanung – Erziehungswissenschaft und Bildungspolitik

1 Bildungspolitik und wirtschaftliches Wachstum. Die Dominanz ökonomischer Interessen

Kritik an Inhalt und Struktur des westdeutschen Schulwesens, Klagen über den mangelhaften Ausbau von Einrichtungen vorschulischer Erziehung, Hinweise auf die ungenügenden Leistungen der sogenannten allgemeinbildenden Schulen für die berufliche Ausbildung ihrer Absolventen, Forderungen, die einen quantitativen Ausbau von Schule und Hochschule zum Ziel haben, Pläne zur Verbesserung dieser Misere und für eine umfangreiche und mehr oder weniger tiefgehende Reform des Ausbildungswesens, anhaltende Diskussionen über den Bildungsnotstand in Westdeutschland, den Verlust der Führungsrollen in diesem Bereich der öffentlichen Wohlfahrt und gegenseitige Beschuldigungen der politischen Parteien, Gewerkschaften, industrieller Interessenverbände sowie anderer, an den Problemen der Bildungspolitik beteiligter gesellschaftlicher Gruppen, diese oder jene politische Doktrin habe den vielfach beklagten Zustand des westdeutschen Ausbildungswesens herbeigeführt, gehören seit Mitte der sechziger Jahre zum politischen Alltag in der Bundesrepublik Deutschland.
Wurde Bildungspolitik bis dahin weitgehend als Gegenstand fachinterner Absprachen in den engen Grenzen der Ministerialbürokratie betrachtet und nur vereinzelt in der Öffentlichkeit, sprich: den Landesparlamenten, problematisiert, so hat sich dieser Zustand einer politischen Randexistenz für die Bildungspolitik bald als überholt herausgestellt.
Heute weiß es inzwischen auch der viel zitierte Mann auf der Straße: Die Qualität des Ausbildungswesens einer Gesellschaft, die Quantität des outputs der verschiedenen Ausbildungsinstitutionen vom Kindergarten bis zur Hochschule, die Effektivität des Einsatzes von Personal und Mitteln bei möglichst hoher Leistung im Hinblick auf die gesell-

schaftlich erwünschten Ausbildungsziele und die Fähigkeit und Bereitschaft aller im Ausbildungswesen arbeitenden Experten, neuen Anforderungen durch eine Anpassung der Lernziele, Lerninhalte, Lern- und Lehrverfahren möglichst rasch zu entsprechen, entscheiden über die Zukunft der Nation wesentlich mit.

Die Zukunft der Nation wiederum wird in der gegenwärtigen Situation der Bundesrepublik unmittelbar vom Entwicklungsstand der Wirtschaft, von deren ständigem Wachstum abhängig gemacht. Etwa wenn der Bundeskanzler in seiner Regierungserklärung vom 28. Oktober 1969 im Hinblick auf die dringend erforderlichen Veränderungen im Bereich der Infrastruktur der Gesellschaft feststellt: »In der Bundesrepublik stehen wir vor der Notwendigkeit umfassender Reformen. Die Durchführung der notwendigen Reformen und ein weiteres Steigen des Wohlstandes sind nur möglich bei wachsender Wirtschaft und gesunden Finanzen.«[1]

Auf die zentrale gesellschaftliche Funktion der Wirtschaft in ebendiesem Sinne weist auch Staatssekretär H. von Heppe vom Bundesministerium für Bildung und Wissenschaft hin, wenn er in einem Referat zu »aktuellen Fragen der staatlichen Politik auf den Gebieten des Bildungswesens, der Forschung und der technischen Entwicklung« vor industriellen Führungskräften u. a. ausführt: »Wir leben heute im Zeitalter eines internationalen Konkurrenzkampfes der großen Industriestaaten, bei dem es vor allem auch um die Eroberung neuer Märkte für wichtige Zukunftstechnologien geht. In diesem Wettbewerb kann nur ein Land bestehen, wenn Wirtschaft und Staat bereit sind, in ausreichendem Umfang in Forschung und Entwicklung Investitionen für die Zukunft zu machen, die für einen hohen technologischen Leistungsstand notwendig sind.«[2]

Beide Äußerungen zeichnen die Bundesrepublik als hochentwickelten Industriestaat, dessen Zukunft wesentlich bedingt ist durch das wirtschaftliche Wachstum, also durch Maximierung der Profite, von denen die Höhe der etwa von v. Heppe geforderten Investitionen ja schließlich abhängt. Dieser Staat benötigt ein Ausbildungswesen, das den gewinnbringenden Einsatz aller Arbeitskräfte sichert, einen

Stab von Experten für Produktion, Planung und wirtschaftliches Management sowie in hinreichender Quantität und Qualität Wissenschaftler für Forschungs- und Leistungsfunktionen in Industrie, Verwaltung und Hochschule ausbildet.
Die Optimierung dieser Funktion des Ausbildungswesens wird u. a. dazu beitragen, die westdeutsche Industrie für den »internationalen Konkurrenzkampf« auszurüsten.
Diese Aussichten für die systemadäquate Funktionalität des Ausbildungswesens gewinnen für die erziehungswissenschaftliche Reflexion ihre Problematik in ganzer Schärfe erst dann, wenn die besonderen Machtverhältnisse, die derzeit die Ökonomie der Bundesrepublik charakterisieren, ebenfalls bewußt gemacht sind. Denn in einer Gesellschaft mit kapitalistischer Wirtschaftsordnung bedeutet die Abhängigkeit der allgemeinen gesellschaftlichen Entwicklung vom Zustand der Wirtschaft – sprich: der Höhe ihrer technologischen Entwicklung, der Rationalisierung der Produktion, der Größe der Absatzmärkte, also letztlich der Höhe der Gewinne –: Die Zukunft der Nation, womit im allgemeinen die Stabilität der gesamten Volkswirtschaft, die Sicherheit der Arbeitsplätze und damit des privaten Wohlstandes sowie genügende Finanzkraft der öffentlichen Hand zur Bestreitung der Gemeinschaftsaufgaben in den Bereichen Soziales, Bildung, Verkehr, Verteidigung, Gesundheit, Umwelt und Städtebau gemeint ist, wird von einem Faktor abhängig gemacht, der sich aufgrund der bestehenden Eigentumsverhältnisse in der Verfügungsgewalt einer anzahlmäßig verschwindenden Minderheit der Gesellschaft befindet. Wirtschaft basiert im Kapitalismus auf dem privaten Eigentum an den Produktionsmitteln, die wiederum vorwiegend im Interesse privater Gewinnmaximierung eingesetzt werden. Für die große Mehrheit der Bevölkerung bedeutet das Ausschluß von der Verfügungsgewalt über die Produktionsmittel, Abhängigkeit vom Arbeitsplatzangebot privater Unternehmer, geringes Einkommen und Verzicht auf privaten Besitz bzw. dessen gesellschaftliche Kontrolle, die eine erhöhte ökonomische Selbständigkeit der Arbeitnehmer und eine öffentlich-demokratische Verfügung über die Wirtschaft garantieren könnten.

Damit die kapitalistische Wirtschaft die Zukunft der Nation im oben skizzierten Sinne garantiert, sind in steigendem Maße öffentliche Investitionen nötig, die gleichsam die Voraussetzungen für technischen Fortschritt, steigende Rentabilität und damit internationale Konkurrenzfähigkeit der Wirtschaft sichern.

In diesen Kontext gesellschaftlicher Investitionen für den privaten Produktionsapparat gehören auch die Aufwendungen für das Ausbildungswesen. Deshalb darf es nicht verwundern, wenn in der Regierungserklärung vom Oktober 1969 im Abschnitt über die *Wirtschaftspolitik* die ersten Ausführungen zur *Bildungspolitik* zu finden sind.

Bundeskanzler Brandt sagte: »Dauerhafte Sicherheit kann es in einer entwickelten Gesellschaft nur durch Veränderung geben. Das wird sich in den siebziger Jahren noch deutlich zeigen.

Der permanente wirtschaftliche und soziale Wandel ist eine Herausforderung an uns alle. Er kann ohne Initiative des einzelnen nicht gemeistert werden. Die Eigeninitiative braucht jedoch die Unterstützung der Politik. Wir dürfen keine Gesellschaft der verkümmerten Talente werden. Jeder muß seine Fähigkeiten entwickeln können. Die betroffenen Menschen dürfen nicht einfach ihrem Schicksal überlassen werden. Im Bewußtsein der Verantwortung für die wirtschaftliche Zukunft unseres Landes in den siebziger Jahren werden wir uns besonders intensiv der Ausbildung und Fortbildung sowie der Forschung und der Innovation annehmen. Dabei gilt es insbesondere, das immer noch bestehende Bildungsgefälle zwischen Stadt und Land abzubauen. Ich bin sicher, daß wir auf diese Weise beträchtliche **Leistungsreserven** [Hervorhebung v. Verf.] unserer Gesellschaft mobilisieren und die Chancen jedes einzelnen verbessern können.«[3]

Der Zusammenhang ist deutlich. Aufgrund der Dominanz ökonomischer Interessen und deren Einfluß auf Staat und Gesellschaft wird die Politik zunehmend in den Dienst der Ökonomie genommen. Folgerichtig stellt dann der baden-württembergische Kultusminister fest: »Die Gestaltung unseres Bildungswesens wird mit darüber entscheiden, ob wir im Wettbewerb der Gesellschaftssysteme bestehen und welchen Rang wir unter den Kultur- und Wirtschaftsnationen einnehmen werden. Wer in die Führungspositionen der europäischen Wirtschaft einrücken wird, entscheidet sich weitgehend in unseren Schulen und Universitäten.«[4]

2. *Gefahren für eine demokratische Bildungspolitik*

Die private Verfügung über die Produktionsmittel – derzeit durch ein sich zunehmend verselbständigendes Industriemanagement jeglicher öffentlichen Kontrolle fast vollständig entzogen – und die Einflußnahme, die via Wirtschaft damit einer kleinen Gruppe der Bevölkerung dieses Landes auf die Politik möglich wird, bringt – auch für den Bildungspolitiker – Gefahren mit sich, die hier zwar nicht im einzelnen analysiert, aber doch zumindest angesprochen werden sollen.
Grundsätzlich steht wohl das Problem an, wie sich Politik den Zwängen der privatkapitalistischen Ökonomie soweit entziehen kann, daß ein Ausbau der öffentlichen Investitionen, orientiert an den Bedürfnissen der großen Mehrheit der Bevölkerung, eine Demokratisierung aller gesellschaftlichen Bereiche und eine zunehmende Kontrolle und Reglementierung der Wirtschaft durch die Gesellschaft überhaupt erfolgen kann. Speziell für die Bildungspolitik heißt das: Orientieren wir uns am Leitbild einer Gesellschaft, die bewußt soziale und demokratische Verhältnisse schafft, oder gehorcht Bildungspolitik scheinbar vorgegebenen Sachzwängen und Realitäten – etwa den Entwicklungstendenzen einer wachstumsorientierten Privatwirtschaft – steht damit aber in der Gefahr, letztlich den Interessen einer Minderheit die Emanzipation der Gesamtheit zu opfern.
Diese ohne Zweifel vereinfachende Alternative soll nur den Grundwiderspruch andeuten, der sich auch in den heute so verbreiteten bildungspolitischen Zielen auf individuelle Bildung und freie Entfaltung der Persönlichkeit einerseits sowie leistungsorientierte Anpassung im Interesse des wirtschaftlichen Bedarfs andererseits ausdrückt.
Gerade wegen der offenkundigen gesellschaftlichen Verflechtungen der Bildungspolitik, sollten die kritischen Analy-

sen der Politologen und Soziologen von Erziehungswissenschaftlern und Bildungspolitikern nicht vorschnell abgetan werden. Denn die gesellschaftspolitische Funktion beider, der Bildungspolitik wie der Erziehungswissenschaft, ergibt sich u. a. aus ihrem Verhältnis zu gesellschaftlichen Zuständen, die etwa U. JAEGGI in seiner Analyse von Macht und Herrschaft in der Bundesrepublik in folgender Weise beschreibt: »... die wirtschaftliche Machtakkumulation begrenzt bereits heute die Handlungsfähigkeit jeder Regierung. Die Entscheidung über Prioritäten bei der Zuweisung volkswirtschaftlicher Mittel und der Beschäftigung von Arbeitnehmern bei der Erzeugung von Gütern und Leistungen verlagert sich zunehmend in die Hand einer kleinen Zahl wirtschaftlicher Kontrollgruppen.«[5]

Auf die damit aufgedeckten Gefährdungen für soziale Gerechtigkeit, Demokratie, Frieden und individuelles Glück haben die beiden großen politischen Parteien der Bundesrepublik vor nicht allzulanger Zeit noch selbst in aller Deutlichkeit verwiesen. So heißt es im Ahlener Programm der CDU von 1947: »Das kapitalistische Wirtschaftssystem ist den staatlichen und sozialen Wirtschaftsinteressen des deutschen Volkes nicht gerecht geworden.«

Und die SPD schreibt in ihrem Godesberger Programm von 1959: »Im demokratischen Staat muß sich jede Macht öffentlicher Kontrolle fügen. Das Interesse der Gesamtheit muß über dem Einzelinteresse stehen. In der vom Gewinn- und Machtstreben bestimmten Wirtschaft und Gesellschaft sind Demokratie, soziale Sicherheit und freie Persönlichkeit gefährdet. Der demokratische Sozialismus erstrebt darum eine neue Wirtschafts- und Sozialordnung.«

Das waren klare Aussagen über die Probleme, die sich angesichts privater Verfügung über die gesellschaftliche Produktion für Demokratie, Freiheit und soziale Gerechtigkeit in der Bundesrepublik ergeben. Was immer die Parteien heute an Verschleierung versuchen, diese früheren Einsichten gegenwärtig als überholt zu postulieren, die politische Praxis in der Bundesrepublik und die daraus resultierenden gesellschaftlichen Zustände sprechen keineswegs gegen die Aktualität der zitierten Passagen.

So muß angesichts der ökonomischen Interessen auch die

Bildungspolitik bedacht sein, das Interesse der Gesamtheit den Einzelinteressen vorzuziehen. Was immer diese vage Formulierung alles abdecken mag, sie enthält ohne Zweifel eine Absage an das Drei-Klassen-Schulsystem, eine Kritik an der offenkundigen Unterprivilegierung der Arbeiterkinder in dem gegenwärtig allein an den Wert- und Leistungsmustern der Mittelschicht orientierten Ausbildungssystem sowie die Aufforderung, endlich für die Masse der bisher lediglich ausgepowerten Arbeiterbevölkerung Lernbedingungen bereitzustellen, die einer Emanzipation zumindest nicht im Wege stehen!

3. Gesamtgesellschaftliche Bedarfsberechnung: Bildungsökonomie

Auf den Zusammenhang von wirtschaftlichem Wachstum und Bildungspolitik schon vor längerer Zeit in aller Deutlichkeit aufmerksam gemacht zu haben, kommt insonderheit den *Bildungsökonomen* zu, die darauf verweisen konnten, daß neben den bisher für das wirtschaftliche Wachstum als verantwortlich betrachteten Faktoren Arbeit und Kapital, der Bildung bzw. Ausbildung als drittem Faktor Beachtung geschenkt werden müsse.

Bildungsökonomie wird in der Bundesrepublik seit Beginn der sechziger Jahre betrieben. Durch eine Reihe von Arbeiten zum Verhältnis von Aufwendungen für das Ausbildungswesen und Wirtschaftswachstum konnte die volkswirtschaftliche Bedeutung der Bildungsinvestitionen nachgewiesen werden.

Im Mittelpunkt bildungsökonomischer Forschung steht die volkswirtschaftliche Wirkung einer sogenannten Restgröße, die neben den Inputvariablen Kapital und Arbeit den Outputzuwachs, das wirtschaftliche Wachstum also, beeinflußt. Diese Restgröße wird mit verschiedenen Begriffen umschrieben: Humanfaktor, Technischer Fortschritt, Bildungsstand einer Gesellschaft oder einfach Dritter Faktor.

F. Edding, durch dessen Arbeiten die Bildungsökonomie in der Bundesrepublik wesentlich beeinflußt wurde, beschreibt die Aufgabe der Bildungsökonomie als die »theoretische und empirische Beschäftigung mit mikro- und makroökonomischen Aspekten von Bildung, Ausbildung und Forschung ... Das Arbeitsgebiet reicht von Rentabilitätsberechnungen für Ausbildungsausgaben über Finanzierungsfragen bis zur Bestimmung der Funktion des Ausbildungswesens und der erworbenen Ausbildung im Ablauf des Prozesses wirtschaftlicher und sozialer Entwicklung, den sich ergebenden Interdependenzen und den Auswirkungen auf die Entwicklung des Ausbildungssystems selbst«.[6],[7]

Diesen Aspekt haben die Bildungspolitiker im Laufe der letzten Jahre verstärkt in ihre Argumentation aufgenommen. So relativ früh der baden-württembergische Kultusminister W. Hahn, der in Anlehnung an die Theorien der Bildungsökonomen G. Bombach und H. P. Widmaier die gesellschaftliche Funktion der Ausgaben für das Bildungswesen bestimmt: »Bildungsinvestitionen sind notwendige Vorbedingung und Voraussetzung wirtschaftlichen Wachstums und damit steigenden Wohlstands.«[8]

Und wenn auch mit größerer Zurückhaltung und gewissen Einschränkungen – aber dennoch deutlich – verweist auch die Bundesregierung der sozial-liberalen Koalition auf die wirtschaftliche Bedeutung der Bildungspolitik. In ihrem Bildungsbericht '70 heißt es u. a.: »Diese Entscheidung für den Vorrang der Bildungspolitik in der Gesamtpolitik ist nicht nur gefallen, weil technischer Fortschritt, Wirtschaftswachstum und soziale Sicherheit von der Leistungsfähigkeit des Bildungswesens und der Forschung abhängen.«[9]

Ohne Zweifel *nicht nur*, aber eben *auch deshalb*, wobei über die Gewichtung der einzelnen Motive für die Bewertung der Bildungspolitik ohnehin in dieser Allgemeinheit nichts ausgemacht werden kann.

Weil unsere Gesellschaft wesentlich vom Wachstum der Wirtschaft abhängt, also von einem ständigen Mehr an Produktion, Konsum und Profit, und weil für dieses wirtschaftliche Wachstum wiederum die Ausbildung aller für und in der Wirtschaft arbeitenden Menschen wichtige Voraussetzung ist, deshalb, so läßt sich in grober Vereinfachung zusammenfassen, ist Bildungspolitik inzwischen zum Gegenstand der großen Politik geworden.

4. *Neue bildungspolitische Kompetenzen des Bundes*

Das wachsende politische und gesellschaftliche Interesse an der Bildungspolitik findet in der Bundesrepublik seinen augenfälligsten Niederschlag in der zunehmenden *Kompetenz des Bundes* in Fragen der *Bildungspolitik*. Je mehr die Existenz der Gesellschaft von der Qualität des Ausbildungswesens abhängt, desto wirksamer muß die Einrichtung, Veränderung und Kontrolle der Ausbildungsinstitutionen funktionieren, desto rationeller sind die Mittel zu verwenden, desto effektiver muß eine zentralistische Steuerung die Ströme der Schüler und Studenten im Interesse einer gesellschaftlichen Bedarfsbedeckung auf die verschiedenen Ausbildungsgänge verteilen.

Das Grundgesetz (GG) verweist die Kultur- bzw. Bildungspolitik in die Zuständigkeit der Bundesländer. Durch die Grundgesetzänderungen vom Mai 1969 wurden dem Bund Rechte übertragen, die der skizzierten *Zentralisierung* bzw. *Vereinheitlichung der Bildungspolitik* dienen. Danach kann der Bund auf dem Wege einer sogenannten Rahmengesetzgebung Grundsätze für die Gestaltung des Hochschulwesens festlegen und »bei der Erfüllung von Aufgaben der Länder« mitwirken, »wenn diese Aufgaben für die Gesamtheit bedeutsam sind«.[10] Dazu zählen schon heute der Ausbau und Neubau wissenschaftlicher Hochschulen, und es ist gegenwärtig noch nicht abzusehen, welche anderen Aufgaben den Charakter dieser sogenannten Gemeinschaftsaufgaben erhalten werden. Schließlich sanktioniert der neue Artikel 91 b die Zusammenarbeit von Bund und Ländern bei der Bildungsplanung, womit die grundgesetzliche Basis für die 1970 errichtete *Bund-Länder-Kommission* für Bildungsplanung (BLK) gegeben war.

Neben der skizzierten Tendenz zur Zentralisierung bildungspolitischer Kompetenzen sind die *finanziellen Aufwendungen* für das Ausbildungswesen wohl der sicherste Indikator für dessen gesellschaftliche Bedeutung. Betrugen die Aufwendungen der öffentlichen Haushalte (in Gemeinden, Ländern und Bund) in der Bundesrepublik 1951 2,698 Millarden DM, so wurden 1968 schon 21,359 Millarden DM für Bildung und Wissenschaft ausgegeben.[11] Für den Anfang

der achtziger Jahre nimmt die Bundesregierung einen Finanzbedarf von rund 70 bis 95 Millarden DM für Schulen und Hochschulen an.[12]
Für sich genommen scheinen diese Zahlen einen immensen Finanzaufwand für Schulen und Hochschulen anzuzeigen. Der internationale Vergleich mit etwa gleichrangigen Industriestaaten zeigt jedoch, daß die Bundesrepublik den geringsten Anteil ihres Brutto-Sozialproduktes für das Ausbildungswesen verwendet. Betrug dieser Anteil 1965 in der UdSSR 7,2%, in den USA 5,3%, in Schweden 5,2% und in England 5,1%, so verwandte die Bundesrepublik im gleichen Jahr nur 3,4% des Brutto-Sozialproduktes für Schulen und Hochschulen.[13]
Diese Zahlen deuten auf den desolaten Zustand des westdeutschen Ausbildungswesens, der sich sowohl in qualitativen Mängeln – überholten Lehrplänen, veralteten technischen Einrichtungen, einer undemokratischen Lehr- und Prüfungspraxis, einer rückständigen Lehrerbildung – als auch quantitativen Rückständen – im Fehlen von Kindergartenplätzen, überfüllten Klassen, alten Schulgebäuden, dem Numerus clausus an den Hochschulen – zeigt.
Angesichts der Bedeutung des Ausbildungswesens für das wirtschaftliche Wachstum fordert die Wirtschaft folglich steigende öffentliche Investitionen für die Bildungspolitik und der sozialpolitisch engagierte Bildungspolitiker muß ebenfalls darauf drängen, daß die Slogans von Chancengleichheit und individueller Förderung, von demokratischer Schulreform und Beseitigung bestimmter Klassenschranken die entsprechenden finanziellen Mittel für ihre Realisierung erhalten. An der Verteilung der Finanzen, an den Prioritäten innerhalb der mittel- und langfristigen Finanzplanung der Kultushaushalte wird sich freilich ersehen lassen, welche der miteinander konkurrierenden Anforderungen an die Bildungspolitik den Vorrang hat. Zur Zeit stehen die sozialpolitisch motivierten und pädagogisch begründbaren Reformen – also z. B. die Einführung einer didaktisch konzipierten Vorschulerziehung, die Reform der Lehrerbildung, die Revision der Curricula in Schulen und Hochschulen, die stufenweise Einführung der integrierten Gesamtschule als Regelschule – noch immer deutlich im Hintergrund.

5. *Die wesentlichsten Zielvorstellungen bei der Reform des Ausbildungswesens*

Unter besonderer Berücksichtigung des Zusammenhanges von Bildungspolitik und wirtschaftlichem Wachstum haben sich inzwischen eine Reihe von *Zielvorstellungen* für die längst überfällige Reform des Ausbildungswesens entwikkelt, in denen insgesamt *die Dominanz der wirtschaftspolitischen Interessen* nicht verborgen bleibt:

– Die ständig zunehmende Technisierung und Industrialisierung unserer Gesellschaft, die wachsenden Anforderungen an die beruflichen Qualifikationen aller Arbeitnehmer und die Verwissenschaftlichung der privaten und sozialen Existenz erfordern ein Ausbildungswesen, das allen Bürgern dieser Gesellschaft eine optimale Ausbildung, Fortbildung bzw. Umschulung erlaubt.

– Die Wirtschaftsgesellschaft benötigt ständig mehr qualifizierte Arbeitskräfte, so daß alle Lernenden gemäß ihren individuellen Fähigkeiten und Neigungen geschult werden müssen. Ein differenziertes Lernangebot und ein System von Leistungskontrollen und Berechtigungen ist für diese Ausschöpfung aller Bildungsreserven Voraussetzung.

– Insgesamt folgert daraus, daß die zu erwerbenden Berechtigungen auf allen Stufen des Ausbildungswesens mehr als bisher beruflich verwertbar sein müssen.

So heißt es etwa im Sinne dieser Ziele in den »Empfehlungen zur Neugestaltung der Abschlüsse im Sekundarschulwesen« des Deutschen Bildungsrates: »Das künftige deutsche Schulwesen soll so organisiert sein, daß es aus sich selbst heraus fördert und verteilt. Auf all seinen Stufen muß es eine breite Skala von Interessen und Begabungen der Jugendlichen berücksichtigen, so daß jeder einzelne bis zu der Stufe, die er erreichen kann und will, gefördert wird. Von allen Qualifikationsebenen aus müssen die Schulabgänger auf eine den individuellen, wirtschaftlichen und gesellschaftlichen Bedürfnissen angemessene Weise zu vorhandenen oder neu entstehenden Studien- und Arbeitsplätzen hingeführt werden können.«[14]

Deutlicher noch fordert die Industrie die berufspraktische Orientierung aller Ausbildungsgänge: »Bei aller Anerkennung des kulturellen und pädagogischen Primats der Bildungspolitik hält die Industrie die Berücksichtigung der Bedürfnisse der Berufsausbildung im modernen Bildungswesen für besonders bedeutungsvoll, damit die Wirtschaft den Aufgaben von morgen gerecht werden kann.«[15]

– Die begrenzten Mittel für Ausbau und Reform des Bildungswesens zwingen zu Maßnahmen, die Leerzeiten in den Ausbildungsgängen, also Fehlinvestitionen möglichst verhindern. Deshalb sollen die Schullaufbahnen für jeden Lernenden so eingerichtet werden, daß seine individuelle Leistungsfähigkeit jeweils optimal ausgenutzt wird. Dazu heißt es in den oben zitierten Empfehlungen: »Durch strukturelle und curriculare Veränderungen und durch neue Konzeptionen der Bildungsgänge im Grund-, Sekundar- und Hochschulbereich sollen dem Schüler Möglichkeiten eröffnet werden, die Schullaufbahn seinem individuellen Lern- und Leistungsvermögen anzupassen. Es sollen Anreize geschaffen werden, die Lernziele schneller zu erreichen.«[16]

– Ohne Anspruch auf Vollständigkeit für diesen Zielkatalog erheben zu wollen, sei schließlich noch auf ein weiteres Ziel, das im Zusammenhang von Bildungspolitik und wirtschaftlichem Wachstum besondere Beachtung verdient, hingewiesen. Die industrielle Produktion zeichnet sich gegenwärtig u. a. durch die ständige Einführung technologischer Verbesserungen aus, die zu einer Optimierung der Herstellungsverfahren und somit zur Steigerung der Gewinne beitragen. Für den Arbeitnehmer ergibt sich daraus eine Veränderung der beruflichen Anforderungen, auf die ihn in Zukunft die Schule bzw. das Ausbildungswesen generell wirkungsvoller vorbereiten soll. Der einzelne Arbeitnehmer muß für eine breitere Skala von beruflichen Leistungen qualifiziert werden und neue Kenntnisse und Fähigkeiten in optimaler Weise hinzuerwerben können.

Auf den Begriff gebracht heißt das doch wohl, die *berufliche und soziale Disponibilität* des einzelnen so zu *erhöhen*, daß er für Wirtschaft und Gesellschaft möglichst gewinnbringend eingesetzt werden kann.

Diese Intention enthält offensichtlich auch die folgende Passage aus den schon zitierten Empfehlungen: »Allgemein wird im Wirtschaftsprozeß Bildung immer wichtiger als geistiges Vermögen und als Investition für morgen. Eine moderne Volkswirtschaft braucht nicht nur eine wachsende Zahl von Arbeitskräften auf hohem Ausbildungsstand, sondern muß spezifischen Mobilitätserfordernissen durch eine auf Wechsel und rasche Orientierung bezogene Bildung entgegenkommen.«[17]

In der öffentlichen und fachinternen Diskussion über Misere und Reform des westdeutschen Ausbildungswesens sind neben den skizzierten Zielvorstellungen weitere Intentionen im Spiel. In Anlehnung an den Strukturplan des Deutschen Bildungsrates, der in seinem 1. Kapitel im 3. Abschnitt die »Allgemeinen Ziele« für die Strukturreform des westdeutschen Ausbildungswesens darlegt, seien diese weiteren Zielvorstellungen hier zumindest aufgezählt:

– Das Bildungswesen muß jeden Bürger des demokratischen Staates befähigen, seine Rechte zu erkennen und seine Pflichten zu erfüllen.

– Das Bildungswesen muß so eingerichtet werden, daß allen Heranwachsenden gleiche Chancen bei der Wahrnehmung ihres Rechtes auf Bildung gegeben sind.

– Das Bildungswesen muß die individuellen und gesellschaftlichen Erwartungen über Qualität und Quantität von Ausbildung harmonisieren.[18]

Zeigten die oben etwas ausführlicher abgehandelten Zielvorstellungen eine deutliche Dominanz wirtschaftspolitischer Interessen, so scheinen in den soeben umschriebenen Zielen *sozial-* und *gesellschaftspolitische* Intentionen durch. Damit sind Reformen angesprochen, die weit über den Bereich der Bildungspolitik hinausweisen. Zugleich wird deutlich, daß Bildungspolitik angesichts solcher Ziele in Gesellschaftsreform übergeht, die möglicherweise auch eine Korrektur des derzeitigen Verhältnisses von Wirtschaft und Gesellschaft einschließt. Denn wenn Bildungspolitik gegen die bestehende Dominanz ökonomischer Interessen weitere, etwa an der Leitidee des emanzipierten, politisch mündigen Bürgers orientierte Ziele verfolgen will, dann wird ihre vermittelnde Rolle zwischen den Anpassungszwängen einerseits und den Möglichkeiten für Emanzipation andererseits von den übergreifenden politischen Reformen determiniert. Konkret heißt das beispielsweise, daß eine Reform des Mitbestimmungsrechtes im Bereich der Wirtschaft, die ein beachtliches Maß an Einflußnahme und Kontrolle für die Arbeitnehmer erbringt, die Notwendigkeit und zugleich die Chancen der emanzipativen Funktion von Bildungspolitik erhöht. Veränderungen durch sozial- oder wirtschaftspolitische Reformen wirken sich auf bildungspolitische Reformen aus und vice versa.

Die gegenwärtige Praxis der Bildungspolitik zeigt jedoch wenig Initiative im Hinblick auf die Korrektur einseitiger Abhängigkeiten. Das mag seine Ursachen eben darin haben, daß der oben angedeutete Bezugsrahmen umfassender gesellschaftlicher Reformen weitgehend fehlt. Es wäre andererseits aber naiv, von der Bildungspolitik allein die Überwindung gesellschaftlicher Widersprüche zu erwarten. Sie wird von sich aus dazu nicht mehr leisten, als Politik generell für Gesellschaftsreform tut, denn die gesellschaftlichen Machtverhältnisse, die letztlich den Spielraum politischen Handelns eingrenzen, determinieren selbstredend den Aktionsbereich der Bildungspolitik.

Um so mehr wird die **Erziehungswissenschaft** in einer Demokratie gefordert, die Zwänge, Verflechtungen und Abhängigkeiten, aber auch die Möglichkeiten bildungspolitischer Maßnahmen aufzudecken. Im Verein mit anderen

Sozialwissenschaften kommt ihr in diesem Zusammenhang die Rolle eines beständigen Kritikers und Klägers zu, der im Interesse einer aufgeklärten öffentlichen Diskussion, im Interesse einer beständigen Emanzipation pädagogischer Praxis und im Interesse der eindeutigen Bezeichnung der Gegner von Humanität, Emanzipation und Demokratie seinen Beitrag zur Realisierung der im GG aufgegebenen sozialen und demokratischen Rechtsstaatlichkeit leistet.

Bildungspolitik als Teilfunktion staatlicher Machtausübung ist jedoch, wie skizziert, in einer durchaus andersartigen Situation als die Erziehungswissenschaft. Was sie konkret zu leisten vermag, resultiert nicht aus progressiven Programmen und gutgemeinten Absichtserklärungen, hier bestimmen vielmehr übergeordnete wirtschafts-, finanz- und militärpolitische Erwägungen wesentlich mit. Die gegenwärtige Krise der Bildungsreform, die erneute Restriktion auf quantitative Maßnahmen – Einführung eines 10. Pflichtschuljahres, Ausbau des tertiären Bereiches, Vermehrung der Kindergartenplätze, Auf- und Ausbau eines sogenannten Weiterbildungssystems – ist dafür ein erneuter Beleg. Bildungspolitik in der Bundesrepublik kommt derzeit offensichtlich um zwei Tabus und deren Kosten nicht herum: 1. die privatkapitalistische Wirtschaft und 2. die militärischen Pflichten der Bundesrepublik gegenüber den westlichen Siegermächten des 2. Weltkrieges. Der zweite Minister für Bildung und Wissenschaft in der sozialliberalen Koalition, K. von Dohnanyi, hat, noch als Staatssekretär des gleichen Ministeriums, diese Abhängigkeiten bundesrepublikanischer Bildungspolitik recht deutlich beschrieben. Wegen ihrer großen Bedeutung für eine Analyse der Bildungspolitik seien die entsprechenden Passagen aus einem Aufsatz des Staatssekretärs hier vollständig wiedergegeben: »Ein letztes Wort zur Finanzierung der Reformen. Eine Steigerung des Anteils der Bildungsausgaben am Bruttosozialprodukt von etwa 4 Prozent 1970 auf etwa 7 Prozent für 1985, wie es sich aus der Bedarfsschätzung der Bund-Länder-Kommission ergibt, wird nicht möglich sein ohne allgemeine Steuererhöhungen, wenn zugleich andere öffentliche Aufgabenbereiche ebenfalls verbessert werden sollen. An dieser Stelle kommen aus den Reihen engagierter Bildungspolitiker gelegentlich zwei

Argumente: Finanzierung durch Abschöpfung der Profite in der Privatwirtschaft; und die Möglichkeit, Bildungsausgaben auf Kosten des Verteidigungshaushaltes aufzustocken. Hier dürfen sich die Bildungspolitiker nicht um die Antwort drücken.

Demokratischer Sozialismus verlangt eine sinnvollere Steuerung der Investitionen; aber doch nicht weniger, sondern eher mehr Investitionen! Er verlangt mehr Planung für mehr Freiheit, aber nicht die blinde Vergesellschaftung der Produktionsmittel – für weniger Freiheit. Die private Wirtschaft, besser, zielvoller ›gesteuert‹, ist ein unverzichtbarer Bestandteil unserer Gesellschaftskonzeption, jedenfalls für jeden Horizont, den wir heute einigermaßen scharf erkennen können. Und eine solche Wirtschaft braucht Gewinne. Das müssen auch Bildungspolitiker aussprechen – auch in Studenten- und Schülerversammlungen. Wir müssen die Spitzeneinkommen stärker besteuern, aber auch das hat, besonders im größeren Markt, seine Grenzen – und seine begrenzten Erträge. Die Redensart von den Monopolprofiten, die unsere Bildungsreformen finanzieren könnten, sollten wir selber als unqualifizierte Roßtäuschertricks entlarven.

Genau dasselbe gilt für den demagogischen Griff nach dem Verteidigungshaushalt. Die Bundesrepublik marschiert nicht an der Spitze des Rüstungswettlaufs. Selbst ein neutrales Land wie Schweden gibt, gemessen am Sozialprodukt, etwa fünf Prozent aus, die Bundesrepublik etwa vier Prozent. Ich bestreite nicht, daß es gute Argumente auch für einseitige Abrüstungsmaßnahmen gibt: jedenfalls können die ›Falken‹ historisch nicht gerade mit Sicherheitserfolgen des Wettrüstens argumentieren! Gradualisten und auch Unilateralisten der Abrüstungslehre sind ernst zu nehmen. Aber die offensive Entspannungspolitik der Bundesrepublik beruht klar auf der Solidarität im westlichen Bündnis. Abrüstungsschritte können nur dort beraten und nicht hier im Alleingang angepackt werden. Und das alles hat schließlich auch unmittelbar nichts mit Bildungsfinanzierung zu tun: Wir sollten nicht zulassen, daß ohne Diskussion sicherheitspolitischer Aspekte der Verteidigungshaushalt in Bildungsdebatten immer wieder als finanzpolitischer Steinbruch vorgeschlagen wird.«[19]

Angesichts der hier gleichsam von kompetenter Seite skizzierten Verflechtungen der Bildungspolitik in den gesamtpolitischen Kontext der Bundesrepublik sind zwei Schlüsse erlaubt. Zum einen hat sich die These von der Dominanz wirtschaftlicher Interessen im Zusammenhang der Bildungsreform erneut als zutreffend erwiesen. Ja, das Interesse der kapitalistischen Wirtschaft wird dezidiert verteidigt, etwa wenn v. DOHNANYI darauf verweist, das Gerede über Profite sei ein »Roßtäuschertrick«. Die vorliegenden Analysen der Vermögens- und Kapitalkonzentration in der BRD und die nachweisbar rapide Wachstumsrate der Vermögen bei den Selbständigen lassen diese Argumentation einfach nicht zu. Ganz im Gegenteil, nur über eine generelle Umverteilung der Kosten für die Finanzierung der öffentlichen Investitionen wird es möglich sein, gemäß dem Auftrag des Grundgesetzes soziale Gerechtigkeit zu realisieren, also endlich mit einer Praxis Schluß zu machen, die auf Kosten der Arbeitnehmer, der kleinen Einkommen, die Reformen im großen durchführt.
Zum zweiten muß erneut auf die beschränkten Möglichkeiten für eine progressive und reformistische Bildungspolitik verwiesen werden. Jede Kritik an der gegenwärtigen bildungspolitischen Praxis wird das zu berücksichtigen haben, denn der Stellenwert bildungspolitischer Reformen kann nur in Abhängigkeit einer umfassenden Reformpolitik seine Relevanz für Demokratisierung, soziale Gerechtigkeit und Humanisierung erhöhen.
Bleibt als Fazit der Hinweis auf die Abhängigkeit der Bildungspolitik von den wirtschaftlichen Interessen in Gesellschaft und Politik der Bundesrepublik, für die sich unschwer eine Reihe weiterer Belege erbringen ließen.
Angesichts der großen Hoffnungen, die sich gerade sozialpolitisch engagierte Pädagogen und Politiker von einem Ausbau der vorschulischen Erziehung für die Realisierung der Chancengleichheit machen, sei aus diesem Bereich der Reformplanung eine dieser möglichen Belegstellen noch hervorgehoben.
In ihrem »Zwischenbericht ... über den Bildungsgesamtplan und ein Bildungsbudget«, den die BLK für Bildungsplanung im Oktober 1971 den Regierungschefs des Bundes und der

Länder vorlegte, findet sich ein besonderes Kapitel über den »Bildungsbereich im gesamtwirtschaftlichen Rahmen«.[20]
Darin werden die ökonomischen Argumentationen für die zuvor im Zwischenbericht vorgeschlagenen Reformmaßnahmen ausgeführt, die Konsequenzen einzelner Reformmaßnahmen für den Arbeitsmarkt aufgezeigt und die wahrscheinliche Entwicklung des Bildungsbudgets im Zusammenhang der öffentlichen Gesamthaushalte prognostiziert. In diesem Kontext nun findet sich das Programm der vorschulischen Erziehung wieder! Wie sich denken läßt, nicht, um dessen kompensatorische Möglichkeiten im Hinblick auf die Beseitigung der bestehenden Ungleichheiten beim Zugang zu verschiedenen Bildungsgängen aufzuzeigen, sondern um eine andere, in der öffentlichen Diskussion bisher verschwiegene Kompensationsfunktion der vorschulischen Erziehung in Anspruch zu nehmen. Da die geplanten Reformmaßnahmen dem Arbeitsmarkt Erwerbspersonen in großer Zahl entziehen werden, muß nach Ersatz im Potential der einheimischen Arbeitskräfte gesucht werden. Und was bietet sich da wohl eher an, als die Frauen mehr als bisher in den Produktionsprozeß einzuspannen. Bleiben die Kinder, für deren Bewahrung gesorgt werden muß, weswegen der Zwischenbericht in erstaunlicher Offenheit feststellt: »Die Aussichten dafür [die Erwerbstätigkeit der Frauen zu erhöhen, K. Z.] hängen nicht zuletzt davon ab, wie schnell weitere Kindergärten ausgebaut werden und der Übergang zur Ganztagsschule erfolgt...«[21]
Wiederum sei betont, daß sich die vielfach geforderte Reform der Kindergärten sicherlich nicht allein auf wirtschaftspolitische Interessen reduzieren läßt. Angesichts der handfesten finanziellen Probleme, die sich bei der Reform des Ausbildungswesens ergeben, gewinnen Argumentationen der zitierten Art aber eine besondere Bedeutung. So dürfte es keine übermäßige Vereinfachung sein, den Ausbau der Vorschulerziehung zuerst einmal als Preis für die allgemeine Verlängerung der Pflichtschulzeit anzusehen.
Wird also im Interesse einer generellen Anhebung des Ausbildungsstandes aller Heranwachsenden die Schulpflicht verlängert, wird mehr Jugendlichen als bisher der Zugang zu Ausbildungsgängen im Hochschulbereich eröffnet, so

muß der Entzug von Arbeitskräften durch die Beschäftigung bisher ungenutzter Arbeitspotentiale ausgeglichen werden. Es ist evident, wie letztlich ökonomische Faktoren den Ausschlag für die Reform der vorschulischen Erziehung abgeben werden. Von Kompensation schichtenspezifischer Erziehungsmängel und Milieuschäden, von einem Mehr an Anregung und Förderung für alle Kinder vor Eintritt in die Schule sollte man dann ehrlicherweise im Sinne von Nebenprodukten reden, die sich bei einem entsprechenden personellen und materiellen Ausbau der Kindergärten einstellen können!

Der bisher versuchte Aufriß der Problemsituation läßt sich in einigen Thesen *zusammenfassen*:

– Die westdeutsche Industriegesellschaft kapitalistischer Wirtschaftsordnung orientiert sich in ihrer Politik am Leitziel ständigen wirtschaftlichen Wachstums. Nur bei gesicherten Gewinnen der Wirtschaft kann die öffentliche Hand mit genügenden Mitteln für Investitionen im Bereich der Infrastruktur rechnen.

– Trotz der ansteigenden Gefährdungen durch die brutale Ausbeutung der natürlichen Ressourcen Luft, Wasser und Licht, ist diese Wachstumsorientierung der Wirtschaft noch nicht grundsätzlich in Frage gestellt.

– Zwischen dem wirtschaftlichen Wachstum also der internationalen Konkurrenzfähigkeit der sogenannten Volkswirtschaft und dem Ausbildungsstand der Arbeitnehmer im Bereich von Produktion und Dienstleistung, bestehen enge Beziehungen. Die Bildungsökonomie geht deshalb davon aus, daß neben den Produktionsfaktoren Arbeit und Kapital einem sogenannten Dritten Faktor, der Ausbildung bzw. technologischen Qualifikation der Arbeitnehmer, für die Wachstumsrate Bedeutung zukommt.

– Die ständige internationale Wirtschaftskonkurrenz, die die Absatzmärkte und damit die Profite gefährdet, erfordert eine fortwährende Erhöhung von Qualität und Quantität der Produktion bei gleichzeitiger Rentabilitätssteigerung.

– Auf Grund der Einsicht in die Bedeutung des Faktors Ausbildung für das Wirtschaftswachstum gewinnt der Ausbildungssektor der Gesellschaft bisher in diesen Ausmaßen unbekannte politische Relevanz.

Bildungspolitik wird damit zum Gegenstand der großen Politik.
– Zentrale Funktion der Bildungspolitik angesichts dieser Zusammenhänge ist der Ausbau bzw. die Reform des Ausbildungswesens mit dem Ziel, die Qualifikationen aller Lernenden im Interesse ihrer ökonomischen Leistungsfähigkeit zu erhöhen.
– Andere Zielvorstellungen der Bildungspolitik sind offensichtlich von sekundärer Bedeutung oder erscheinen geradezu als Nebenprodukte. Bildungspolitik hat sich damit für die Unterstützung des Wertmusters »Leistung in universellem Rahmen«[22] entschieden, in dem sich die Dominanz ökonomischer Interessen artikuliert.
– Die begrenzten öffentlichen Mittel, die ihrerseits in der gegenwärtigen kapitalistischen Wirtschaftsordnung von der Rate des wirtschaftlichen Wachstums und der Profites abhängen, zwingen den Staat zu einer ökonomischen Behandlung des Ausbildungswesens selbst. Bei möglichst geringen Investitionen für die Ausbildung des wissenschaftlichen Nachwuchses, insbesondere des Lehrpersonals, für Bau und Unterhalt der Schulen und Hochschulen, bei rationellster Verwendung der Mittel für Lehrpersonal, technisches Personal, Lehr- und Lernmittel, soll in einer wiederum möglichst kurzen Zeit ein Optimum an Absolventen zur Deckung des gesellschaftlichen Bedarfs an Arbeitskräften produziert werden.[23]

6. *Wissenschaftlicher Sachverstand als Rationalisierungshilfe für die Bildungspolitik: Bildungsplanung*

In dieser Situation ist die Bildungspolitik auf den *wissenschaftlichen Sachverstand als Rationalisierungshilfe* verwiesen. Mittels *Bildungsforschung* und *Bildungsplanung* sollen Erkenntnisse gewonnen werden, die eine wirksame Veränderung von Inhalten, Strukturen und Methoden innerhalb des Ausbildungssektors im Hinblick auf erwünschte Ziele ermöglichen. Bildungspolitik soll zweckrationaler praktiziert werden.
Dafür soll *Bildungsplanung* in Kooperation mit Bildungs-

ökonomie Daten über die zu erwartende Nachfrage nach Ausbildungsplätzen erbringen, also prognostizieren, wieviel Schüler und Studenten in bestimmten Zeiträumen auf den verschiedenen Stufen des Ausbildungswesens zu erwarten sind. Sie soll unter Bezugnahme auf die Dauer der einzelnen Ausbildungsgänge und das Verhältnis von Schülern pro Lehrperson sowie die räumlichen Standards für den Unterricht den entsprechend der ersten Prognose zu erwartenden Bedarf an Lehrpersonal und Gebäuden berechnen. Eine weitere Aufgabe für Bildungsplanung besteht in der Artikulation und – wenn möglich Quantifizierung des gesellschaftlichen Bedarfs an Qualifikationen durch das Ausbildungswesen. Sehr vereinfacht formuliert wird gefragt: Angenommen, der Trend der gesamtwirtschaftlichen Entwicklung und der Ausbau der industriellen Technologien und Produktionsverfahren sei bekannt, mit welchem Bedarf an Qualifikationen ist dann für einen bestimmten Zeitraum zu rechnen?

Diese Annahmen deuten daraufhin, wie problematisch solche Bedarfsprognosen sind. Dennoch gilt in Sonderheit das Interesse der Wirtschaft gerade jener Funktion der Bildungsplanung. Kann die Wirtschaft doch hier direkt auf die Reproduktion der Arbeitskräfte Einfluß nehmen, von deren ökonomischer Verwendbarkeit die Rentabilität ihrer Industrien wesentlich abhängt.

Bildungsplanung entwickelt schließlich, wie vom Begriff her zu erwarten, Pläne, die der gezielten Veränderung einzelner Bereiche oder auch des ganzen Ausbildungswesens dienen sollen. Dafür sind a) genaue Beschreibungen und Analysen der zu veränderten Ausgangslage zu leisten, ist b) die Zielsituation so zu klären, daß der spätere Realisierungsprozeß als Prozeß auf ein Ziel hin kontrollierbar wird, sind c) die Randbedingungen, Kosten und zu erwartenden Nebenerscheinungen alternativer Lösungskonzepte (Pläne als Handlungsstrategien) weitestgehend zu antizipieren und d) Programme für die schrittweise Realisierung der Planziele aufzustellen.

Auf allen Stufen des Planungsprozesses kommen dabei politische Entscheidungen ins Spiel, denn die Analyse der Ausgangslage dient dem Aufweis von Mängeln, der Kritik am

Bestehenden, bei deren Artikulation ebenso wie für die Bestimmung der Planungsziele und die Entscheidung für bestimmte Lösungswege der Bezug auf ein Soll, auf Werte, wünschbare Zustände im Spiel ist[24].

Am Beginn dieser Arbeit erfolgte in der Bundesrepublik bezeichnenderweise die *Berechnung zukünftigen Bedarfs* an Ausbildungsplätzen und die Schätzung der voraussichtlichen finanziellen Aufwendungen, die für die benötigten Lehrer und den entsprechenden Unterrichtsraum investiert werden müssen. Im Mittelpunkt des Interesses standen dabei zuerst die Techniker, ein Faktum, das wiederum für die These von der wirtschaftspolitischen Abhängigkeit der Bildungspolitik spricht. Die Ständige Konferenz der Kultusminister der Länder in der Bundesrepublik Deutschland (KMK) berichtet selbst dazu: »Die Kultusminister der Länder der Bundesrepublik Deutschland haben nach den ersten Jahren des Wiederaufbaus sehr bald für ihr jeweiliges Landesgebiet entsprechende vorausschauende Überlegungen ... angestellt. Im Jahre 1956 hat sodann im Auftrage der Kultusministerkonferenz Staatsminister Professor Dr. Rukker einen Bericht über die Maßnahmen *aller* Länder zur Sicherheit und Ausbildung des technischen Nachwuchses ausgearbeitet, in dem Vorausberechnungen des zukünftigen Bedarfs an Technikern und Ingenieuren vorgenommen worden waren.«[25] Im Jahre 1962 hat die KMK dann auf der Erfahrungsbasis anglo-amerikanischer Bildungsökonomen weitere Bedarfsberechnungen angestellt, die schwerpunktmäßig die Anforderungen an die Lehrerbildung, den Schulbau sowie die Bedürfnisse in Wissenschaft und Forschung bis zum Jahre 1970 prognostizieren sollten.[26]

Seit den zaghaften Anfängen der unmittelbar der Beratung der Bildungspolitik dienenden Arbeiten zur Bildungsplanung und Bildungsökonomie vor nunmehr 15 Jahren, hat sich inzwischen ein umfangreicher Apparat für diese Tätigkeiten gebildet, der eine kaum noch zu überblickende Literatur hervorgebracht hat.[27]

Die Kultusministerien der Länder beschäftigen regelmäßig eine stattliche Anzahl von Beiräten oder Gutachtergremien. In zumeist nur für den sogenannten internen Geschäftsverkehr gedachten Expertisen bzw. Gutachten legen diese

Berater der Kultusverwaltung Entscheidungshilfen für praktisch alle Bereiche der aktuellen Bildungspolitik vor: Für die Einführung neuer Lehrpläne vom Kindergarten bis zu einzelnen Ausbildungsgängen im Hochschulbereich, für die Veränderung von Studien- und Prüfungsordnungen, für die Hochschulreform, die Reform der Lehrerbildung, für die Gliederung der Lehrkörperstruktur an den neuen Gesamthochschulen, für den Bau von Schulen und Hochschulen und vieles andere mehr.
Die große Zahl von Stellungnahmen und Gutachten wird in den Ministerien in inzwischen eigens dafür eingerichteten Planungsabteilungen bearbeitet. Waren vor gut zwei Jahrzehnten auch die Kultusministerien in der Regel in Haushalts-, Personal- und Rechtsabteilung als den zentralen Abteilungen der klassischen Verwaltungsbehörde gegliedert, so zeigt die Errichtung von Planungsabteilungen, die Einstellung von nichtjuristischen Experten, also Soziologen, Statistikern, Ökonomen, Pädagogen an, daß jetzt auch in der Kultusadministration ›Planung‹ zu einer unumgänglichen Aufgabe geworden ist. Planung bzw. *Bildungsplanung* wird dabei im Sinne der eingangs dargestellten Verflechtungen von Wirtschafts- und Bildungspolitik im wesentlichen als Instrumentarium zur rationalen Vorbereitung von politischen Entscheidungen, zur effektiven Kontrolle praktischer Maßnahmen und zur Entwicklung alternativer Programme zur Verbesserung exakt beschriebener Mißstände im Ausbildungswesen betrachtet.
H. Lübbe, z. Z. Staatssekretär im nordrhein-westfälischen Kultusministerium, definiert dementsprechend die *Rolle des Wissenschaftlers* im Kontext der Bildungsplanung: »Er hat den Auftrag, Antworten auf Fragen zu liefern, die sich im praktischen Handlungszusammenhang der Instanzen der politischen und administrativen Entscheidung gestellt haben.«[28]

7. *Überregionale Institutionen der Bildungsplanung*

Neben den Beiräten und Planungsabteilungen in den einzelnen Kultusministerien arbeiten in der Bundesrepublik

gegenwärtig eine Reihe zentraler Planungs- und Forschungsinstitutionen für die Beratung der Bildungspolitik. Im September 1957 wurde der *Wissenschaftsrat* errichtet. Im Abkommen zwischen Bund und Ländern über die Errichtung dieses Beratungsgremiums heißt es: »Der Wissenschaftsrat hat die Aufgabe: (1) auf der Grundlage der von Bund und Ländern im Rahmen ihrer Zuständigkeit aufgestellten Pläne einen Gesamtplan für die Förderung der Wissenschaften zu erarbeiten, ... (2) jährlich ein Dringlichkeitsprogramm aufzustellen, (3) Empfehlungen für die Verwendung derjenigen Mittel zu geben, die in den Haushaltsplänen des Bundes und der Länder für die Förderung der Wissenschaft verfügbar sind.«[29]
Speziell den Aufgaben der Bildungsforschung widmet sich das *Institut für Bildungsforschung* **in der Max-Planck-Gesellschaft,** das aufgrund eines Beschlusses des Berliner Senats vom 23. November 1962 gegründet worden ist. In § 1 der Satzung heißt es über den Zweck dieses Instituts: »Das Institut hat die Aufgabe, durch Verbindung der Methoden der Pädagogik und Psychologie, der Sozialforschung, der Ökonomie und der Jurisprudenz die wissenschaftlich feststellbaren Voraussetzungen des Bildungswesens zu klären; dabei soll das Institut Methoden und Theorien der interdisziplinären Arbeit auf dem Gebiet der Bildungsforschung entwickeln.«[30]
Als Nachfolgeinstitution für den von 1953 bis 1965 arbeitenden Deutschen Ausschuß für das Erziehungs- und Bildungswesen haben Bund und Länder mit ihrem Abkommen vom 15. Juli 1965 den *Deutschen Bildungsrat* eingerichtet. Obwohl im Abkommen nicht ausdrücklich vermerkt, soll die **Bildungskommission** dieses Deutschen Bildungsrates im wesentlichen für diejenigen politischen Entscheidungen durch die Vorlage von Gutachten und Empfehlungen Entscheidungshilfen erbringen, die vom Wissenschaftsrat aufgrund dessen Aufgabenstellung nicht berücksichtigt werden. Dementsprechend beziehen sich die Stellungnahmen der Bildungskommission des Deutschen Bildungsrates auf das allgemeinbildende sowie das berufsbildende Schulwesen, auf den Schulbau und die Lehrerausbildung.
Ausgespart werden sämtliche Probleme aus den Bereichen

Hochschulreform, Wissenschaftsförderung und Forschung, die vom Wissenschaftsrat bearbeitet werden.

Zum Zwecke der Rationalisierung und Optimierung bildungspolitischer Entscheidungen wurde der Bildungskommission die Aufgabe übertragen »1. Bedarfs- und Entwicklungspläne für das deutsche Bildungswesen zu entwerfen, die den Erfordernissen des kulturellen, wirtschaftlichen und sozialen Lebens entsprechen und den zukünftigen Bedarf an ausgebildeten Menschen berücksichtigen; 2. Für die Struktur des Bildungswesens zu machen und den Finanzbedarf zu berechnen; 3. Empfehlungen für eine langfristige Planung auf den verschiedenen Stufen des Bildungswesens auszusprechen.«[31]

Im Sinne dieser Aufgabenstellung hat der Deutsche Bildungsrat 1970 einen *Strukturplan für das Bildungswesen* vorgelegt, in dem für den Zeitraum bis 1980 Ziele für die strukturelle, quantitative und qualitative Reform des Ausbildungswesens, Angaben über den zu erwartenden personellen und materiellen Aufwand für die Realisierung dieser Ziele sowie Vorschläge für die schrittweise Durchführung der einzelnen Reformteile enthalten sind.

Dieser Strukturplan für das Bildungswesen, dessen äußerst kontroverse Diskussion gerade erst begonnen hat[32], diente einem weiteren Beratungsgremium als wichtiges Ausgangsmaterial. Bund und Länder haben durch ein Abkommen vom 1. Juli 1970 eine gemeinsame *Kommission für Bildungsplanung* errichtet, die als ständige Beratungs- und Diskussionsinstanz Bund und Länder zu einer *Vereinheitlichung der Bildungspolitik* verhelfen soll. Die Kommission setzt sich aus sieben Vertretern der Bundesregierung und je einem Vertreter der elf Bundesländer zusammen. In der Regel sind diese Landesvertreter die Kultusminister der Länder.

Wie im Artikel 2 des Abkommens im einzelnen ausgeführt, hat die Kommission schwerpunktmäßig die Aufgabe, einen langfristigen *Rahmenplan* aller Länder und des Bundes für die einheitliche Entwicklung des westdeutschen Bildungswesens vorzubereiten und in einem gemeinsamen *Bildungsbudget* die Aufwendungen für diesen Rahmenplan auszubringen. Obwohl bei der Gründung der Bund-Länder-Kommission der Auftrag erteilt wurde, in Jahresfrist einen solchen Rahmenplan samt Bildungsbudget vorzulegen, konnten bis zum Jahresende 1971 lediglich fünf Zwischenberichte erarbeitet werden. In Sonderheit ideologische und gesellschaftspolitische Divergenzen zwischen den SPD- und den CDU-regierten Bundesländern haben dazu geführt, daß ein gemeinsamer Plan bisher nicht zustande kam.[33]

8. *Kritische Anmerkungen zur Praxis der Bildungsplanung*

Die erwähnten Beratungsinstanzen für die Bildungspolitik dürfen nicht als Versammlungen erziehungswissenschaftlicher Experten verstanden werden. Im Falle der Bund-Länder-Kommission wurde ja bereits gesagt, daß in diesem Gremium ausschließlich Vertreter der Ministerialbürokratie, also der Exekutive, zu finden sind.

Wissenschaftsrat und Deutscher Bildungsrat dagegen rekrutieren ihre Mitglieder aus denjenigen gesellschaftlichen Institutionen und Gruppen, die an der Lösung bildungspolitischer Probleme besonderes Interesse haben und für diese Lösung entweder einen beachtlichen Sachverstand oder politische Einflußmöglichkeiten anbieten können. Entsprechend diesem Kriterium, das in der amtlichen Sprache auch als Prinzip der Repräsentation aller beteiligten Gruppen in einer pluralistischen Gesellschaft auftaucht, kommen die Mitglieder von Wissenschafts- und Bildungsrat aus den Bundes- und Landesregierungen, aus dem Bereich der Wirtschafts- und Kommunalpolitik, den Gewerkschaften und Kirchen sowie der Wissenschaft.

Auf die Probleme, die sich aus einer derartigen Zusammensetzung von Beratungsgremien ergeben können, soll und kann an dieser Stelle nicht ausführlich eingegangen werden. Hier mag folgender Hinweis genügen: Die kritische Auseinandersetzung über Konzeption, Arbeitsweise und Resultate sowohl des Deutschen Ausschusses für das Erziehungs- und Bildungswesen als auch des Deutschen Bildungsrates hat unter anderem darauf aufmerksam gemacht, daß die Integration von Vertretern gesellschaftspolitischer Interessengruppen, der Exekutive und der Wissenschaft sich keineswegs günstig auf die Beratungsfunktion dieser Gremien ausgewirkt hat. Anstatt unter Einsatz wissenschaftlicher Verfahren zu einer möglichst exakten Beschreibung und Analyse der Mängel im Ausbildungssystem zu gelangen und auf der Basis des jeweils abgesicherten Erkenntnisstandes alternative Lösungskonzepte zu erarbeiten, wurden wissenschaftlicher Sachverstand, politische Diskussion um einen Minimalkonsens sowie Harmonisierung von Interessen vermengt.

In diesem Sinne urteilt R. LENGERT, wenn er über »die verfehlte Konzeption der zu Gutachten über Schulreformfragen einberufenen Ausschüsse«, speziell angewandt auf den Deutschen Ausschuß schreibt: »Die unbefriedigende Rolle, die die Gutachten des Deutschen Ausschusses spielten, sind als Symptom zu werten. Man wußte nichts Rechtes mit ihnen anzufangen, weil sie im Grunde keine Gutachten von Sachverständigen auf diesem Gebiet waren. Daß sie dies nicht sein konnten, zeigt schon die Zusammensetzung der Ausschußmitglieder.«[34]

Ganz ähnliche Kritik formuliert W. L. BÜHL gegenüber dem Deutschen Bildungsrat. Anstelle wissenschaftlichen Sachverstandes und begründeter Expertisen sei auch hier wiederum politischer Kompromiß gesucht worden.[35]

Klargestellt sollte damit sein, daß sämtliche der genannten Beratungsinstitutionen, mit Ausnahme des Instituts für Bildungsforschung in der Max-Planck-Gesellschaft, nicht als Gremien wissenschaftlichen Sachverstandes angesehen werden dürfen. Der Wissenschaft kommt hier lediglich die Teilfunktion zu, zur Artikulation von Problemen, zur Bereitstellung von alternativen Lösungskonzeptionen und zur inhaltlichen Konkretion von Zielen ihre spezifischen Kenntnisse und Methoden ins Spiel zu bringen.

Daß insbesondere der Deutsche Bildungsrat weit eher eine politische denn eine Beratungsinstanz im Sinne eines Sachverständigengremiums darstellt, geht aus dem Vorwort zum Strukturplan für das Bildungswesen in aller Deutlichkeit hervor. Dort wird die Bildungskommission des Deutschen Bildungsrates, die den Strukturplan erarbeitet hat, als »Reflex der Gesellschaft«, also als Spiegelbild ihrer sogenannten Interessenpluralität bezeichnet, in der, einem Experimentierfelde gleich, erprobt werden konnte, »was heute an bildungspolitisch gemeinsamer Programmatik in der Bundesrepublik möglich ist«.[36] Der Beratungsauftrag wurde demnach nicht allein in einer Analyse der Mängel des gegenwärtigen westdeutschen Ausbildungswesens mit wissenschaftlichen Verfahren, nicht in einer detaillierten Beschreibung alternativer Reformkonzepte im Hinblick auf zuvor exakt ausgemachte Ziele bei einer möglichst hohen Anzahl bekannter Randbedingungen gesehen. Vielmehr sollten wissenschaftliche Analyse und politischer Kompromiß zusammen geleistet werden, so daß ein praktikables, ein sogenanntes realpolitisches Reformkonzept entstehen konnte.

9. *Bildungspolitik als Objekt erziehungswissenschaftlicher Reflexion*

Die *Erziehungswissenschaft* ist von der skizzierten Situation der Bildungspolitik unmittelbar betroffen. Im Verein mit anderen Sozial- und Verhaltenswissenschaften, der Wirtschaftswissenschaft, der Politologie, der Soziologie und der Psychologie, ist sie zur Mitarbeit im Bereich von Politikberatung und Bildungsplanung aufgefordert.

Eine Reihe von Erziehungswissenschaftlern haben inzwischen als Gutachter und Berater im Zusammenhang der gegenwärtigen Reform von Lehrinhalten, Lernzielen, Strukturen und Organisationsprinzipien der Schule und Hochschule fast so etwas wie Popularität erworben.[37]

Indem die Bildungspolitik die Erziehungswissenschaft beansprucht, nimmt sie auf deren Entwicklung unmittelbar Einfluß. Durch die Vergabe von Forschungsaufträgen, das Anfordern von Gutachten und das Engagement in Beiräten werden Schwerpunkte für die Forschung gesetzt, die für die inhaltliche und methodische Orientierung der Erziehungswissenschaft von großer Bedeutung sein können. Für die Erziehungswissenschaft ist durch Aufgaben der angedeuteten Art in der Regel die Konzentration auf aktuelle Probleme der pädagogisch-politischen Praxis verbunden. Dabei sind mögliche Vor- und Nachteile für die weitere Entwicklung dieser Wissenschaft zu beachten. Von Vorteil dürfte es sein, wenn die Erziehungswissenschaft mit der

Deskription und Analyse konkreter Erziehungspraxis und Schulpolitik befaßt wird, wobei das Ausmaß solchen Vorteiles wohl in den Freiheiten begründet liegt, die von seiten der Politik der Wissenschaft belassen werden. Die oben zitierte Äußerung von H. LÜBBE über die Rolle des Wissenschaftlers innerhalb der Politikberatung gemahnt hier zur Nüchternheit. Ein weiterer Vorteil vermag sich aus der Chance zur besseren Ausstattung des bisher in der Regel kümmerlichen Apparates normaler pädagogischer Seminare oder Institute zu ergeben.

Nachteile ergeben sich ohne Zweifel aus der politischen Einflußnahme auf das Forschungsprogramm der Erziehungswissenschaft und der Abhängigkeit, die Auftragsarbeit grundsätzlich mit sich bringt.

Für die Erziehungswissenschaft stellen sich in dieser Situation unter methodologischen und politischen Aspekten eine Reihe bedeutsamer Fragen:

So wird zu klären sein, wie weit sich bestimmte Konzeptionen oder »Richtungen« der Erziehungswissenschaft auf Grund ihres Selbstverständnisses jeweils in den Dienst der Politik nehmen lassen. Versteht sich Erziehungswissenschaft als technologische Disziplin, sucht sie also Erkenntnisse im Sinne technisch verwertbaren Wissens, so ist ihr Verhältnis zur Politik evidentermaßen anders, als wenn sich Erziehungswissenschaft um eine kritische Reflexion und Aufklärung des gesellschaftlichen Zusammenhanges von Erziehung und Schule bemüht.

Eine weitere Frage stellt sich dann für jede der soeben angeführten Standorte. Kann Erziehungswissenschaft technisch verwertbares Wissen leisten? Wozu wird Erziehung reduziert, wenn sie in Analogie zu Problemen aus dem Zusammenhang von Natur und Technik in der Weise technischer Verfahren behandelt werden soll? Erreicht eine solche Konzeption von Erziehungswissenschaft den Objektbereich Erziehung und Schule als historischen Zusammenhang überhaupt?

Andererseits muß dann aber auch nach den Möglichkeiten und der Begründbarkeit kritischer Reflexion gefragt werden! Es wird nicht angehen, dem verbreiteten Mißtrauen gegen Technologie unkritisch die Konzeption einer Erzie-

hungswissenschaft entgegenzusetzen, die Distanz, Kritik, Aufklärung und Emanzipation zu leisten vorgibt.
Die Erziehungswissenschaft ist in einer weiteren Hinsicht von der aktuellen Entwicklung der Bildungspolitik und deren wachsender Bedeutung für das individuelle und gesellschaftliche Schicksal betroffen. Ohne vorläufig die soeben angedeuteten Fragen beantworten zu wollen – dieser Aufgabe wird sich die Arbeit später ja ausführlich widmen –, kann in der Tradition der pädagogischen Wissenschaft deren Objektbereich als die Praxis von Erziehung und Unterricht sowie des Nachdenkens darüber bestimmt werden.
Der Begriff Praxis deckt dabei sämtliches Erziehungshandeln in Familie, Erziehungsinstitutionen und Schulen ab, er bezieht sich auf Lehr- und Lernprozesse auf allen Altersstufen, soweit diese Prozesse institutionalisiert sind und schließt des weiteren die organisatorischen, sozialen, materialen und anthropologischen Bedingungen der Erziehungs-, Lehr- und Lernprozesse in sich ein. In einem erweiterten Sinne ist auch die Bildungspolitik Teil dieser Praxis. Nimmt sie doch durch ihre Programme, Planungen und konkreten Maßnahmen auf vielfältige Weise Einfluß auf die pädagogische Praxis im engeren Sinne, also auf erzieherisches Handeln in Heimen, in Kindergärten, in den Schulen und Hochschulen, im Bereich der Weiterbildung und der beruflichen Ausbildung, ist also evidentermaßen für die erziehungswissenschaftliche Reflexion und Theoriebildung von Bedeutung. Anders gewendet: Es würde eine grobe Verkürzung der erziehungswissenschaftlichen Sichtweite darstellen, wollte sie die politische Dimension ihres Objektbereiches vernachlässigen.
Unabhängig von einem direkten politischen Auftrag wird Bildungspolitik somit zum Erkenntnisgegenstand der Erziehungswissenschaft, denn als Theorie einer Praxis – wie eine gängige Bestimmung der Erziehungswissenschaft lautet – ist sie darauf aus, Wirkungszusammenhänge im Bereich von Erziehung und Unterricht zu beschreiben, zu erklären und zu verstehen, Möglichkeiten für Erziehung und Unterricht aufzuzeigen, Barrieren und Hindernisse zu entdecken, kurzum: Erkenntnisse zu gewinnen, die insgesamt der Kri-

tik, dem Verständnis sowie der Verbesserung pädagogischer Praxis dienen. Erziehungswissenschaftliche Forschung richtet sich deshalb auch auf bildungspolitische Maßnahmen, denn ein großer Teil der Probleme, die heute die Diskussion um die Reform des gesamten Schulwesens aktualisiert haben, ist nur durch einen Bezug auf Bedingungsfaktoren verständlich, für deren Einrichtung und Veränderung Bildungspolitik zuständig ist.
So läßt sich etwa denken, daß zwischen dem Schulversagen eines Kindes oder einer ganzen Gruppe von Kindern und der Struktur und Qualität des Ausbildungswesens eine Kette von Abhängigkeiten aufweisbar ist, die von den umfassendsten Randbedingungen, wie sie etwa die Eingangsqualifikationen, die Dauer und die Ausbildungsziele eines Lehrganges darstellen bis hin zu den eng umschriebenen Ursachen für das Schulversagen des Kindes X reicht.
Im Sinne dieses weiten Praxisverständnisses wird dann auch Bildungsplanung selbst, werden Pläne für die Veränderung des Ausbildungswesens zum Gegenstand erziehungswissenschaftlicher Forschung. Angesichts des eingangs skizzierten Zusammenhanges von ökonomischen Interessen und Bildungspolitik hätte Erziehungswissenschaft etwa zu fragen:
Welchen Interessen, die sich hinter Planzielen aufdecken lassen, ist die gegenwärtige Reform des Ausbildungswesens verpflichtet? Wie verhalten sich diese Interessen zueinander? Falls sie kontrovers sind, lassen sich Dominanzen ausmachen?
Folgt die Reform einem pädagogischen Gesamtkonzept, oder werden Teillösungen, quantitative Erweiterungen oder gar Notlösungen angesichts akuter Mißstände schon als Reform ausgegeben?
Wem wird, falls sie im beabsichtigten Maße erreicht wird, die steigende Produktivität und Disponibilität der zukünftigen Arbeitnehmer zugute kommen?
Werden derartige Ausbildungsziele ein Schritt zur Emanzipation sein?
Zum Praxisbezug der Erziehungswissenschaft in dem einen oder anderen hier angedeuteten Sinne, teils mehr technologisch gemeint, z. B. bei W. Brezinka[38], teils technologisch-emanzipativ, etwa bei H. Giesecke[39] und teils im Sinne

einer umfassenden Kritik und Reflexion des Emanzipationsprozesses von Individuum und Gesellschaft, so bei H.-J. GAMM[40] ausgeführt, bekennen sich gegenwärtig praktisch alle Erziehungswissenschaftler. Im Kontext einer bestimmten Konzeption von Wissenschaft ist damit freilich jeweils ein besonderes Verhältnis von Theorie und Praxis gemeint, darauf wird später im einzelnen einzugehen sein. An dieser Stelle genügt das Resultat, daß Erziehungswissenschaft als Theorie der Erziehungspraxis (im weitesten Sinne) auch die Bildungspolitik reflektiert, was immer damit im Konzept einer bestimmten Methodologie gemeint sein mag.

Die Erziehungswissenschaft ist also in einer doppelten Hinsicht von der aktuellen gesellschaftspolitischen Bedeutung der Bildungspolitik betroffen:

Zusammen mit anderen Sozialwissenschaften, insbesondere den Wirtschaftswissenschaften, der Psychologie und der Soziologie, soll sie in einer integrierten Bildungsplanung der Bildungspolitik zu einem Höchstmaß an Zweckrationalität verhelfen. Erziehungswissenschaft wird dadurch mit konkreter Praxis und den Problemen ihrer Reform konfrontiert, eine Konsequenz, die eine Theorie mit dezidiertem Praxisbezug nicht leichter Hand abweisen sollte. Sie begibt sich jedoch auch in die Gefahr, zur bloßen Technologie zu werden. Denn von seiten der Politik wird über die Wissenschaft als Beratungsorgan in aller Offenheit festgestellt: »Im technischen Sinne nützlich ist sie immer nur dann, wenn sie sich nicht weltverbessernd auf das Ganze der ›Gesellschaft‹ bezieht, sondern auf lösungsbedürftige Probleme ...«[41]

Vielleicht, so ließe sich nach den bisherigen Ausführungen über Erkenntnisobjekt und Erkenntnisabsicht der Erziehungswissenschaft hier schon einwenden, kann Erziehungswissenschaft überhaupt nur dann sinnvoll forschen und Theorien bilden, wenn sie den in der Politik offensichtlich unerwünschten Bezug auf die Gesellschaft als Ganzes thematisiert!

Als praxisbezogene Wissenschaft ist Erziehungswissenschaft sodann gleichsam auf Grund ihres Selbstverständnisses auf Bildungspolitik bezogen. Darin gründet die zweite Hinsicht, in der Erziehungswissenschaft von Bildungspolitik betroffen ist.

Bildungspolitik als Komplexion der Bedingungen pädagogischer Praxis im weitesten – aber wirkungsvollen – Sinne, wird damit zum Gegenstand erziehungswissenschaftlicher Reflexion, die sowohl mit dem Interesse auf technische Perfektion der Problemlösungen als auch im Interesse einer radikalen Kritik der politischen, ökonomischen, ideologischen und strukturellen Voraussetzungen und Abhängigkeiten der Bildungspolitik erfolgen kann.
Im Zentrum der folgenden Untersuchung steht die Frage, wie sich die heute im Gespräch befindlichen »Schulen« oder »Richtungen« der Erziehungswissenschaft den aufgewiesenen Problemen im Verhältnis von Bildungspolitik und Erziehungswissenschaft im einzelnen gegenüber verhalten.
Oder anders gewendet: Wir wissen zum einen, daß die Erziehungswissenschaft in den Dienst der Bildungspolitik gestellt wird; wir wissen zum anderen, daß Erziehungswissenschaft Bildungspolitik als Objekt traktiert. Nun wird zu klären sein, welche sogenannten Dienste die jeweiligen »Schulen« der Erziehungswissenschaft erbringen *können* und *wollen*, auch wenn es der Politik in dem einen oder anderen Falle unliebsam sein sollte.

10. *Zusammenfassung: Bildungspolitik als gesellschaftspolitischer Handlungs-Zusammenhang benötigt drei Arten von Wissen*

Die obige Skizze zur Bildungspolitik in der Bundesrepublik erfolgte hier in der Absicht, die Qualität bildungspolitischer Probleme, von denen gesagt wurde, daß sie zu den Erkenntnisobjekten der Erziehungswissenschaft zu rechnen sind, deutlich werden zu lassen.
In Anlehnung an die von J. Habermas vorgenommene Kategorisierung des Wissens, mit dessen Verwendung wir die Wirklichkeit auffassen und verändern, kann abschließend aufgezeigt werden, welche Erkenntnisse die Erziehungswissenschaft angesichts der beschriebenen Funktionen und Abhängigkeiten der Bildungspolitik zu leisten in der Lage sein muß, wenn sie gemäß den spezifischen Problemen dieses Gegenstandes und ihres genuinen Erkenntnisinteres-

ses einen Beitrag zur Lösung der Probleme erbringen möchte.[42]

Bildungspolitik als auch pädagogisch relevanter Handlungszusammenhang richtet Bedingungen für die Lernenden und Lehrenden ein, die in Entsprechung zur normativen Orientierung der bundesrepublikanischen Gesellschaft letzten Endes der optimalen Humanisierung und Demokratisierung der Gesellschaft, der Emanzipation ihrer Individuen sowie der rationalen und effektiven Entwicklung und Verwendung der natürlichen Ressourcen und Produktionsmittel dienen sollen. Die gegenwärtige Dominanz ökonomischer Interessen im Zusammenhang der laufenden Bildungsreform, die ihrerseits Ausdruck der politischen Machtverhältnisse und der leitenden Zielorientierung einer im wesentlichen am Profit interessierten Führungsschicht ist, zwingt praktisch jede bildungspolitische Maßnahme und Planung in den Widerspruch von ökonomischer Verwendbarkeit und individueller und gesellschaftlicher Emanzipation. Da die Gesellschaft als ganze noch immer keine vernünftig gemachte ist, was sich derzeit augenfällig an der brutalen Zerstörung der keineswegs unerschöpflichen Naturgüter Luft, Wasser und Sonnenlicht zeigt, ist auch die Bildungspolitik in der Gefahr, den partiellen Interessen wirtschaftlich und politisch mächtiger Monopole zu erliegen.

Für die erziehungswissenschaftliche Reflexion und Theoriebildung erscheint Bildungspolitik damit als zweck- und zielgerichteter Kommunikationszusammenhang, der als gesellschaftspolitische Praxis in dreierlei Hinsichten Wissen benötigt: **Erstens** über die expliziten und impliziten Ziele und Intentionen, über die normativen Grundentscheidungen, die jenen Zielen und Intentionen zugrunde liegen, über die historische Vermittlung der Ziele und Intentionen sowie über die in der Regel kontroverse Interpretation der Grundentscheidungen, der Geschichte, der Ziele und Intentionen;

zweitens über die konkreten Handlungsziele bildungspolitischer Interventionen, also etwa das Ausmaß quantitativer Veränderungen und deren finanzielle Folgelasten, über die technologischen Möglichkeiten zur Verbesserung der Verfügbarkeit aller Prozesse und Bedingungsfaktoren innerhalb des Ausbildungssektors, über die beabsichtigten und die

nichtbeabsichtigten Folgen bildungspolitischer Maßnahmen;
drittens schließlich ein Wissen über gesellschaftliche Zwänge, scheinbare Sachzwänge, partielle Interessen und machtpolitische Konstellationen, die ein bestimmtes Engagement der öffentlichen Bildungspolitik bewirken, ein entsprechendes Herrschaftswissen von seiten der Bildungsforschung, Bildungsplanung und Bildungsökonomie erwarten und die Restriktion aller Informationen und theoretischen sowie analytischen Einsichten befürworten, die den gruppenspezifischen Interessen entgegenstehen.

Wenn diese Skizze über die grundlegenden Anforderungen der Bildungspolitik an das entsprechende Handlungswissen zutreffend ist, dann resultiert daraus für die Erziehungswissenschaft unter der Voraussetzung ihres Interesses an dem Erkenntnisobjekt »Bildungspolitik«: Erziehungswissenschaft als Handlungswissenschaft erweist ihre Bedeutung für Bildungspolitik, indem sie **sinnverstehendes, theoretisches** und **analytisch-kritisches** Wissen erbringt. »Sinnverstehen richtet sich in seiner Struktur nach auf möglichen Konsensus von Handelnden im Rahmen eines tradierten Selbstverständnisses.«[43]

Die angedeutete Auslegung und Interpretation der Ziele, Intentionen und normativen Grundentscheidungen der Bildungspolitik, etwa niedergelegt in Dokumenten zur Bildungsplanung oder bildungspolitischen Programmen und Leitsätzen der politischen Parteien und Interessenverbände, ist hier in diesem Sinne als Beitrag der Erziehungswissenschaft zur Kritik und zu einem möglichen Konsens über die gesellschaftspolitische Funktion der Bildungspolitik gemeint. Theoretisches Wissen erlaubt die Erklärung vereinzelter Tatbestände und in der Form prognostischer Hypothesen die instrumentelle Verwendung für die Realisierung bestimmter Handlungsziele.

Besondere Beachtung wird freilich dem analytisch-kritischen Wissen zu schenken sein, denn sowohl Bildungspolitik als auch Erziehungswissenschaft selbst sind als gesellschaftliche Handlungszusammenhänge keineswegs zweckfreie, gleichsam im Hinblick auf Praxis sterile oder indifferente Phänomene. Im Kontext der gegenwärtigen Gesellschaft

und ihrer geschichtlichen Entwicklung kommen ihnen vielmehr konkrete Funktionen zu, die für die individuelle und gesellschaftliche Existenz von beachtlicher Tragweite sind: Sie entscheiden über den Grad persönlicher Freiheit, Mündigkeit und Emanzipation mit, sie determinieren den Handlungsspielraum der politischen Bürger, sie nehmen auf die Demokratisierung der Gesellschaft Einfluß und bestimmen die ökonomische Leistungsfähigkeit und deren gesellschaftliche Verfügbarkeit weitgehend. Analytisch-kritisches Wissen wird demnach im Zentrum die Frage nach dem cui bonum der Bildungspolitik haben.
Die methodologischen Konzeptionen der verschiedenen »Schulen« oder »Richtungen« der Erziehungswissenschaft werden danach zu befragen sein, welchen Beitrag zu den skizzierten Arten des Wissens sie jeweils leisten können.

III. Bildungspolitik und Pädagogik in der entstehenden bürgerlich-kapitalistischen Gesellschaft um 1800

1. Zur Absicht des Kapitels: historisch-systematische Reflexion der anstehenden Problematik

Das vorangegangene Kapitel hat den aktuellen Bezugsrahmen bildungspolitischer Planungen und Maßnahmen aufdecken wollen. Die Verflechtungen der Reform des Ausbildungswesens mit den gegenwärtig noch immer dominanten Belangen der Wirtschaftspolitik wurden verschiedentlich aufgezeigt. Zugleich wurde die Spannung deutlich, in der sich Bildungspolitik in der Demokratie angesichts dieser wirtschaftspolitischen Belange befindet. Denn es war an den Auftrag des GG zu erinnern, der Bildungspolitik in der Bundesrepublik Deutschland auf grundlegende Werte verpflichtet. Das Ausbildungswesen hat entscheidenden Anteil an der Demokratisierung und Humanisierung von Staat und Gesellschaft.

Die Erziehungswissenschaft, so wurde oben formuliert, ist von dem problematischen Zusammenhang: Ökonomie – Politik – Gesellschaft – Bildungsreform, unmittelbar betroffen. Als Wissenschaft einer Praxis, nämlich der Praxis von Erziehung und Unterricht in ihren politischen, sozialen, ideologischen, anthropogenen und materialen Abhängigkeiten, fällt letztlich auch die Bildungspolitik in ihren Objektbereich.

Es wird zu untersuchen sein, zu welchen Fragestellungen, Problemanalysen, theoretischen Aussagen und politisch relevanten Erkenntnissen einzelne »Schulen« bzw. Konzeptionen der Erziehungswissenschaft auf der Basis ihrer jeweiligen methodologischen Standards grundsätzlich in der Lage sind. Daran wird sich ermessen lassen, welchen Beitrag eine erziehungswissenschaftliche »Schule« angesichts der geschilderten Situation der Bildungspolitik für die individuelle und gesellschaftliche Wohlfahrt, für Demokratie, Humanität und individuelles Glück zu leisten vermag. Diese nor-

mativen Orientierungen nämlich verpflichten Politik und Wissenschaft heute gleichermaßen!
Der Problemzusammenhang ist jedoch nicht neu. Am Beginn der bürgerlich-kapitalistischen Gesellschaft in Preußen und Deutschland treffen wir auf eine sehr ähnliche Konstellation zwischen Ökonomie – Staat – Gesellschaft – Bildungsreform und Erziehungswissenschaft bzw. Pädagogik. Es wird dem Verständnis und der Analyse aktueller Phänomene überaus nützlich sein, wenn die historische Dimension eines Zusammenhanges unter dem Gesichtspunkt der Aufklärung anscheinend moderner Probleme Berücksichtigung findet. So wird das folgende Kapitel nicht geschrieben, um zu berichten wie es war, vielmehr geht es von der Annahme aus, daß um die Wende vom 18. zum 19. Jahrhundert sowohl der Beginn moderner Erziehungswissenschaft und staatlicher Bildungspolitik anzusetzen ist als auch die spannungsreiche Verflechtung von **Ökonomie,** Politik, Demokratisierung und *Pädagogik* einsetzt. U. Herrmann hat den auch hier versuchten Ansatz einer historischen Skizze auf Grund eines kritischen Theoriebegriffs äußerst prägnant charakterisiert: »Geschichtsschreibung auf der Grundlage dieses Interesses beansprucht nicht (eine nicht zu verwirklichende) historische Objektivität, will nicht der Beschreibung und Erklärung von historischen Sachverhalten, wie sie eigentlich gewesen sind (Ranke) dienen, sondern wendet sich der Geschichte als dem Medium der Genese von Problemen zu, um über diese genetische Dimension gegenwärtiger Probleme und der sie bedingenden Faktoren Aufschluß zu erhalten. Insofern wird kritische Historie verstanden als Faktorenanalyse gegenwärtiger Problemstellungen, ist sie die Geschichtsschreibung der geschehenden Geschichte.«[1]
In eben diesem Sinne soll die folgende Skizze zur Bildungspolitik und Pädagogik in der entstehenden bürgerlich-kapitalistischen Gesellschaft um 1800 Antworten auf folgende Fragen ermöglichen: Welche Bedingungsfaktoren bewirken die Entwicklung einer staatlichen Kultur- bzw. Bildungspolitik? Wie verhalten sich alte und neue gesellschaftliche Führungsgruppen im Hinblick auf den Zugang zur politischen Macht? Lassen sich aus ökonomischer und gesellschaftlicher

Entwicklung dominante Interessen bei der Reform des Ausbildungswesens beschreiben? Welche politischen und sozialen Funktionen werden von welchen gesellschaftlichen Gruppen dem Ausbildungswesen zugewiesen? Wie beschreibt und erklärt die zeitgenössische Pädagogik die angedeuteten Prozesse? Welche Interessen leiten die pädagogische Reflexion? Was leistet Pädagogik für Politik, Gesellschaft und Individualität?

2. *Feudale und bürgerliche Interessen an staatlicher Bildungspolitik*

Um die Wende vom 18. zum 19. Jahrhundert befinden sich Staat, Gesellschaft und Wirtschaft in Deutschland in einem Umbruch, der auch die Pädagogik auf den Plan ruft.
Grundsätzlich vergleichbar mit der gegenwärtigen Situation, wird von einer Erneuerung des Ausbildungswesens, damals von seiner generellen Ausbreitung, positive Unterstützung bei der Reform der desolaten feudalstaatlichen Ordnung und ihrer Bedarfsdeckungswirtschaft, die den objektiven Entwicklungen im Bereich von Produktion und Handel längst nicht mehr entsprach, erwartet. Ein erstes Mal wird versucht, mittels Erziehung und Ausbildung gesellschaftliche und ökonomische Veränderungen bewußt vorzubereiten und durchzuführen. Pädagogische Maßnahmen sollen im Verein mit Politik, Administration, staatlicher und privater Ökonomie sowie religiöser Unterweisung über eine Veränderung der Individuen zu einer Veränderung defizitärer Zustände in Wirtschaft, Gesellschaft und Staat beitragen.
J. H. Campe, der führende Pädagoge des Philanthropismus, artikuliert die soziale und politische Funktion der Schule dementsprechend: »Will man eine Nation umformen, will man verständige, kluge, gewandte, emsige und wackere Menschen bilden, so gebe man die Alten auf und schränke seinen Fleiß auf denjenigen Stoff ein, der noch bearbeitet werden kann, weil er noch nicht abgehärtet ist. In den Schulen oder nirgends kann eine Nation zur Industrie wie zu jeder andern moralischen und politischen Tugend gebildet werden.«[2]

Diese Formulierungen erinnern verblüffend an aktuelle Äußerungen über den Zusammenhang von Wirtschaftswachstum und Ausbildungssektor. Es erscheint deshalb als geboten, schon am Beginn der kapitalistischen Industrieproduktion bzw. in der Phase ihrer unmittelbaren Vorbereitung den Kontext Bildungspolitik und pädagogische Reflexion in seiner politisch-ökonomischen Bedingtheit kurz zu beleuchten.

Zudem beginnt *staatliche Bildungspolitik* eben jetzt die kirchliche Verfügungsgewalt über das Schulwesen zurückzudrängen. In der zweiten Hälfte des 18. Jahrhunderts setzt Bildungspolitik als an Bedeutung ständig zunehmendes Instrument staatlicher Machtausübung ein.

Der *feudalistische Staat* sichert seine Existenz nun auch durch die bewußte und kontrollierte Erziehung der Jugend. Gleichzeitig unterstützt das aufstrebende Bürgertum die Verstaatlichung der Bildungspolitik, da sein Interesse an *utilitaristischer Pädagogik* teilweise mit den *Säkularisierungsabsichten* des Feudalstaates zusammenfiel. Der Staat schafft sich mit der Einrichtung der Volksschule und der Schulpflicht für alle Kinder neben dem Militär einen neuen Stand, eine Gruppe abhängiger Staatsdiener. »Es ist der Schullehrer, der von nun an eine der großen Grundlagen des preußischen Staatsgedankens wird.«[3]

Das Bürgertum, grundsätzlich und langfristig der Feind des Feudalstaates, erstrebt im pragmatischen und opportunistischen Bündnis mit eben diesem Staat die Liberalisierung des Handels und die *Steigerung* der *Produktivität* in Manufakturen, in Heimarbeit und Landwirtschaft. Beide Ziele dienen letztlich der Etablierung der bürgerlichen Gesellschaft.

Um die Wende vom 18. zum 19. Jahrhundert wird sowohl die gelehrte Schule grundlegend reformiert als auch die Schule für die breite Masse, in Sonderheit für die Landbevölkerung, schrittweise realisiert. Die entscheidenden bildungspolitischen Maßnahmen Preußens zu dieser Zeit sind das *General–Landschul–Reglement* von 1763, das erste umfassende staatliche Schulgesetz für die protestantischen Schulen der preußischen Monarchie, die 1765 erlassene analoge Ordnung für die katholischen Schulen in Schlesien und der Grafschaft Glatz, die Errichtung eines *Oberschulkolle-*

giums im Jahre 1787, der ersten zentralen staatlichen Schulaufsichts- und Schulverwaltungsbehörde und schließlich 1794 das *Preußische Allgemeine Landrecht*, das in seinen Schulartikeln differenzierte Bestimmungen über Einrichtung, Finanzierung, Unterhalt und Aufsicht im Schulwesen enthält.
Das Allgemeine Landrecht stellt fest: »Schulen und Universitäten sind Veranstaltungen des Staates.«[4]
Der moderne Machtstaat adaptiert das bis dahin unzureichend ausgebaute und teilweise ausschließlich privaten Interessen dienende Ausbildungswesen, um in Zukunft für seine ideologische, militärische und ökonomische Sicherung ein wirksames Instrumentarium zu besitzen. In diesem Sinne interpretiert auch P. Barth das neue Interesse des absolutistischen Staates an der Schule: »Je mehr im 17. und vor allem im 18. Jahrhundert das landesherrliche Kirchenregiment aus einem Amt christlicher Liebe ein willkommenes Machtmittel in der Hand des staatlichen Absolutismus wird, ... um so mehr treibt der Staat auch Schulpolitik aus rein politischen und vor allem im Zeitalter des Merkantilismus auch aus ökonomischen Motiven.«[5]
Die pragmatisch-ökonomische Orientierung der Schulartikel des Allgemeinen Landrechts scheint an verschiedenen Stellen durch, so, wenn von den Schulen und Universitäten gesagt wird, daß sie »den Unterricht der Jugend in nützlichen Kenntnissen und Wissenschaften zur Absicht haben«. Und über Dauer und Ziel des Schulunterrichtes wird bestimmt: »Der Schulunterricht muß solange fortgesetzt werden, bis ein Kind nach dem Befunde seines Seelsorgers die einem jeden vernünftigen Menschen seines Standes notwendigen Kenntnisse gefaßt hat.«
Da die eigentlichen Adressaten des Landrechts die ländliche Bevölkerung und die Arbeiter in Manufakturen und Verlegerdiensten (Heimarbeit) darstellten, waren die »notwendigen Kenntnisse« durch deren Verwertbarkeit als Arbeitskräfte, Soldaten und gläubige Untertanen definiert. Die Absicht, mittels Schule und Unterricht die »Unwissenheit und Dummheit« weiter Teile der Landbevölkerung zu beheben, um auf diese Weise die mangelhafte Produktivität der noch immer in der Ordnung der Drei-Felder-Wirtschaft

betriebenen Landwirtschaft zu bessern, hatte FRIEDRICH II. schon im General-Landschul-Reglement deutlich artikulieren lassen. J. J. HECKER, der Verfasser dieses Textes, schreibt für den König: »Demnach Wir zu unserm höchsten Mißfallen selbst wahrgenommen, daß das Schulwesen und die Erziehung der Jugend auf dem Lande bisher in äußersten Verfall geraten und insonderheit durch die Unerfahrenheit der meisten Küster und Schulmeister die jungen Leute auf den Dörfern in Unwissenheit und Dummheit aufwachsen: so ist Unser so wohlbedachter als ernster Wille, daß das Schulwesen auf dem Lande in allen unsern Provinzen auf einen bessern Fuß als bisher gesetzt und verfaßt werden soll. Denn so angelegentlich Wir nach wiederhergestellter Ruhe und allgemeinem Frieden das wahre Wohlsein Unserer Länder in allen Ständen uns zum Augenmerk machen: so nötig und heilsam erachten Wir, es auch zu sein, den guten Grund dazu durch eine vernünftige sowohl als christliche Unterweisung der Jugend zur wahren Gottesfurcht und andern nützlichen Dingen in den Schulen legen zu lassen.«[6]

Geistesgeschichtlich ist sowohl das General-Landschul-Reglement als auch das Allgemeine Landrecht Produkt einer *aufgeklärten* Staatlichkeit. Die Verbesserung von Staat und Gesellschaft in Hinsicht auf eine rationale Abwicklung der Staatsgeschäfte, auf die politische Handlungsfähigkeit aller Bürger in ihrem Stand, die ökonomische Verwendbarkeit der Bauern und Arbeiter und die moralische Autonomie der Menschen verlangen eine umfassende Erziehung und Ausbildung für alle.

Die von KANT auf die Frage »Was ist Aufklärung?« in einem ebenso betitelten Aufsatz von 1784 gegebene Antwort: »Aufklärung ist der Ausgang des Menschen aus seiner selbst verschuldeten Unmündigkeit. Unmündigkeit ist das Unvermögen, sich seines Verstandes ohne Leitung eines anderen zu bedienen. Selbstverschuldet ist diese Unmündigkeit, wenn die Ursache derselben nicht am Mangel des Verstandes, sondern der Entschließung und des Mutes liegt, sich seiner ohne Leitung eines andern zu bedienen. Sapere aude! Habe Mut, dich deines eigenen Verstandes zu bedienen! ist also der Wahlspruch der Aufklärung.«[7] Er wird vom absolutistischen Staat und dem aufstrebenden Bürgertum im jeweiligen Horizont ihrer Interessen aufgenommen, wobei der antifeudalistische Impetus unschwer auszumachen ist. Indem sich das Bürgertum in seinem Kampf um ökonomische und politische Emanzipation dieser Ideen bedient, handelt es gleichsam in Entsprechung zu den »objektiven« Entwicklungen in Staat, Gesellschaft und Wirtschaft, denn die Aufklärung bringt nicht nur die kritische Philosophie eines HUME und KANT hervor, zugleich befördert sie »die empirische Anthropologie und Psychologie, das aufgeklärte Staatsdenken in England, Frankreich und Deutschland (John Locke, Rousseau, das Allgemeine Landrecht), die rationalistische Religionskritik, in England die erste industrielle Revolution, die Idee der politischen Mündigkeit des Bürgers und ihre Manifestation in der amerikanischen Unabhängigkeitserklärung und der Französischen Revolution.«[8] Damit werden geistige und soziale Bedingungen geschaffen, die für die Etablierung des bürgerlichen Staates von fundamentaler Bedeutung sind.

Der Feudalstaat dagegen greift gleichsam im Rückzugskampf den einen oder anderen verwendbaren Gedanken der Aufklärung auf, kann aber dennoch letztlich seinen Untergang nicht verhindern.

Doch für den hier behandelten Zeitraum muß erneut an das Bündnis von Großbürgertum und feudalem Staat in Deutschland erinnert werden. Die Aufklärung degeneriert dabei für den herrschenden Adel einerseits zur Aufklärung »der Fürsten über Mittel und Wege, die dynastische Macht ökonomisch besser zu fundieren und zu stärken«[9], sie ist andererseits gefürchtete Ideologie des sich emanzipierenden dritten Standes.

Koinzidenzpunkt staatlicher und bürgerlicher Interessen an einer staatlichen Bildungspolitik und der dadurch zu erzielenden Anhebung des Bildungsstandes der gesamten Bevölkerung ist das Streben nach einem Mehr an finanziellen Einnahmen, an gesteigerten Profiten.

Die außen- und innenpolitische Situation der preußischen Monarchie ist in der zweiten Hälfte des 18. Jahrhunderts kritisch. Der Siebenjährige Krieg (1756–1763) hat die finanziellen, menschlichen und materiellen Ressourcen erschöpft. FRIEDRICH II. ist bemüht, durch die Verbesserung der Infra-

struktur des Landes (insbesondere Straßenbau) und der wirtschaftlichen Entwicklung den Rückstand Preußens gegenüber anderen deutschen Staaten und dem übermächtigen England aufzuholen. Rund 30 Jahre später, unter der Herrschaft FRIEDRICH WILHELMS III. ist der Staat durch eine Reihe einschneidender Maßnahmen weitgehend gesichert. Die wichtigsten Instrumentarien feudaler Machtpolitik, Heer und Administration, sind zweckrationaler geordnet, der Adel in den Dienst des Königtums genommen und entgegen den allgemeinen Tendenzen von Aufklärung, Liberalismus und bürgerlicher Industriegesellschaft die Klassen- bzw. Ständestruktur nochmals gefestigt worden. Preußen ist jedoch weiterhin unterentwickelter Agrarstaat. Der Merkantilismus erreicht trotz staatlicher Unterstützung, die sich letztlich als Gängelung erweist, nicht die erwünschten Profite. Rund 80 % der Bevölkerung leben und arbeiten in der Land- und Forstwirtschaft. Als abhängige Klasse leisten die Bauern Frondienste für die adligen Großgrundbesitzer. Die Produktivität ihrer Höfe leidet unter den anachronistischen Anbaumethoden, der Unwissenheit und Angst der Bauern, der willkürlichen Ausbeutung von Menschen und natürlichen Ressourcen durch den Adel.
»Nicht selten bearbeiten die Bauern nach der Fron des Tages ihre eigenen Ackerstreifen in der Nacht oder wachen, um das Wild zu verscheuchen. Verlassen des Gutes ist ihnen, ihren Kindern und anderen Angehörigen bei Androhung strenger Strafen ebenso verboten wie die Vernachlässigung der Fronpflichten oder des eigenen Gutes – in diesem Fall wird ihnen der Hof genommen, ohne daß sie deshalb die Freizügigkeit gewönnen. Eigenmächtige Verlobung oder Verheiratung sind bei ›ernster willkürlicher Strafe‹ untersagt.«[10]
Auch die Masse der Manufaktur- und Heimarbeiter ist arm und ungebildet, politisch ohne Recht und von Staat und Unternehmern mit Abgaben und gering entlohnter Arbeit über die Maßen belastet. Rechte und Pflichten sind wie im vorrevolutionären Frankreich verteilt: Die kleine Gruppe der Feudalaristokratie verfügt über die Macht und das Recht, genießt gesellschaftliche und wirtschaftliche Vorzüge, die große Masse der Bevölkerung, Bauern, Handwerker,

Manufakturarbeiter und Hintersassen und Gesinde auf dem Lande sind praktisch rechtlos, tragen jedoch die Hauptlast des staatlichen Steueraufkommens.[11]
Für die Ausbreitung kapitalistischer Wirtschaftsformen und die angestrebte bürgerliche Gesellschaft sind die geschilderten Zustände in Preußen ein ausgesprochenes Hindernis. Das Bürgertum muß im eigenen Interesse folgende Forderungen an die Politik richten:
– Alle Bürger, insonderheit aber die Bauern und Arbeiter, müssen eine industriöse Gesinnung annehmen. Industriöse Gesinnung zeigt sich in der Orientierung des Handelns an Tugenden wie Fleiß, Gehorsam, Sauberkeit, Ausdauer, technischer Aufklärung.
– Alle Produktionsmittel sind in privates Eigentum zu überführen, auch und gerade die Höfe der leibeigenen Bauern. Denn die erwünschte Steigerung der Produktivität und die Verbreitung einer industriösen Gesinnung werden erst im Hinblick auf die Vermehrung des eigenen Besitzes und Wohlstandes subjektiv sinnvoll.
– Alle privaten Unternehmer und abhängig Produzierenden sollen in dem Glauben bestärkt werden, der wirtschaftliche Erfolg sei eine Funktion des individuellen Fleißes und Mutes sowie der geschenkten Begabung.
– Staatliche Macht muß kalkulierbar werden, damit wirtschaftliche Zweckrationalität im zweckrationalen Staat ihre Entsprechung findet. Anderenfalls ist finanzieller Einsatz nicht planbar, sind Kosten und Erfolg nicht berechenbar, also am Profit orientierte Wirtschaft nicht möglich.
Diesen Forderungen ist die Tendenz gemeinsam, Individuum, Gesellschaft und Staat zu *instrumentalisieren.* Die vom Kapitalismus beherrschte Gesellschaft benötigt einen Staat im Sinne eines Rechtsinstituts. Willkür eines Monarchen oder der Feudalaristokratie, Unwissenheit, Magie und religiös-rituelle Einflüsse müssen verdrängt werden, denn solche Momente verhindern die Berechenbarkeit individuellen und politischen Verhaltens.[12]
Diesen Kern der politischen Emanzipation des Bürgertums, einen rational verfaßten Staat als Voraussetzung für eine prosperierende Wirtschaft zu schaffen, hat F. PAULSEN zutreffend beschrieben. Nicht Demokratisierung im Sinne

einer politisch-gesellschaftlichen Mündigkeit *aller* Bürger war beabsichtigt, »die ursprüngliche Meinung der Volksvertretung war ohne Zweifel, dem besitzenden und gebildeten Bürgertum den ihm gebührenden Einfluß auf den Staat zu verschaffen«.[13]

Vor dem Hintergrund der ökonomischen, gesellschaftlichen und geistesgeschichtlichen Entwicklungen in Preußen und Deutschland um 1800 wird das Interesse des Bürgertums am Ausbildungssektor der Gesellschaft verständlich, wobei das Fehlen der bürgerlichen Revolution die für deutsche Verhältnisse spezifische Vermengung der Klasseninteressen des Bürgertums mit den dynastischen Interessen des Feudalstaates erklärt. Durch eine gezielte Veränderung der Einstellungen und Kenntnisse soll die *Industriosität* und Rationalität der arbeitenden Bevölkerung so entwickelt werden, daß die Profite der beginnenden kapitalistischen Wirtschaft und die dringend erforderlichen Staatseinkünfte gleichermaßen gesichert sind.

3. Bildungspolitik im Kontext der preußischen Reformen ab 1807. Wilhelm v. Humboldt

Die Dringlichkeit staatlicher Reformen und in deren Zusammenhang eine Intensivierung auch der Bildungspolitik aktualisiert sich in Preußen nach dessen militärischer Niederlage gegen das Frankreich Napoleons 1806.

Ganz in Entsprechung zu den eben skizzierten Forderungen des Bürgertums wird 1807 die *Erbuntertänigkeit* in Preußen aufgehoben sowie die strenge ständische Gliederung zum Zwecke erhöhter Wirtschaftsliberalität aufgelockert. Fortan ist es den Bürgerlichen erlaubt, adligen Besitz zu erwerben, der Adel wiederum öffnet sich den Zugang zur Wirtschaft des Bürgertums. 1808 wird eine weitgehend durch den Reichsfreiherrn vom STEIN ausgeführte *Städteordnung* erlassen, die wohl als ein entscheidender Schritt zur politischen Emanzipation des Bürgertums betrachtet werden darf. Diese preußische Reformpolitik ist verschiedentlich von einer um den ökonomischen Aspekt verkürzten Position her als »innere Erneuerung« von Staat und Gesellschaft stilisiert worden.[14]

Dagegen verweist die Sozialgeschichte auf handfeste *ökonomische Zwänge*, die Bildungspolitik und andere Reformen dringend erforderlich machten. Bei R. KOSELLECK heißt es dazu: »Die Reformen werden nur verständlich, wenn man in ihnen den Versuch sieht, auf eine ebenso schwierige wie neue Situation eine ebenso kühne Antwort zu finden. Die Antwort lautete grob gesprochen dahingehend, eine wirtschaftliche freie Gesellschaft zu entfalten, die fähig sein sollte, für das erforderliche Geld aufzukommen.«[15]
Benötigt wurde Geld primär für an Frankreich zu entrichtende 120 Millionen Francs Kontributionen – heute würden es Stationierungskosten sein – und für erneute Investitionen im Lande.
In diesem Kontext muß die sogenannte *Bauernbefreiung*, also die endgültige Beseitigung der Leibeigenschaft, der *Abbau der Zunftverfassung* zugunsten freier Konkurrenz in Handwerk und Handel, der Verkauf von Staats- und Kirchenbesitz an private Unternehmer und der Aufbau eines *freien Geldmarktes* gesehen werden. Nicht die Emanzipation des Landproletariats stand an, vielmehr ging es um dessen Integration in den beginnenden kapitalistischen Wirtschaftsprozeß. Eine anfängliche idealistische Motivation für die sogenannte Bauernbefreiung, nämlich die Weckung möglichst vieler Kräfte zum Aufbau einer Selbstverwaltung und einer funktionierenden Wirtschaft freier Unternehmer, wurde bald den Standesinteressen der Großgrundbesitzer und den Zwängen kapitalistischer Wirtschaftsweise geopfert. Dazu heißt es bei W. TREUE: »Preußens traditionelle Bauernschutzpolitik im Interesse der Gesamtheit wurde zugunsten einer politisch-gesellschaftlich und wirtschaftlich im Staate führenden Gruppe preisgegeben, die nun den Schritt vom Rittergut alter Art zum modernen kapitalistischen Großgrundbesitz tat.«[16]
Den Zusammenhang der Bauernbefreiung mit den grundlegenden Forderungen des Bürgertums als der die kapitalistische Wirtschaft tragenden Klasse, macht G. KONEFFKE schlüssig deutlich. »Indem so die Landbevölkerung unterschiedslos unter die Anforderungen marktwirtschaftlicher Produktion gefaßt wird, wird die Aufstiegschance im naturwüchsigen Regulator des Marktes gesichert. Gegen die Aus-

lieferung der Arbeit an persönliche Willkür, welcher die Landbevölkerung im feudalen Dienstverhältnis noch weithin ausgesetzt ist, wird die privatrechtliche Sicherung aufgehäufter Arbeitserträge gefordert. Diese Sicherung ist ebensowohl die entscheidende Voraussetzung für die kapitalistische Unternehmertätigkeit der Bauern wie für die Freisetzung der Arbeitskraft für den Markt, also die Schaffung des Lohnarbeiters, des Unternehmers seiner selbst, als den die Ideologie den Proleten haben will.«[17]

Die liberalen bürgerlichen Bestrebungen finden in der preußischen Bildungspolitik und der zeitgenössischen Pädagogik Unterstützung. Grundlage für die Reform und Ausbreitung des niederen Schulwesens – der Volksschule – und für die sogenannte *neuhumanistische Bildungsreform*, die inhaltlich wesentlich durch W. v. HUMBOLDT und F. W. SÜVERN bestimmt wurde, bilden die weiter oben bereits genannten Schulartikel des Allgemeinen Landrechtes von 1794.

In dem Zeitraum bis zum Beginn der Restauration um 1819, die sich nochmals entschieden gegen jeglichen bürgerlichen Liberalismus und die politische Emanzipation dieser neuen Klasse wendet, werden eine Reihe staatlicher Maßnahmen im Bereich von Schule und Hochschule geplant und teilweise realisiert, die sich im Sinne der politischen Forderungen des Bürgertums und in Anlehnung an aufklärerisches Gedankengut als relativ fortschrittlich erwiesen.

1808 wurde das Oberschulkollegium aufgelöst und die Unterrichtsverwaltung dem Ministerium des Innern zugeteilt. Chef dieser »Section des Cultus und Unterrichts« ist 1809/10 W. v. HUMBOLDT, der als Schüler CAMPES, als Student der philosophischen Lehren von LEIBNIZ, KANT und JACOBI und durch seinen Umgang mit FICHTE und F. A. WOLF dem *Neuhumanismus, der Aufklärung und der Nationalerziehung* die entscheidenden Anregungen für seine Pläne zur Reform des preußischen Schul- und Hochschulwesens verdankt.

Schon mit seiner 1792 verfaßten Schrift »Ideen zu einem Versuch, die Grenzen der Wirksamkeit des Staates zu bestimmen«, hatte er ein wesentliches Dokument des Liberalismus geschaffen. Die Grundsätze seiner Schulreform enthält der 1809 vorgelegte »Königsberger Schulplan«, der sich schon von seinem Untertitel her – »Über die mit dem Königsbergischen Schulwesen vorzunehmenden Reformen« – in Analogie zu gegenwärtigen Plänen als Beitrag zur Projektion staatlicher Kultur- bzw. Bildungspolitik verstehen läßt. Zugleich macht er in dem Teil des Schulplans, der »Notwendigkeit eines allgemeinen Schulreglements« überschrieben ist, bis ins Einzelne gehende Vorschläge zur Verbesserung der Schulorganisation, des Unterrichts, der staatlichen Schulaufsicht und der zu vergebenden Zeugnisse und Berechtigungen.[18]

Humboldt konzipiert ein in drei Stufen gegliedertes Schulwesen: Elementarunterricht, Schulunterricht, Universitätsstudium, das sich einerseits entschieden gegen die an vielfältigen privaten Interessen orientierte Zersplitterung der Schule wendet – Preußen kennt damals Bürgerschulen, Dorfschulen, Elementarschulen, Gelehrtenschulen, Gymnasien, Industrieschulen, Klipp- und Winkelschulen, Klöppelschulen, Lyceen, Mittelschulen, Philanthropine, Privatschulen, Realschulen, Stadtschulen und Volksschulen[19] – andererseits der durch den Philanthropismus und die Industrieschulbewegung verbreiteten und vom industriellen Großbürgertum unterstützten berufspraktischen Orientierung der allgemeinbildenden Schulen des Staates entgegenwirken wollte.

Der Grundsatz: »Die Übung der Kräfte auf jeder Gattung von Schulen allemal vollständig und ohne irgend einen Mangel vorzunehmen, alle Kenntnisse aber, die sie überhaupt wenig oder zu einseitig befördern, wie nothwendig sie auch seyn mögen, vom Schulunterricht auszuschließen, und dem Leben die speciellen Schulen vorzubehalten«[20] stellt damit zwar grundlegende Bedingungen für die Verbesserung der Lebensverhältnisse auch und gerade beim Landproletariat und den Manufakturarbeitern heraus, ist also ohne Zweifel ein Fortschritt gegenüber der Industrieschulpädagogik, bleibt aber dennoch ganz im Rahmen der tradierten *Ständegesellschaft.* Trotz der Hoffnung auf allgemeine Menschenbildung für alle schreibt Humboldt: »Der ganz Arme schulte seine Kinder in die wohlfeilsten, oder unentgeltlichen Elementarschulen; der weniger Arme in die besseren, oder wenigsten theureren. Wer noch mehr anwenden könnte, besuchte die gelehrten Schulen, bliebe bis zu den höheren Classen, oder schiede früher aus, triebe mehr Sprachunterricht oder mehr gemeinhin realen genannten ... Jeder, auch der Ärmste, erhielt eine vollständige Menschenbildung ...«[21]

Problematisch muß hier die Reduktion der Frage nach allgemeiner Menschenbildung auf die Ebene der Individualität erscheinen. Es fehlt deutlich der Bezug auf die gesellschaftlichen Bedingungen eines solchen Programms. So wie offensichtlich die ständische Ordnung noch immer als quasi naturgegeben postuliert wird, soll auch die Individualität gemäß ihren »angeborenen« Möglichkeiten, zu denen wohl auch der soziale Status zu rechnen wäre, Menschlichkeit gewinnen.

Verbleibt HUMBOLDT mit seiner Schulpolitik trotz der schon hervorgehobenen emanzipativen Ansätze im gesellschaftlich-politischen Rahmen seiner Auftraggeber, so muß auch noch auf die integrative Intention seiner Politik verwiesen werden. Staatliche Kulturpolitik wird auch von HUMBOLDT im Sinne von Maßnahmen verstanden und betrieben, die die bestehenden Machtverhältnisse sichern, indem sie die optimale Funktionalität aller Bürger gewährleisten. In seinem »Bericht der Section des Cultus und Unterrichts« vom 1. 12. 1809 schreibt er: »Die schwierige Aufgabe ist, die Nation geneigt zu machen, und bei der Geneigtheit zu erhalten, den Gesetzen zu gehorchen, dem Landesherrn mit unverbrüchlich treuer Liebe anzuhängen, im Privatleben mäßig, sittlich, religiös, zu Berufsgeschäften tätig zu sein und endlich sich gern, mit Verachtung kleinlicher und frivoler Vergnügungen, ernsthaften Beschäftigungen zu widmen.«[22]

Im Zusammenhang der preußischen Reformpolitik und der Entwicklung des Nationalbewußtseins in Deutschland sind HUMBOLDTS außerhalb seiner politischen Rolle geleisteten Anregungen und seine schulpolitischen Pläne jedoch zweifellos von beachtlicher Relevanz, wobei trotz aller Bindungen an Staat und Gesellschaft der für den absolutistischen Feudalstaat gefährliche aufklärerische Geist seiner Konzeptionen auf die Schulpolitik unverkennbar ist, so daß es nicht verwundert, wenn W. v. HUMBOLDT und der von ihm wesentlich angeregte SÜVERN politisch schon bald an den

Interessen der Feudalaristokratie scheitern. In der Zeit ihrer Einflußnahme haben sie jedoch wesentlichen Anteil an der Umgestaltung des Gymnasiums, an der Gründung der Berliner Universität 1810 und der Einführung einer besonderen Prüfung für das Lehramt an Gymnasien, dem »examen pro facultate docendi« von 1810. G. GIESE weist in diesem Zusammenhang auf die besondere Bedeutung dieser Prüfung für die staatliche Bildungspolitik hin. »Es geht hier nicht nur, wie es zunächst scheinen könnte, um die Sicherung der Qualität der Gymnasien aus der Sorge um geeignete Lehrer. Diese obligatorische Prüfung ist auch ein Stück ›Verstaatlichung‹ der Schule durch die Stärkung des Staatseinflusses gegenüber den Patronaten.«[23]
Die reformfreudige und enthusiastische Politik der sogenannten inneren Erneuerung des preußischen Staates hat an höchster Stelle, nämlich bei König FRIEDRICH WILHELM III., offensichtlich nie die vom Bürgertum erhoffte Unterstützung gefunden. Schlechterdings mußte sich die Dynastie von Räten distanzieren, die ihre Sympathie für das Anliegen der *Französischen Revolution* nicht zurückhielten. Etwa wenn J. H. CAMPE, Lehrer und Freund W. v. HUMBOLDTS, in seinem ersten der insgesamt acht »Briefe aus Paris, zur Zeit der Revolution geschrieben« voller Begeisterung über den Verlauf der Ereignisse berichtet: »Ich fand das Untier [so bezeichnet er den französischen Despotismus, K. Z.] bereits in seinem Blute liegen; aber noch ist Leben in seinen hundert Köpfen ... und ich kehre eher nicht zu Ihnen zurück, bis ich der Freude teilhaftig geworden bin, es völlig eingescharrt zu sehn. Dieser Tag des Leichenbegängnisses wird der köstlichste meines Lebens sein; so wie er für die großen und kleinen Menschendrücker, Menschenquäler und Menschenaussauger an allen Orten und Enden der Welt einer der lehrreichsten sein wird, welche die Geschichte zu ihrer Warnung jemals ausgestellt hat.«[24]
Und SÜVERN, auch nach dem Ausscheiden HUMBOLDTS aus der »Section des Cultus und Unterrichts« dort an einflußreicher Position tätig, spricht in seinem »Unterrichtsgesetz-Entwurf« von 1819 deutlich liberale Prinzipien an, die trotz verbaler Bekenntnisse der Dynastie gegenüber den Anspruch der aufstrebenden neuen Klasse nach politischer

Gleichberechtigung artikulieren. So ermahnt SÜVERN den absolutistischen (!) Staat: »Alles wird der Staat in und mit seinen Bürgern erreichen können, wenn er sorgt, daß sie alle in Einem Geiste von Jugend auf für seine großen Zwecke, deren eigentlicher Gegenstand ja ihre eigene Gesamtheit ist, gebildet, dadurch zugleich schon früh innerlich consolidiert werden.«[25]

Der Grundsatz einer allgemeinen Erziehung für alle findet dann in Vorschlägen seine Ausprägung, die der praktizierten Schulpolitik der adligen Großgrundbesitzer, freilich auch derjenigen in den Schulen der Unternehmer entschieden Einhalt gebieten will. SÜVERN übernimmt HUMBOLDTS bildungstheoretischen Ansatz und bestimmt: »§ 1. Als öffentliche und allgemeine werden diejenigen Schulen und Erziehungsanstalten anerkannt, welche die allgemeine Bildung des Menschen an sich, und nicht seine unmittelbare Vorbereitung zu besonderen einzelnen Berufsarten bezwekken ...«[26] Das allgemein-bildende Schulwesen gliedert sein Entwurf in drei Stufen: allgemeine Elementarschule, allgemeine Stadtschule, Gymnasium, über deren Qualität und öffentliches Ansehen er sagt: »§ 5. Zufolge des allgemeinen Charakters dieser ganzen Schulen-Anstalt dürfen bei aller Mannigfaltigkeit, welche unter den Schulen derselben Stufe aus persönlichen, Orts- oder Zeitverhältnissen, oder den besonderen Bedingungen ihrer Stiftungen, entstehen kann, äußere Verhältnisse doch keinen wesentlichen Unterschied zwischen ihnen, weder in Ansehung der inneren Verfassung noch der aufzunehmenden Jugend bestimmen.«[27] Und schließlich heißt es im § 6, in dem er von den »Rücksichten« handelt, »welche Geschlecht, Sprache, Religion, Stand und künftiger Beruf der Jugend«[28] vom Schulwesen fordern im 4. Abschnitt: »Die öffentliche allgemeine Schule hat auf jeder ihrer Stufen zunächst nur danach zu streben, daß sie die allgemeine Bildung ihrer Schüler innerhalb der ihr gezogenen Grenze recht gründlich fördere, um jeden derselben so weit zu führen, daß er nach Fähigkeit, Neigung und Verhältnissen zur besonderen Anleitung für irgend eine äußere Bestimmung übergehen, und, je besser im Allgemeinen vorbereitet, dieser mit desto mehr Selbstthätigkeit, Einsicht und Geschick sich widmen kann.«[29]

Hier formuliert SÜVERN bildungspolitische Maximen, die fast wörtlich der gegenwärtigen Diskussion entnommen sein könnten. Jeder Schüler soll gemäß seinen Fähigkeiten und Neigungen gefördert werden. Das allgemeinbildende Schulwesen soll grundlegende Kenntnisse, Fähigkeiten und Einstellungen vermitteln, die auch für berufliche Anforderungssituationen optimal vorbereiten.
Damit sprengt bürgerliche Pädagogik und Politikberatung den Rahmen feudaler Interessen an der Bildungspolitik. Nach einer schleppenden Diskussion des Entwurfs gibt schließlich der erste preußische Minister für die geistlichen und Unterrichtsangelegenheiten, der Freiherr v. ALTENSTEIN, in einem Zirkularreskript von 1822 den ganzen Unmut des Königs, der hier ohne Zweifel für die Mehrheit der Feudalaristokratie spricht, kund. v. ALTENSTEIN teilt mit, daß FRIEDRICH WILHELM III. »den regen Sinn, welcher sich für das Elementarschulwesen betätige, nicht anders als beifällig anerkännte, zugleich aber darauf aufmerksam machten, daß solches in seinen Grenzen gehalten werden müsse, damit nicht aus dem gemeinen Mann verbildete Halbwisser, ganz ihrer künftigen Bestimmung entgegen, hervorgingen.«[30]
Wie groß die Furcht der herrschenden feudalen Klasse gewesen sein muß, die emanzipativen Potenzen der allgemeinen Schulpflicht nicht unter Kontrolle halten zu können, geht aus der ironischen Bemerkung F. PAULSENS zum angeführten Zitat des königlichen Ministers hervor. »Wahrlich eine sehr notwendige Sorge zu einer Zeit, wo die Volksschule erst eben aus den Händen der Flickschneider und Invaliden in die von fachmäßig gebildeten Lehrern überzugehen im Begriff stand.«[31]

4. *Die Pädagogik der Philanthropen und die Industrieschulbewegung*

Die skizzierten schul- und bildungspolitischen Pläne v. HUMBOLDTS und SÜVERNS geben keinesfalls die Realität pädagogischer und politischer Praxis ihrer Zeit wieder. Auch v. HUMBOLDTS bildungstheoretischen Grundlegungen eines

gestuften allgemeinbildenden Schulwesens standen zeitgenössische Theorien gegenüber, die z. T. sowohl dem Feudalstaat, mehr aber noch den speziellen Interessen des Bürgertums affirmativer waren.
So ist nun zur weiteren Anreicherung dieser Skizze über den Zusammenhang von Ökonomie, Staat, Gesellschaft und Pädagogik die schulpädagogische Reflexion und Programmatik bei Philanthropen und Industrieschulpädagogen zu analysieren.
Dies empfiehlt sich auch deshalb, weil die meisten Pädagogen dieser Richtungen ihre Arbeit in Theorie und Praxis als Mittel zum Zwecke der Stabilisierung privater und staatlicher Ökonomie verstanden, so daß schon von daher die Beschäftigung mit diesen Ausprägungen der Pädagogik um die Wende vom 18. zum 19. Jahrhundert geboten erscheint. Ist doch zu erwarten, daß eine derartig orientierte Pädagogik im Kontext der ökonomischen und politischen Ereignisse der Zeit von hoher Relevanz war.
Dem *Philanthropismus*, einer »Schule« von praktischen und theoretischen Pädagogen, die sich als Philanthropen (= Menschenfreunde) einer Reihe pädagogischer Grundsätze verpflichtet wußten und der *Industrieschulbewegung* ist gemeinsam eine *utilitaristische Orientierung* ihrer Theorie und Praxis. Schule und Unterricht sollten Qualifikationen vermitteln, die für die individuelle berufliche Tüchtigkeit Voraussetzungen waren. Freilich, dem späteren Unternehmer in höherem Maße als dem Handwerker, Bauer oder Arbeiter, im Grunde aber wurde individuelle Zufriedenheit und öffentliche Wohlfahrt von der ökonomischen Disponibilität, Kreativität und Produktivität des einzelnen abhängig gemacht.
So heißt es bei P. Villaume: »Die Nationen sehen es heutigentags wohl ein, daß die Erziehung ganz anders als zu den Zeiten der rohen Barbarei und des drückenden Lehnsystems eingerichtet sein muß, daß ein Volk, welches sich Lehrer gibt, von diesen Lehrern vor allen Dingen fordert, daß sie ihm praktische, auf sein Wohl anwendbare Lehren geben, weil das Gemeinwohl vor allen praktischen Untersuchungen vorausgeht.«[32] Schon vorher hatte J. B. Basedow, der Begründer des bekannten Philanthropins in Dessau, in sei-

ner 1768 veröffentlichten Bittschrift »Vorstellungen an Menschenfreunde und vermögende Männer über Schulen, Studien und ihren Einfluß in die öffentliche Wohlfahrt« auf die pragmatisch-politische Relevanz der Schulreform hingewiesen. Sehr ähnlich wie VILLAUME und in deutlicher Nähe zur heutigen Diskussion stellt er fest: »Die öffentliche Glückseligkeit aller mir bekannten Länder wird auf eine erstaunliche Weise weiter abnehmen, wenn die Ratgeber der Majestäten und der Republiken nicht bald innewerden, daß nicht etwa mit einem gewöhnlichen Kaltsinne, sondern mit einem vollkommenen patriotischen Eifer, nicht nach und nach durch kleine Veränderungen, sondern durch eine gänzliche Untersuchung aller Teile und Umstände an der Verbesserung der Kinderzucht, des Unterrichts, der Moralität und Sitten und des Studiumwesens gearbeitet werden müsse.«[33]

Mit Reflexionen dieser Art erweist sich die philanthropische Pädagogik als durchaus gesellschaftsbezogen. Sie erkennt den gesellschaftspolitischen Stellenwert des Ausbildungssektors und verdeutlicht dem Staat die Bedeutung der Bildungspolitik. Ihr leitendes Interesse richtet sich auf eine Didaktik und methodische Regeln, die verwertbare Fertigkeiten und Kenntnisse gleichsam spielerisch erlernbar machten, so daß »soviel als möglich ... aller Verdruß und Ekel bei dem Lernen vermieden werden«.[34]

Diesem Interesse entsprach eine deutliche Hinwendung der philanthropischen Pädagogik zur Kinderpsychologie einerseits und zur Lehrplan- und Lehrmittelentwicklung andererseits. Schule und Unterricht sollten effektiver gemacht werden, wofür technisch einsetzbares Wissen und die Medien als Rationalisierungshilfe verfügbar sein mußten.

Zugleich dokumentiert sich darin die aufklärerische Intention der Philanthropen. Der Mensch soll aus den Zwängen von Tradition, Magie und Kirche befreit werden und auf der Basis überprüfbarer und vernünftiger Einsichten so erzogen, ausgebildet werden, daß er seinen Beitrag zur öffentlichen Wohlfahrt erbringen kann. Dafür aber bedarf es *empirischer Wissenschaften* und großangelegter *pädagogischer Versuche*, durch die sich die Praktikabilität und der Erfolg der neuen Kenntnisse und Techniken beweisen läßt. Ein erstes

Mal reflektiert die pädagogische Wissenschaft ihr Verhältnis zur empirischen Forschung, insonderheit zur Psychologie, die im Verständnis der Zeit als Mechanik der seelischen Prozesse auch für Lehr- und Lernvorgänge ihre Relevanz beansprucht. So betont u. a. J. H. CAMPE in verschiedenen seiner Schriften die Notwendigkeit exakter Beobachtung kindlichen Verhaltens, ohne dessen Kenntnis pädagogisches Handeln die wesentlichen Bedingungen und Wirkungen seiner Eingriffe nicht kontrollieren kann.[35]
Und bei E. CH. TRAPP, der 1780 in seinem »Versuch einer Pädagogik« die erste systematische Grundlegung der Pädagogik auf der Basis empirischer Psychologie unternimmt, finden sich immer wieder Anwendungen bzw. Regelgebungen für den Unterricht unter Bezugnahme auf eine Art Lernpsychologie. »Je mehr Lust die Kinder haben, desto mehr Kraft haben und äußern sie auch.« Und im Zusammenhang einer geradezu unterrichtstechnologischen Erörterung fährt er an der gleichen Stelle fort: »Dadurch werden sie sich auch erst ihrer Kraft bewußt; und dies Gefühl ihrer Kraft vermehrt wieder ihre Lust am Lernen, so daß, wenn die Lust einmal erweckt ist und immer rege gehalten wird, Kraft und Lust gegenseitig zum Maßstab diene.«[36]
Daß die empirische Psychologie damals in großem Ansehen steht und als Erfahrungswissenschaft vom menschlichen Verhalten die Rolle einer Grundwissenschaft auch für die Pädagogik beansprucht, erkennen die Philanthropen ohne Einschränkung an. Ja, viele Philanthropisten sind selbst aktiv an den vielfältigen Beobachtungen und didaktischen Experimenten beteiligt. Die Konsequenzen für die Pädagogik zeigen die Herausgeber der »Pädagogischen Unterhaltungen«, dem Organ des Philanthropins in Dessau, in aller Deutlichkeit auf: »Man muß durch richtige Beobachtung der Kindernatur die Grundsätze der Erziehung aufsuchen; durch Versuche prüfen, und durch Erfahrung hinlänglich berichtigen.«[37]
Der beginnenden bürgerlichen Gesellschaft und ihrer kapitalistischen Produktionsweise korrespondiert im Philanthropismus eine Pädagogik, in deren Zentrum *technisch verwertbares Wissen* über menschliche Entwicklung, kindliches Verhalten und Lernen stand. Die Erkenntnis sollte Einsich-

ten in die Manipulierbarkeit von Lernprozessen erbringen, wobei man freilich unkritisch annahm, durch die Beobachtung konkreter Verhaltensweisen die »wahren« Gesetzmäßigkeiten menschlicher Entwicklung zu gewinnen. Empirie sollte demnach die Herstellbarkeit der Phänomene ermöglichen, indem sie die Bedingungen des Seins der Phänomene und deren Reaktionen auf jede Bedingungen exakt erfaßt.
Diesem wissenschaftlichen Konzept der Philanthropen entspricht ihre politische Orientierung und ihre pädagogische Praxis gleichermaßen. Die Gesellschaft sollte zweckorientiert reformiert werden. Ein aktives Bürgertum – Unternehmer, Kaufleute, Händler – sollten als führende Klasse durch ein neues Schulwesen auf ihre gesellschaftlichen Rollen vorbereitet werden. Kern der pädagogischen Bemühungen in den Philanthropinen war dementsprechend die Vermittlung *bürgerlicher Tugenden* und der Erwerb praktischen Wissens. Lehrplan und Schulorganisation des Dessauer Philanthropins geben dafür vielfältige Belege. Deutlicher Schwerpunkt der Unterrichtsinhalte sind die Realien: Geographie, Biologie und Historie. Bezeichnend ist die außerordentliche Gewichtung eines *landwirtschaftlichen Unterrichts*, womit die Schule sowohl die desolate Lage der Landwirtschaft in Deutschland verbessern helfen sollte als auch die Industriosität der späteren Großgrundbesitzer entsprechend den Erkenntnissen der damals geradezu florierenden Agrotechnik wesentlich steigern sollte.
J. B. Basedow legt deshalb in seiner »Ordnung des Philanthropins« 1774 fest: »Das Philanthropinum ... wohnt des Jahres zwei Monate auf dem Felde unter Zelten, wo doch ein Haus in der Nähe zum Schlafen und zum Gebrauche bei schlimmerem Wetter ist. Dann wird vorzüglich Natur, Geographie, Kenntnis der Landwirtschaft, die Jägerei, Fischerei usw. studiert ...«[38] Die Pädagogik Basedows war auch im Hinblick auf ihre emanzipatorischen Intentionen durch und durch bürgerlichen politischen Zielen verpflichtet. Die Lage des 4. Standes, der leibeigenen Bauern und anderer Landproletarier sowie der Manufakturarbeiter wird nicht gesondert reflektiert.
Aus verschiedenen Passagen der »Ordnung des Philanthropins« läßt sich der *Klassencharakter* dieses Instituts und

somit die Vernachlässigung, ja, das Abschneiden der Frage nach Gleichbehandlung aller durch die Pädagogik entnehmen.

Eine besonders deutliche Sprache spricht hierzu wohl die folgende Textstelle: »Ein jeder Pensionist [so nannte BASEDOW die Schüler seines Philanthropins, K. Z.] oder mehr zusammen haben zu vorgeschriebener Aufwartung und gewissermaßen unter ihrem Befehle einen Famulanten [ein »Nährling des Seminars«, Schüler besitzloser Eltern, K. Z.], der aber nicht älter sein muß; denn in diesem Alter schickt es sich nicht, daß ein Jüngerer einem Älteren befiehlt. Die Ursache solcher Anordnung ist, daß die Jugend nach und nach vernünftig zu befehlen und gut zu gehorchen in frühen Jahren lerne und doch ein jeder mit seinem Stande zufrieden sei.«[39]

Die Strategie und das zugrunde liegende Gesellschaftsmodell ist evident. Das besitzende Bürgertum will sozial und politisch die Anerkennung durch die traditionelle Führungsgruppe, den Feudaladel, erwirken. Ein wesentliches Vehikel dafür stellt die Schule dar, in der nach der Praxis im Dessauer Philanthropin bis in Äußerlichkeiten hinein die Gleichrangigkeit der Bürgersöhne mit denen aus adligen Familien dokumentiert werden soll.[40]

Diese Intention und eine entsprechende schulpädagogische Programmatik darf jedoch nicht so verstanden werden, als hätte sich die philanthropische Pädagogik offen gegen den Feudalstaat gestellt. Dazu distanzierte der empiristisch-technologische Ansatz dieser Pädagogik seine Wortführer viel zu sehr von einer kritischen Reflexion der politisch-ökonomischen Bedingungen von Erziehung und Unterricht.

Doch genau in dieser Reduktion der Pädagogik, die sich wohl auch als angewandte Psychologie zutreffend beschreiben ließe, lag ihre politische Bedeutung für das Bürgertum. Sie war zwar dem utilitaristischen Denken, dem rationalen Staat und einer Ausbreitung technischen Wissens verpflichtet, ließ aber die Interessen, die sich mit diesen Orientierungsmarken verbanden, gefälligst aus dem Spiel. Genauso wie es politisch unklug gewesen wäre, das Maß der Konfrontation mit dem Feudalstaat zu überspannen.

Der emanzipative Impetus des Philanthropismus muß also

in Korrespondenz mit einer deutlich *integrativen* Wirkung gesehen werden. Diese These läßt sich durch eine kurze Darstellung und Interpretation der *Industrieschulbewegung*, die durch den Philanthropen F. E. v. ROCHOW wesentlich beeinflußt wurde, im einzelnen unterstützen.

Das Interesse der Industrieschulpädagogik resultiert aus der oben skizzierten unzureichenden Produktivität der Landwirtschaft, dem großen Mangel an verwendbaren Arbeitskräften in den Manufakturen und der generell beklagten Unbildung des Proletariats. Den Massen fehlte es an den einfachsten Kenntnissen naturkundlicher, ökonomischer und hygienischer Art, sie waren verroht und abergläubig, lehnten Reformen aus Unkenntnis und Angst ab und waren als Arbeitskräfte auf Grund mangelhaften Fleißes, fehlender Sorgfalt und Motivation nur bedingt tauglich. »Es ist dieser Hindergrund, dessen Problematik in der zweiten Hälfte des 18. Jahrhunderts als pädagogische zunehmend bewußt und ausformuliert wird. Ein heillos verwüsteter Stand, in tiefer Abhängigkeit gehalten, Substrat und Statussymbol eines verfaulenden Feudalismus in seinen letzten, ökonomisch schon überfällig gewordenen Reservaten, geistig die materielle Not und ständige Entwürdigung spiegelnd, die – wie heute das Landproletariat lateinamerikanischer Republiken – unter die Schwelle jeglicher Hoffnung und deren Voraussetzungen, der Anstrengung zur Selbstachtung, hinabdrückt, die zutiefst dumpfe und an Produktivität zurückfallende Existenz einer Bevölkerungsmehrheit provoziert das pädagogische Interesse.«[41]

Zielte der Philanthropismus im wesentlichen auf eine zeitgemäße Ausbildung der bürgerlichen Führungsschicht, der Fabrikanten, Großgrundbesitzer und Kaufleute, so sind die Adressaten der Industrieschulpädagogik die *Angehörigen des Proletariats.* Dabei sind die pädagogischen Bemühungen, durch theoretischen und praktischen Unterricht Moralität, Kenntnisstand und Arbeitsamkeit zu entwickeln, zugleich immer von ökonomischer Relevanz, wie umgekehrt auch wirtschaftspolitische Maßnahmen, etwa die Abschaffung der Leibeigenschaft 1807, Einfluß auf die pädagogischen Unternehmungen ausüben.

Die Industrieschulbewegung ist also Reflex des erwachenden bürgerlichen Bewußtseins auf desolate wirtschaftliche und gesellschaftspolitische Zustände. Diesen muß im Interesse der Stärkung der Macht des Bürgertums, die unmittelbare Funktion der wirtschaftlichen Prosperität ist, durch die Anhebung der Industriosität der Massen begegnet werden. Mit dieser Absicht kommt diese Pädagogik zugleich den merkantilistischen Bestrebungen der absolutistischen Staaten entgegen, die, wie oben schon verschiedentlich angedeutet, für Heer, Kriegführung, Hofhaltung, Verwaltung und Infrastrukturmaßnahmen – in Preußen z. B. Trockenlegung von Sümpfen und Straßenbau – ständig mehr Finanzen beanspruchten.

Die wirtschaftliche Entwicklung ist also auch damals die Basis einer wirkungsvollen Innen- und Außenpolitik. Insofern ist die Machtpolitik der Nationalstaaten unmittelbar politischer Anstoß für die Expansion der Wirtschaft, die wiederum in Abhängigkeit von der ökonomischen Verwertbarkeit der Arbeiterschaft, von deren *Industriosität* steht.

Deutlicher als im Falle der philanthropischen Pädagogik zeigt sich hier der Zusammenhang von staatlicher Machtentfaltung, gewinn- und wachstumsorientiertem Kapitalismus und Bildungspolitik als ein Funktionszusammenhang, der in seiner grundsätzlichen Struktur auch gegenwärtig noch aufweisbar ist. Wenn M. Weber über diesen Zusammenhang äußerst prägnant aussagt: »Der ständige friedliche und kriegerische Kampf konkurrierender Nationalstaaten um die Macht schuf dem neuzeitlich-abendländischen Kapitalismus die größten Chancen. Der einzelne Staat mußte um das freizügige Kapital konkurrieren, das ihm die Bedingungen vorschrieb, unter denen es ihm zur Macht verhelfen wollte«[42], so läßt sich vom Interesse der vorliegenden Thematik her ergänzen, daß *staatliche Bildungspolitik* mehr und mehr darauf *konzentriert* wird, für die *Erzeugung* und *Verwendung* des *Kapitals optimale Bedingungen* zu schaffen, woraus resultiert, daß Bildungspolitik in der bürgerlichen Gesellschaft schlechterdings allein im Kontext von Finanz- und Wirtschaftspolitik ihren Stellenwert erhält.

In eben diesem Sinne gewinnt die Industrieschulpädagogik für Staat und bürgerliche Gesellschaft Bedeutung. Sie unternimmt den Versuch, durch eine generelle Einführung eines

am Arbeitsmarkt orientierten Curriculums für die Volksschulen die *Integration* des *Proletariats* in den Produktions- und Formationsprozeß der bürgerlichen Gesellschaft zu beschleunigen.
Diesem Zweck dient insonderheit die Verbindung von Unterricht und produktiver Arbeit in den Industrieschulen. Deshalb forder H. PH. SEXTRO in seinem 1785 erschienenen Werk »Über die Bildung der Jugend zur Industrie«: »Soll also eine wirklich wohltätige und gemeinnützige Verbesserung, die jenen Mängeln und übeln Folgen der unvollkommenen nachteiligen Einrichtung entgegenwirken kann, veranstaltet werden; so muß in diesen Volksschulen nebst dem Unterricht auch auf die Bildung der Kinder für das Leben und ihre künftige Bestimmung Rücksicht genommen werden; so müssen religiöse Gesinnungen, Arbeitsamkeit und Fleiß nicht nur gelehrt, sondern die Kinder auch dazu angeführt werden, solche Gesinnungen, Arbeitsamkeit und Fleiß auf der Stelle zu beweisen; so darf endlich, soviel möglich, hier keine Minute in untätiger Muße oder zweckloser Zeitanwendung verstreichen.«[43]
Die Praxis in den Industrieschulen, die in Preußen vielfach Garnisonschulen, in anderen Teilen Deutschlands Industriegärten, Armen- oder Arbeitsschulen hießen, entsprach diesem Programm weitgehend. Soweit Berichte vorliegen, geben diese übereinstimmend von der industriellen Inanspruchnahme der Kinder, ihrer *Ausbeutung* also, Zeugnis.
Aus einer Armenschule in Hamburg im Jahre 1783 wird berichtet: »Mit dem Schlage 5 im Sommer und 6 im Winter müssen alle Kinder an ihren Stellen sitzen – so dann wird ein kurzes Gebet gehalten welches an dem Ersten Tag gelesen, so dann aber den Kindern nach der Reihe zu lernen gegeben wird – darauf werden 1 oder 2 Verse aus einem Gesange gesungen, dafür muß der Aufseher sorgen, daß dies mit Stille und Andacht geschehe. In der ersten Klasse spinnen und stricken die Kinder, in der zweiten Klasse Weben und Nähen für Mädchen und Bindgarnspinnen für Knaben. Mit dem Schlage 8 $^1/_2$ kriegt jedes Kind $^1/_4$ Brod und 2 zusammen einen Krug mit 1 Bouteille Bier. Um 12 Uhr ist die Schule aus. Die Lehrmeisterin, die an der Reihe ist, muß sie lüften, alles muß zu rechte seyn für den Nachmittag um

2 Uhr, da wieder auf dem Schlag mit dem Gebete und Gesange angefangen wird, Arbeit bis 5. Da kriegen die Kinder wieder Brod und Bier. Arbeit bis 8. Ein jedes Kind hat ein Arbeitsbuch, in das die gelieferte Menge Flachs und die gesponnene Menge Garn eingetragen wurde. Um 8 Uhr hört die Schule auf, dann ist alles zu fegen und zu reinigen auf den anderen Morgen.«[44]

Besonders weite Verbreitung fanden die Industrieschulen in Böhmen, wo man 1798 674 solcher Einrichtungen zählte.[45] Initiator war der Bischof F. Kindermann, der in ausführlichen Berichten die Organisation, die Didaktik und Methodik dieser Schulen sowie deren »Kooperation« mit der Landwirtschaft und Textilindustrie schildert. Die Darstellungen F. Kindermanns dokumentieren die oben allgemein beschriebenen Zusammenhänge zwischen ökonomischen Interessen und Schulreform so überzeugend, daß hier eine längere Passage aus dem Bericht von 1788 zitiert wird.

»Das Industriale an der Hauptschule in Mariäschein hat durch die Einführung der Wollspinnerei große Fortschritte gemacht. Der dortige sehr tätige Schuldirektor Anton Klug, Weltpriester, unternahm in verflossenen Ferien geflissentlich eine Reise nach Prag, um die nötigen Anstalten zur Einführung dieses Industrialzweiges mit der zu Handen der Linzer Wollfabrik errichteten Spinnfaktorei zu treffen. Er ließ nicht nur die Ehegattin des zweiten Lehrers in Mariäschein in der erwähnten Fabrik unterrichten, sondern versicherte sie auch, ihr zu einiger Aufmunterung aus Eigenem 20 fl. für ihre Mühe, die sie dem Unterrichte der Kinder widmen würde, abzureichen um dieses Geschäft gleich mit Anfang des Schuljahres zu befördern. Durch die Unterstützung des Amtsverwalters Herrn Johann Nitsche wurden zwei geräumige Zimmer von der k. k. Staatsgüteradministration im geistlichen Haus gewidmet und das nötige Beheizungsholz aus den Renten angewiesen. In diesen beiden Zimmern, wovon eines zur Aufbewahrung, das andere zur Bearbeitung der Wolle dient, versammeln sich auch Knaben und Mädchen (beide gehörig abgeteilt) täglich in den Stunden, die ihnen von Schulbeschäftigungen frei bleiben, und arbeiten bis 9 Uhr abends, wozu der Schuldirektor auch die Lichter verschafft.«[46]

Mit der Verbindung von Unterricht und Arbeit für die bis dahin in der Regel völlig ungebildeten Proletarier leistet die Industrieschulpädagogik einen beachtlichen Beitrag zur gesellschaftlichen Emanzipation der Bauern und Arbeiter. Trotz der eindeutigen Dominanz wirtschaftlicher Interessen an der Unterweisung der Proletarier, darf so das aufklärerische Moment, gleichsam die philanthropische = menschenfreundliche Seite dieser Pädagogik unterschlagen werden. Das zeigt sich u. a. in der Begeisterung einiger Vertreter dieser Pädagogik für die Französische Revolution[47].

Ein deutlicher Hinweis auf liberale Ideen und zugleich wahrscheinlich auch ein Beleg für die Verbreitung anthropologischen Wissens stellt auch die folgende, offensichtlich nur rhetorisch gemeinte Frage v. ROCHOWS dar: »Ich denke doch nicht, ... daß man den Verstand eines Bauernkindes und seine Seele für Dinge einer anderen Gattung hält als den Verstand und die Seelen der Kinder höherer Stände?«[48] Damit bekennt sich v. ROCHOW eindeutig zum Gedankengut des aufgeklärten Bürgertums und der liberalen Demokratie.

In seinen vielfältigen schulpädagogischen und sozialpolitischen Initiativen verbinden sich denn auch ökonomische und aufgeklärt-philanthropische Motive. Die Pädagogik und praktisch-politische Philosophie v. ROCHOWS ist geradezu Exemplum für die dialektische Vermittlung integrativer und emanzipativer Wirkungen, denn als Großgrundbesitzer gelten für ihn die oben geschilderten Maximen über Profite und Ausbeutung, denen die mangelhafte Bildung seiner Bauern und Landarbeiter im Wege stand, er muß von daher an der Steigerung der fremdbestimmten Verwertbarkeit des Proletariats interessiert sein. Indem er jedoch als aufgeklärter Unternehmer und als engagierter Liberaler die soziale und gesellschaftliche Lage seiner Untertanen u. a. auch durch schulpolitische Maßnahmen verbessert, untergräbt er letztlich die Macht des Feudalstaates und befördert die bürgerliche Gesellschaft, deren Opfer gerade sein Stand werden soll.

In der Position v. ROCHOWS als Großgrundbesitzer verbanden sich eine Reihe von sozialen Rollen, die für seine sozial-

und bildungspolitischen sowie seine ökonomischen Reformmaßnahmen günstige Voraussetzungen abgaben. Er war auf seinen weiträumigen Besitzungen Patron, hatte also bei der Besetzung von Pfarr- und Lehrstellen entscheidendes Mitsprache- und Vorschlagsrecht. Gleiche Einflußmöglichkeiten räumte ihm die Rolle als Domherr zu Halberstadt ein, die ihn darüber hinaus als Schulpolitiker mit dem Philanthropismus, insonderheit mit J. B. BASEDOW in Berührung brachte. Als Grundherr mehrerer Güter und als Herr über Hunderte von leibeigenen Bauern und Landarbeitern konnte er deren Leben auf vielfältige Weise beeinflussen.
Die vorliegenden Geschichtswerke zur Erziehung und Pädagogik berichten übereinstimmend von wirtschaftlichen Mißerfolgen, die v. ROCHOW letztlich veranlaßt haben, seine wirtschaftlichen Reformen mit schulpädagogischen zu verbinden.[49]
In seinen zahlreichen Schriften zur Ökonomie und Pädagogik finden sich dafür hinlänglich Belegstellen. Besonders deutlich wird die wirtschaftspolitische Begründung seiner bildungspolitischen Maßnahmen wohl in einer Passage des 1799 erschienenen Werkes »Nationalcharakter durch Volksschulen«. Im Zusammenhang eines engagierten Plädoyers für die Beseitigung der »Stupidität« und »Nationaldummheit«, unter der die wirtschaftliche Wohlfahrt des insbesondere auf landwirtschaftliche Exporte angewiesenen preußischen Staates leidet, fordert er seine Leser auf: »Nehmt z. B. im Staat eine Million Ackerbürger und Bauern an, die jeder zu 20 Scheffeln Aussaat jährlich an Land bestellen. Ihre Unwissenheitsfehler, Mangel an Vordenken und Nachdenken, verhindern sie, mehr als das vierte Korn zu gewinnen, tut 80 Millionen Scheffel, während bei einsichtsvoller Kultur das sechste Korn gewonnen werden könnte, tut 120 Millionen Scheffel. Sind diese 40 Millionen Scheffel im ersten Falle eine Kleinigkeit für den Staat? Welche Finanzkunst vermag dieses Minus zu ersetzen?«[50]
Das Interesse v. ROCHOWS an der Hebung der Produktivität durch eine umfassende Grundbildung seiner Arbeitskräfte zeigt ihn deutlich in der Rolle des Bürgers der beginnenden kapitalistischen Wirtschaftsform. Nur der Herkunft nach ist er noch Feudalherr, seine ökonomische und damit auch seine

politische Position verlangt im oben angedeuteten Sinne eine geradezu anti-feudalistische Einstellung und Praxis.
Auch seine Pädagogik ist in diesem Sinne fortschrittliche bürgerliche Pädagogik, die ihm bei seinen Standesgenossen Aggressionen in verschiedensten Erscheinungsformen und beim Staat Mißtrauen einbrachte.[51]
1773 eröffnet er an seinem Sitz Reckahn eine Dorfschule, für deren Curriculum er selbst 1772 durch den »Versuch eines Schulbuches für Kinder der Landleute oder zum Gebrauch in Dorfschulen« einen wesentlichen didaktischen und methodischen Beitrag vorlegt. Er stellt einen für die Zeitverhältnisse hoch qualifizierten Lehrer ein, mit dessen Hilfe er weitere Lehrkräfte für die später noch eingerichteten Schulen in seinem Patronat schult. ROCHOW verweist auf die zentrale Bedeutung der Lehrerbildung bei der Reform bzw. Einführung des allgemeinbildenden Volksschulwesens. Er nimmt auf Gründung, Organisation und Lehrplan des Lehrerseminars in Halberstadt unmittelbaren Einfluß.
ROCHOW setzt mit seinen bildungspolitischen Maßnahmen an den zentralen Determinanten jedes Ausbildungssystems ein: *Curriculum* und *Lehrerbildung*. Auch damit erweist er sich als überaus progressiver und theoretisch-analytisch höchst differenzierter Pädagoge. Zusammen mit J. H. CAMPE und P. VILLAUME ist er folgerichtig begeisterter Verfechter der politischen Forderungen der Französischen Revolution, obwohl er selbst nach dem Urteil H. KÖNIGS »alles andere als ein Revolutionär«[52] war.

5. Zusammenfassung: Fortschrittliche und konservative Funktionen der Pädagogik im Kontext des gesellschaftlichen Reformprozesses um 1800

Die in Theorie und Praxis entwickelte bürgerliche Pädagogik der Industrieschulbewegung erlaubt abschließend eine kritische Reflexion, die nicht als oberflächliche Zurücknahme der soeben skizzierten emanzipativen und progressiven Tendenzen und Praktiken mißverstanden werden sollte. Es kann nicht um gleichsam dogmatische Urteilssprüche gehen, wenn historische Entwicklungen und deren Reflexion bei einzelnen Pädagogen diskutiert werden. Vielmehr muß im Sinne des zu Beginn dieses Kapitels angedeuteten kritisch-historischen Interesses daran erinnert werden, daß hier Zusammenhänge, Abhängigkeiten und Wirkungsgefüge zwischen den bildungspolitisch relevanten Faktoren: Ökonomie, gesellschaftspolitische Verhältnisse und pädagogische Reflexion aufgezeigt werden sollten, deren Analyse zum Verständnis der gewordenen aktuellen Situation beitragen kann. Die kritische Reflexion der Industrieschulpädagogik fragt deshalb nach den aufgrund der historischen Entwicklung verständlichen Mängeln und Schwächen dieser Pädagogik, in der Hoffnung, auf diesem Wege Einsichten für die Analyse der aktuellen gesellschaftlichen Funktion der Erziehungswissenschaft zu gewinnen.

Die Pädagogik im ausgehenden 18. und zu Beginn des 19. Jahrhunderts ist im Prozeß ihrer eigenen Emanzipation von Theologie und Philosophie ein wesentliches Vehikel der gesellschaftlichen und ökonomischen Emanzipation des Bürgertums. Bei den Philanthropen und den Vertretern der Industrieschulpädagogik sind pädagogische Reflexion (als Theorie, als Programmatik, als Schulkritik) und pädagogische Praxis (als Schulversuch, als Lehrplanrevision, als Lehrerausbildung) aufs engste miteinander verknüpft.

Basedow, Campe, Trapp, v. Rochow, Sextro u. a. Vertreter dieser pädagogischen »Schulen« waren Lehrer, Schulpolitiker und Theoretiker zugleich. Die Emanzipation der Pädagogik war demnach nicht auf Theorie beschränkt, vielmehr versuchten die Pädagogen in der Regel, ihre Kritik am tradierten Ausbildungswesen und die Konzeptionen für dessen Reform durch *emanzipative Praxis* gleichsam zu verifizieren. Sie waren an der Lehrplanrevision, der Entwicklung von Schulbüchern und Lehrhandbüchern, der Organisation neuer Schulformen, der Reform der Schulverwaltung und der Entwicklung einer besonderen Lehrerausbildung unmittelbar beteiligt. *Pädagogik war konkrete gesellschaftspolitische Praxis*, teilweise von Männern vertreten, die als Bürger an ihrer ökonomischen und gesellschaftlichen Emanzipation persönlich interessiert waren.

Diese beiden Besonderheiten der Pädagogik um die Wende vom 18. zum 19. Jahrhundert, der enge Konnex von Theorie

und Praxis und die ideelle, teils auch persönliche Klassenverbundenheit der Pädagogik, sind als ein wesentliches Resultat der historischen Skizze zuerst zu erinnern.
Interessant ist die gleichzeitige *Dominanz* eines technologischen Wissenschaftsbegriffes, das Einsetzen *empirischer Forschung* im Bereich der Gesellschaftswissenschaften und die *utilitaristische Orientierung* der praktischen Pädagogik.
Aufgrund der Klassenlage der Pädagogik erfährt auch die bezweckte Emanzipation eine konkrete Ausprägung. Auch bei den relativ radikalen bürgerlichen Aufklärern und Kritikern, etwa bei CAMPE und bei v. ROCHOW, werden die Tabus, an denen auch emanzipative Pädagogik nicht rütteln darf, deutlich. Emanzipation durch Aufklärung erfolgt in den Grenzen der feudalen Ständegesellschaft, absolutistischer Staatsmacht, religiöser Ideologien und des fraglosen Gehorsams des Proletariats gegenüber der staatlichen Autorität und ihren Repräsentanten. So wehrt v. ROCHOW Bedenken der Feudalaristokratie gegen seine Schulpolitik mit folgenden Hinweisen ab: »Die Besorgnis, als würden die Bauern durch Erlangung des gesunden Menschenverstandes zu klug werden, ... hat auf dem Wege, den wir gehen, gar keinen Grund.« Und er fährt im gleichen Text an späterer Stelle fort: »Unser Dichten und Trachten ist, gute Christen, gehorsame Untertanen und tüchtige Landwirte zu bilden.«[53]
Diese Aussagen müssen keineswegs im Widerspruch zu liberalen und antifeudalistischen Ideen und Praktiken bei v. ROCHOW stehen. Sie können zum einen als taktisches Verhalten verstanden werden, sind aber insbesondere im Kontext der längerfristigen Ziele der bürgerlichen Emanzipation durchaus stimmig. Denn das aufstrebende Bürgertum war an der Steigerung politischer und ökonomischer Macht der eigenen Klasse interessiert, die politische Emanzipation des Proletariats war nicht beabsichtigt. Insofern reduziert sich die durch diese Pädagogik bewirkte Emanzipation der Bauern und Arbeiter auf deren *industriöse Emanzipation*: Grundbildung in allen für ihre Rolle nutzbringenden Disziplinen, Ausbildung technischer Fähigkeiten für die gewinnbringende Anwendung der neuen Agrotechnik, Erziehung zu bürgerlichen Tugenden, rechtliche Freisetzung für priva-

tes Unternehmertum. Die Bauern sollten die Normen kapitalistischen Wirtschaftens übernehmen, das Landproletariat und die Arbeiter auf die lohnabhängige Arbeit im Produktionsprozeß der Industrie und Landwirtschaft vorbereitet werden. Die Emanzipation der Massen erfolgt also nicht im Eigeninteresse, vielmehr ist sie gleichsam *fremdbestimmte, oktroierte Emanzipation*, so widersprüchlich diese Formulierungen auch sein mögen. G. KONEFFKE schreibt: »Industriosität spannt die geblendeten Subjekte vor den Wagen des Bürgertums, um ihn über die Herrschaft hinwegzuführen, die sich selbst überlebt hat, in eine Herrschaft hinein, die sich als solche nicht entdecken mag.«[54]
Die kritische Reflexion der Pädagogik zeigt des weiteren die Tendenz zur Individualisierung und Psychologisierung der gesellschaftlichen und politischen Mißstände. Philanthropen und Industrieschulpädagogen verkennen noch die ökonomischen und gesellschaftlichen Bedingungsgefüge für das Elend und die »Dummheit« und »Stupidität« der Massen. Sie müssen um diese Erkenntnis aber schon aufgrund der sozialen Position ihrer wichtigsten Vertreter gebracht werden, die ihre Analysen, ihre Kritik und ihre pädagogische Programmatik bewußt als Bürger vortrugen, also vor dem Hintergrund klassenspezifischer Interessen und biographischer Bedingungen arbeiteten. So sei daran erinnert, daß selbst so radikale Kritiker wie J. H. CAMPE oder P. VILLAUME die feudale Ständegesellschaft selbstverständlich nicht in Frage stellten. Gegenstand ihrer Kritik waren vielmehr diejenigen Auswirkungen der feudalen Macht, die das aufstrebende Bürgertum an seiner gesellschaftlichen und ökonomischen Emanzipation hinderten.[55] Dementsprechend ist die Pädagogik dieses Bürgertums orientiert. Indem sie jedoch ihre emanzipativen Intentionen auf die Anhebung der Industriosität aller Bürger reduziert, womit sie zweifellos einen entscheidenden Beitrag zur Veränderung der Gesellschaft in Richtung auf eine zunehmende Humanisierung geleistet hat, indem sie des weiteren die Bedingungen bestimmter ökonomischer und gesellschaftspolitischer Prozesse auf Grund ihres idealistisch-programmatischen Charakters und des Mangels an sozialgeschichtlicher Analyse noch nicht aufzuklären vermag, sich aber auch ihres Klas-

sencharakters nicht bewußt wird (oder werden will?), verfällt diese Pädagogik – bei subjektiv bestem Wollen ihrer Vertreter – einer grundsätzlichen Gefahr: Als einerseits technisch orientierte Wissenschaft – es sei an die Konzeption einer Pädagogik als angewandter Psychologie erinnert – und andererseits idealistische Programmatik auf der Basis bestimmter Klasseninteressen, vermag sie sich der Gefahr des Mißbrauchs durch jedwede politische Macht praktisch nicht zu erwehren, was immer ihre Vertreter an persönlicher Verweigerung im einzelnen zu leisten bereit waren.[56]
Philanthropismus und Industrieschulpädagogik sind dann auch den Machtansprüchen des Feudalstaates gegenüber praktisch indifferent geblieben, obwohl sie indirekt durch die Verbreitung der Idee einer Grundbildung für alle den Sturz dieses Staates wiederum entscheidend befördert haben.

IV. Bildungspolitik und äußere Relevanz der Pädagogik/Erziehungswissenschaft
Entwicklung der Fragestellung und der Relevanzkriterien für die wissenschaftstheoretische Diskussion erziehungswissenschaftlicher Konzeptionen

Die vorangegangenen Kapitel haben zeigen wollen, daß Bildungspolitik und Erziehungswissenschaft gleichermaßen in einem Zusammenhang politischer, ökonomischer und gesellschaftlicher Veränderungen integriert sind, die ihre Zwecke und Verfahren beeinflussen.

Im Kern geht es dabei um zwei Entwicklungen. Einerseits weitet sich der Bestand wissenschaftlicher Erkenntnisse beständig aus, so daß – wie im Falle der Industrieschulbewegung skizziert – immer neue Teile der Bevölkerung so unterrichtet werden müssen, daß die Anwendung der wissenschaftlichen Erkenntnisse auf dem Wege der Technologie – z. B. der Agrotechnik – von ihnen geleistet werden kann. Auch in der aktuellen bildungspolitischen Diskussion ist diese Abhängigkeit evident. Die rasanten Fortschritte im Bereich der Naturwissenschaften führen zu ebenso schnellen und umwälzenden Veränderungen im Bereich der Produktion, so daß Schule und Unterricht im Hinblick auf die Adaption bzw. Anwendung dieses Wissens in Produktion, Lehre und Technologie vorbereiten müssen. Da der Zuwachs des Wissens ständig schneller erfolgt, damit auch die Veralterung des gerade noch aktuellen Bestandes an Kenntnissen und Techniken, muß Schule zentral den Erwerb neuen Wissens, die Kritik überlieferter Kenntnisse und die Entdeckung neuer Einsichten lehren. Dieser Zusammenhang verbirgt sich hinter dem Slogan vom »Lernen des Lernens«. Der Strukturplan des Deutschen Bildungsrates spricht ihn an, wenn er feststellt: »Die gezielte Förderung der Fähigkeit des Lernens, die sich aus der Wissenschaftsorientierung des Lernens ergibt, wird auch gefordert durch das Tempo der gesellschaftlichen und wirtschaftlichen Entwicklung sowie durch die Veränderungen der Lebensumstände und der Arbeitsverhältnisse.«[1]

Für die Erziehungswissenschaft – auch und gerade soweit sie für den Prozeß der Reform des Ausbildungswesens relevant sein will – ergibt sich daraus die Aufgabe, die Organisation des Ausbildungswesens der Gesellschaft von seinen Makrostrukturen bis hinein in die Mikrostruktur des Unterrichts sowie die Didaktik und Methodik der einzelnen Fachbereiche (Fächer) im Hinblick auf die sich verändernden Anforderungen zu analysieren und durch Kritik, alternative Handlungsstrategien und technologische Erkenntnisse Einfluß auf die Veränderungen im Ausbildungswesen zu nehmen. Da auch für sie gilt, was soeben von dem ständigen Zuwachs an wissenschaftlichen Erkenntnissen gesagt worden ist, werden sich ihre »Techniken« für diese Einflußnahme auf die Veränderungen des Ausbildungswesens ebenfalls ständig ausweiten.

Die zweite Entwicklung ist politischer Natur. Auch dafür haben die vorangegangenen Kapitel einige inhaltliche Anhaltspunkte aufweisen wollen.

Wissenschaftliche Entdeckungen, die Erklärung bisher unerkannter Kausalzusammenhänge, die Erfindung neuer Maschinen und Technologien dienen in modernen Gesellschaften im wesentlichen der Steigerung der wirtschaftlichen Leistungsfähigkeit, die wiederum als Grundlage für eine starke Außen- und eine wirksame Innenpolitik, insbesondere, soweit diese als Infrastrukturpolitik verstanden ist, angesehen wird.

Hinzutreten nun bestimmte gesellschaftliche Herrschaftsverhältnisse, die sich als konkrete Verfügungsgewalt über die Wirtschaft und die Wissenschaft beschreiben lassen. In der bürgerlichen Gesellschaft mit kapitalistischer Wirtschaftsordnung bedeutet dies die private Kontrolle über die Produktionsmittel. Daraus resultiert ein ständig wachsendes Interesse privater Eigner an den Produktionsmitteln an neuen wissenschaftlichen Erkenntnissen mit dem Ziel, die Leistungsfähigkeit der Wirtschaft zum Zwecke ständigen wirtschaftlichen Wachstums zu erhöhen.

Wiederum sei sowohl an die Entstehung der kapitalistischen Produktionsweise in Deutschland um die Wende vom 18. zum 19. Jahrhundert als auch an die aktuelle bildungspolitische Diskussion erinnert. Das aufstrebende Großbürgertum damals und die entwickelte Industrie und Wirtschaft der Gegenwart nehmen zunehmend Einfluß auf die Bildungspolitik, schwerpunktmäßig auf die Förderung wissenschaftlicher Forschung im Bereich der Naturwissenschaften sowie die berufsbezogene Reform des allgemeinen Ausbildungswesens der Gesellschaft. In diesem Sinne heißt es in einer Publikation der Arbeitgeber: »Ausgangspunkt aller wirtschaftspolitischen Überlegungen zur Entwicklung von Bildung und wissenschaftlicher Forschung ist die Erkenntnis, daß sowohl der Bildungs- und Ausbildungsstand der arbeitenden Bevölkerung als auch der wissenschaftliche und technische Fortschritt grundlegende Faktoren und zugleich auch treibende Kräfte des wirtschaftlichen Wachstumsprozesses sind.«[2]

Im zweiten Kapitel wurde sodann berichtet, wie sich gegenwärtig ein Prozeß entwickelt, der in der geläufigen Terminologie als Ökonomisierung der Bildungspolitik bezeichnet wird. Angesichts der steigenden Kosten für den sich ständig ausweitenden Ausbildungssektor und angesichts der zunehmenden Einsicht in die Notwendigkeit beachtlicher Investitionen in anderen Bereichen der Infrastrukturpolitik – man denke nur an die zu erwartenden Aufwendungen, die die Beseitigung der gröbsten Umweltschäden erforderlich machen wird – sind die finanziellen Mittel für Ausbau und Reform des Ausbildungswesens mit einem Höchstmaß von Rationalität zu verwenden. Fehlplanungen aufgrund unzureichender Prognosen über den quantitativen Bedarf, Investitionen ohne unmittelbaren Nutzeffekt, unwirtschaftliche Verwendung vorhandener Einrichtungen, Materialien und Personen im Bereich der Schulen und Hochschulen müssen so weit als möglich ausgeschlossen werden. Zugleich wird versucht, neue Lehr- und Lernverfahren zu entwickeln, etwa den Unterricht im Medienverbund, den Einsatz der programmierten Instruktion, die Verwendung von Lehr- und Lernmaschinen, um auf diese Weise Lehrkräfte, Lehrmittel und Unterrichtsräume optimal einzusetzen. Die Lernenden wiederum sollen möglichst früh mit wissenschaftsorientiertem Lernen und Lehren vertraut gemacht werden, sie sollen in Schulen und Hochschulen orientiert an ihrer Leistungsfähigkeit, Neigung und Intelligenzhöhe jeweils soweit und in denjenigen Fachbereichen gefördert werden, daß der gesellschaftliche Bedarf an qualifizierten Arbeitskräften gedeckt werden kann. Schon in der Terminologie ist der ökonomische Zugriff auf die Bildungspolitik evident, damit aber auch die Dominanz der Interessen, denen sie verpflichtet ist.

Nun sollte man sich davor hüten, angesichts der vielfältig belegbaren wirtschaftspolitischen Interessen im Bereich der Bildungspolitik deren radikale Zurückweisung zu fordern. Erstens wäre eine solche Forderung schlicht naiv zu nennen, denn wie jede Politik ist auch Bildungspolitik ein Mittel der Machtausübung, damit aber von Herrschaftsverhältnissen und den daraus resultierenden Abhängigkeiten nicht einfach zu trennen. Das oben angeführte Zitat aus einem Aufsatz des neuen Bundesministers für Bildung und Wissenschaft spricht in dieser Angelegenheit für sich. Zweitens ist Bildungspolitik in einer derart entwickelten Industriegesellschaft, wie sie in der BRD heute vorhanden ist, ohne Zweifel auf Investitionsraten angewiesen, die nur eine Gesellschaft leisten kann, die über eine gewinnbringende Wirtschaft verfügt. Problematisch bleibt jedoch dennoch die derzeitige Abhängigkeit staatlicher Bildungspolitik von einer Wirtschaft, die im wesentlichen an *privaten* Interessen der Kapitaleigner orientiert ist.

Problematisch bleibt des weiteren die unreflektierte Orientierung dieser Wirtschaft und, soweit von ihr abhängig, der staatlichen Politik, an der Maxime vom ständigen wirtschaftlichen Wachstum, der auf dem Wege steigenden Konsums und dadurch bedingter massenhafter Abfälle schon heute katastrophale Auswirkungen vorausgesagt werden.

Problematisch bleibt schließlich die Ergebenheit der Politik in sogenannte Sachzwänge, die angeblich aus neuen wissenschaftlichen Erkenntnissen und deren technologischer Umsetzung resultieren.

Angesichts dieser Gefahren für Gesellschaft, Individuum und Staat wurde an die Verpflichtungen erinnert, die sich auch für die Bildungspolitik aus dem Auftrag des GG ergeben. Soziale Gerechtigkeit, Demokratie, Freiheit und Gleichheit stellen die normativen Orientierungspunkte dar, von denen her die Indienstnahme der Bildungspolitik durch die Wirtschaft ständig kritisch zu überprüfen ist. Die gegenwärtige Misere der Bildungspolitik, die auch durch das Fehlen genügender finanzieller Mittel ausgelöst wurde[3], ist nur ein Tatbestand, der zu höchster Skepsis Anlaß gibt. Bedeutend gefährlicher scheinen die beabsichtigten Zugriffe der Wirtschaft auf das öffentliche Ausbildungswesen, obwohl sich derzeit diese Absichten noch im Nebel der Gerüchte und Vermutungen verbergen.[4]

Diese Zusammenhänge und Entwicklungen spielen sich in einem gesellschaftlichen Bereich ab, der hier als zum Gegenstandsbereich der Erziehungswissenschaft gehörig betrachtet wird. Von daher ergibt sich die Frage nach der Relevanz, die derzeitige Richtungen der erziehungswissenschaftlichen Forschung und Theoriebildung für die Entdeckung, Beschreibung, Analyse und Kritik aller im skizzierten Kontext für Individuum und Gesellschaft belangvoller Ereignisse haben, geradezu von selbst. Aber die Erziehungswissenschaft, so wurde oben im einzelnen gezeigt, ist auch durch eine Art Zugriff der Bildungspolitik von dem skizzierten Problemzusammenhang betroffen. Im Dienst der Politikberatung in Bildungsplanung und Bildungsforschung wird sie in Entscheidungssituationen geraten, die ihr eine Antwort auf das cui bonum ihrer Forschungen, Technologien und Strategien abverlangen. Auch von daher also ist zu fragen, welches Verhältnis sich zwischen Wissenschaft und Politik, Theorie und Praxis aufgrund der den einzelnen Richtungen bzw. Konzeptionen zugehörigen methodologischen Standards jeweils bezeichnen läßt.

Die folgende Untersuchung zielt damit auf die *äußere* oder *politische Relevanz* der erziehungswissenschaftlichen »Schulen« oder Richtungen.[5]

In Anlehnung an den soeben nochmals skizzierten Bedingungszusammenhang der Bildungspolitik kann diese Absicht noch konkretisiert werden.

Bildungspolitik verfolgt gegenwärtig die Lösung von Problemen, die sich aus Veränderungen in den Bereichen Wirtschaft, Wissenschaft, Technologie, Gesellschaft und Politik ergeben. Sie steht dabei in dem konfliktreichen Feld zwischen Anforderungen der sich emanzipierenden und demokratisierenden Gesellschaft, Anforderungen der expandie-

renden Wissenschaften und Anforderungen der wachstumsorientierten Wirtschaft, den zwischen diesen Anforderungen auftretenden Kontroversen einerseits und dem ständigen Kampf mit anderen Bereichen der Politik um die finanziellen Mitteln andererseits.
Die Relevanz der Erziehungswissenschaft wird sich im Hinblick auf diesen gesellschaftlichen Handlungszusammenhang folglich darin erweisen, in welcher Nähe zu den Problemen der Bildungspolitik das *Forschungsinteresse* der »Schulen« sich befindet, wieweit die Probleme der Bildungspolitik durch das jeweils vorhandene *Objektverständnis* überhaupt erreicht werden und zu welchen *Aussagen* die einzelnen »Schulen« aufgrund ihres *Erkenntnisinteresses*, ihrer *Erkenntnisverfahren* und ihres *Theorieverständnisses* im Hinblick auf die Lösung bildungspolitischer Probleme in der Lage sind.
Die Analyse der aktuellen bildungspolitischen Probleme hat gezeigt, daß jene äußere Relevanz der Erziehungswissenschaft insbesondere in zwei Hinsichten gefordert ist. Als *technische* Relevanz, sofern Erziehungswissenschaft Theorien entwickelt, die sich technologisch anwenden lassen. »Demgemäß betrachten wir das Kriterium der technischen Relevanz in dem Maße als erfüllt, in dem wissenschaftliche Forschung durch die Angabe von Ausgangsbedingungen für das Auftreten bestimmter Effekte ›erfolgskontrolliertes Handeln‹ (Habermas) in ökonomischen, sozialen oder gesellschaftlichen Bereichen ermöglicht.«[6]
So wird Erziehungswissenschaft etwa im Hinblick auf die geforderte Rationalisierung der Lehr- und Lernprozesse dann technisch relevant, wenn sie den Politiker davon informieren kann, welche Ausgangsbedingungen – das sind z. B.: Veränderungen im Bereich der Lehrpläne, der Schul- und Unterrichtsorganisation, der Lern- und Leistungsdiagnostik sowie der Lehrerrolle – eingerichtet werden müssen, damit erwünschte Erfolge – das sind z. B.: höhere Lernleistungen in bestimmten Disziplinen bei geringerer Anzahl von investierten Lehrerstunden – eintreten können.
Die technische Relevanz wird sich aber auch in der Analyse der Mängel gegenwärtiger Schulpraxis zeigen, also immer dann, wenn die Ursachen für bestimmte Erscheinungen (=

Wirkungen) gesucht werden, die im Interesse neuer Erwartungen an das Ausbildungswesen verändert werden sollen. Technische Relevanz erweist sich demnach in einem Wissen, von dem oben gesagt wurde, daß es die verbesserte Verfügbarkeit aller wichtigen Prozesse und Faktoren im Ausbildungswesen zum Ziel habe.

Es ist evident, daß die erziehungswissenschaftliche Forschung, insofern ihr Forschungsinteresse auf die Steigerung der Verfügbarkeit von Lernprozessen in ihrem engeren und weiteren Bedingungsgefüge ausgerichtet ist, dem generellen Trend der Verwissenschaftlichung gesellschaftlicher Handlungszusammenhänge folgt. Reduziert sich Erziehungswissenschaft jedoch auf eine Technologie des Lernens, fragt sie also nicht nach den Interessen und Konsequenzen, die sich mit jener Verwissenschaftlichung und Technologisierung der Gesellschaft verbinden, so ist ein Mangel an Relevanz anderer Qualität die Folge.

Doch bevor die zweite Art der äußeren Relevanz näher erläutert werden kann, muß noch geklärt sein, in welchem strukturellen Merkmal einer Wissenschaft ihre technische Relevanz begründet ist.

Oben wurde bereits gesagt, daß Wissenschaft dann relevant im hier diskutierten Sinne sei, wenn sie dem Praktiker die von diesem erwünschte *Herstellbarkeit* der Realität ermöglicht. Wie muß Wissenschaft arbeiten, welche Theorien bildet sie und wie prüft sie die Gültigkeit ihrer theoretischen Aussagen, damit von diesen her ein konkretes Ereignis, z. B. menschliches Verhalten, im Hinblick auf ein beabsichtigtes Ziel verändert werden kann?

Im einfachsten Falle sprechen wir dann von der Fähigkeit etwas herstellen zu können, wenn bestimmte Mittel (Werkzeuge, Techniken) auf die Bearbeitung von Materialien verwandt werden und zwar so, daß die Veränderung der Materialien unter Einsatz der Mittel zielgerichtet durchgeführt und erreicht wird. Von dem hergestellten Produkt können wir dann umgekehrt angeben, welche Aktionen und Mittel sein Entstehen bewirkt haben.

Von diesem einfachen Modell her läßt sich die Antwort auf die gestellte Frage vorantreiben. Wenn in der Praxis ein Problem unter Verwendung wissenschaftlicher Erkenntnis-

se, sprich Theorien, gelöst werden soll, dann setzt die Lösung ein Wissen über die Wirkungen bestimmter Bedingungen und die allgemeinen Zusammenhänge, die zwischen den Ursachen und deren Wirkungen bestehen, voraus. Das praktische Problem, das z. B. darin besteht, ein bestimmtes menschliches Verhalten in erwünschter Weise zu verändern, es also herstellbar zu machen, muß demnach in der Forschungspraxis der Wissenschaft, z. B. in den experimentellen Untersuchungen oder in systematischen Beobachtungen, bereits erklärt sein. Denn erst wenn erkannt ist, welche allgemeinen Zusammenhänge und welche konkreten Randbedingungen das Zustandekommen eines bestimmten Verhaltens bewirken, kann nun angegeben werden, welche Ausgangsbedingungen eingerichtet werden müssen, damit die erwünschte Verhaltensänderung, die mit dem erklärten Verhalten identisch sein muß, erzielt werden kann.
Die **technische Relevanz** einer Wissenschaft resultiert also aus der Anwendbarkeit ihrer Theorien im Sinne eines zielgerichteten Manipulierens der Realität. Eben diese Struktur kennzeichnet auch das Überprüfungsverfahren derartig technisch verwendbarer Theorien. In ebenso grober Vereinfachung wie im Falle der Andeutungen zur praktischen Anwendung der Theorien bei der Lösung von Problemen läßt sich die Prüfung des Wahrheitsgehaltes der Theorie skizzieren. Aus der Theorie werden Vorhersagen, Prognosen über das zu erwartende Verhalten von Personen abgeleitet, wenn bestimmte Randbedingungen eingerichtet werden. Dieses vorhergesagte Verhalten wird in sogenannten singulären Sätzen so exakt beschrieben, daß es sich leicht und genau überprüfen läßt. Es werden sodann die entsprechenden Randbedingungen eingerichtet, die Versuchspersonen diesen Bedingungen ausgesetzt und deren Reaktionen mit dem vorhergesagten Verhalten verglichen. Stimmen die abgeleiteten singulären Aussagen über das prognostizierte Verhalten und die Berichtsätze über das de facto beobachtete Verhalten überein, so gilt die auf diesem Wege geprüfte theoretische Aussage als bewährt, empirisch wahr.[7]
Die Struktur eines technologischen Prozesses gleicht demnach in den wesentlichen Stücken sowohl dem erklärenden als auch dem überprüfenden Verfahren bei denjenigen Wis-

senschaften, deren Forschungsinteresse auf technologische Anwendbarkeit der theoretischen Systeme ausgerichtet ist. Genau darin aber ist die technische Relevanz solcher Wissenschaften begründet. Indem diese Wissenschaften ihre Erkenntnisobjekte in der Forschungspraxis, wenn möglich in der exakten experimentellen Versuchsanordnung, grundsätzlich den gleichen Prinzipien unterwerfen, wie es die Techniker mit der herstellbaren Realität tun, sind die Erkenntnisse solcher Forschung unmittelbar auf technologische Anwendung bezogen.[8] Somit hätte diese sehr allgemein gehaltene Reflexion geklärt, worin – methodologisch gesehen – die technische Relevanz einer bestimmten Konzeption von Wissenschaft ihre Bedingungen hat.

Daß erziehungswissenschaftliche Aussagen im Sinne technisch verwertbaren Wissens von seiten der Bildungspolitik gefordert werden, was immer im einzelnen an Problemen anstehen mag, wurde schon mehrfach belegt. In welchem Maße ein solches technisches Wissen und das entsprechende Objektverständnis der technologisch orientierten Erziehungswissenschaft die Probleme der Bildungspolitik erreicht, ist damit noch keineswegs ausgemacht.

Die folgende Diskussion erziehungswissenschaftlicher Konzeptionen wird dies im einzelnen zu erweisen haben. Die oben formulierte Warnung, die Erziehungswissenschaft büße im Falle ihrer Reduktion auf eine Technologie des Lernens ihre Relevanz in einer zweiten Art, einer neuen qualitativen Dimension neben der technologischen, ein, verweist bereits deutlich auf die Beschränkungen einer bloß technisch relevanten Erziehungswissenschaft. Aber auch die oben geleistete Analyse bildungspolitischer Probleme in ihrem konfliktreichen Bedingungsgefüge verdeutlicht die Notwendigkeit eines weiteren Relevanzkriteriums, freilich immer unter der Voraussetzung, daß Erziehungswissenschaft einem Erkenntnisinteresse folgt, das sich nicht jedweden politischen Zwängen und Interessen fügt, vielmehr Erziehungswissenschaft als kritisches Gegenüber der Bildungspolitik begreift.

Bildungspolitik hat sich als gesellschaftspolitischer Handlungszusammenhang dargestellt, in dem Interessen, Macht, Interpretationen der handelnden und betroffenen Subjekte sowie Maßnahmen als bewußte Eingriffe wirksam sind. Im Kontext dieses Objektbereiches wird gemäß den ökonomischen und gesellschaftlichen Bedingungen *Sinn* gestiftet, etwa indem versucht wird, durch eine strukturelle, inhaltliche und organisatorische Veränderung der Schule deren Klassencharakter zu beseitigen. Bildungspolitische Maßnahmen setzen für Individuum und Gesellschaft *bedeutungsvolle* Bedingungen fest, d. h., die handelnden und betroffenen Subjekte nehmen zu den bildungspolitischen Maßnahmen Stellung, sie kritisieren, heißen sie gut, modifizieren ihre Einstellung dazu usw.

Die beiden Skizzen über den gesellschaftlichen Kontext der Bildungspolitik konkretisieren den hier allgemein beschriebenen Charakter bildungspolitischer Probleme hinlänglich. Probleme dieser Art aber lassen sich nicht auf pure Technik reduzieren, vielmehr ist deutlich geworden, daß neben möglicherweise rein technischen Problemen, wie sie etwa das Herstellen neuer Diagnoseverfahren aufwirft, die Probleme der Bildungspolitik sinnhafte, weil politisch zu entscheidende und gesellschaftlich zu diskutierende sind. Im Hinblick auf welche neuen Lernziele die zukünftigen Curricula zu konstruieren sind, ob die Vorschule freiwillig oder verpflichtend sein soll, welche Formen der äußeren Differenzierung eingeführt werden, wie lange die Lehrer studieren und ob sie alle nach einem gleichwertigen Ausbildungsgang gleichhoch besoldet werden, politische Probleme dieser Art übersteigen den Bereich bloß technischer Aufgaben. Das wird noch deutlicher, wenn erinnert wird, daß bildungspolitische Maßnahmen in dem verschiedentlich angesprochenen Feld konfligierender und konkurrierender Anforderungen, Erwartungen, Interessen und Zwänge stattfinden.

Die *besondere Qualität* dieses *Objektbereiches* der Erziehungswissenschaft macht neben dem Kriterium der technischen Relevanz also ein weiteres notwendig: Die Erziehungswissenschaft muß ein analytisch-kritisches Wissen erbringen, eine umfassende theoretische Reflexion der gesellschaftlichen Bedingungen der Bildungspolitik leisten, von denen her *aktiv* in die skizzierten Entscheidungsprozesse *eingegriffen* werden kann. Verbaliter bekennen sich zu dieser *praktisch-politischen* Intention Pädagogen der verschiedensten Konzeptionen, und W. KLAFKI hat erst jüngst in aller Deutlichkeit von der »Chance« einer reformierten Erziehungswissenschaft gesprochen, »den Fortschritt einer freiheitlich-demokratischen Erziehungspraxis als Element eines entsprechenden gesellschaftlich-politischen Programms theoretisch und praktisch voranzutreiben oder mindestens mit zu ermöglichen«[9].

Wie weit die zu diskutierenden Konzeptionen diesen Anspruch jeweils erfüllen können, wird abzuklären sein. Hier ist vorläufig die Feststellung von Bedeutung, daß Erziehungswissenschaft politisch werden soll und muß, wenn sie im Sinne der im GG geforderten Demokratisierung, Sozialisierung und Humanisierung der Gesellschaft praktisch werden will. Auf der Grundlage einer umfassenden gesellschaftskritischen Reflexion ist dann ein Beitrag zur Emanzipation zu leisten.

In diesem Sinne ist das zweite Relevanzkriterium als *emanzipatorische* **Relevanz** zu bezeichnen. Sofern Erziehungswissenschaft Aufklärung über die Abhängigkeiten, Zwänge und Bedingungen bildungspolitischer Planungen und Maßnahmen erbringt, sofern sie die Frage nach dem cui bonum radikal durchhält, also die Gefahr der Entfremdung, der Instrumentalisierung der Individuen beschreibt und die Verursachungen aufdeckt, ist sie um emanzipative Relevanz bemüht.[10]

Ihr Forschungsinteresse ist dann darauf gerichtet, die Bildungspolitik im Hinblick auf die Voraussetzungen ihrer eigenen Befreiung von partiellen Interessen zugunsten der Verbesserung der Lebensbedingungen der großen Mehrheit der Bevölkerung zu untersuchen und andererseits durch eine theoretische Fundierung und rationale Kontrolle emanzipativer Praxis (als emanzipativer Empirie) einen eigenen Beitrag zur Emanzipation von Individuum und Gesellschaft zu leisten, der sich Erziehungswissenschaft und Bildungspolitik in einer demokratischen Gesellschaft gleichermaßen verpflichtet wissen sollten!

Für die nun folgende *wissenschaftstheoretische* Diskussion erziehungswissenschaftlicher Konzeptionen sind somit die Kriterien deutlich.

Es geht *nicht* um die Prüfung der Gültigkeit theoretischer

Aussagen der einzelnen Konzeptionen, *nicht* um den Grad der Absicherung ihrer Theorien durch empirische Forschung. Es wird auch *nicht* nach der konkreten Bedeutung einzelner inhaltlicher Aussagesysteme (Theorien) für die Lösung bestimmter Probleme der Bildungspolitik gefragt. Eine solche Untersuchung zielte z. B. auf die äußere Relevanz sozialpädagogischer Theorien für die vorbeugende Bekämpfung der Jugendkriminalität.
Vielmehr soll hier nach der *äußeren Relevanz* – im explizierten Sinne – gefragt werden, wie sie sich unter Bezugnahme auf das *Forschungs-* bzw. *Erkenntnisinteresse der erziehungswissenschaftlichen Konzeptionen*, ihr *Objektverständnis* und ihren *Theoriebegriff grundsätzlich* darstellen läßt.

V. Kritik der äußeren Relevanz der geisteswissenschaftlichen Pädagogik

1. Wilhelm Dilthey und die geisteswissenschaftliche Pädagogik

Der Philosoph W. DILTHEY hat in der Zeit zwischen 1883 und 1910 eine Reihe von Abhandlungen über Grundlegung, Gegenstandsbereich und Methodologie der *Geisteswissenschaften* verfaßt.[1]

Nachdem seine Arbeiten seit Mitte der zwanziger Jahre durch seine Schüler G. MISCH, B. GROETHUYSEN, P. RITTER und H. NOHL sowie deren Mitarbeiter O. F. BOLLNOW und E. WENIGER veröffentlicht worden sind, ist DILTHEY »heute als einer der bahnbrechenden Denker auf dem Gebiet der Geisteswissenschaften und der päd. Theoriebildung anerkannt«[2], er »gilt heute wie damals einhellig als einer der Initiatoren und Hauptrepräsentanten der neuen pädagogischen Reflexion«[3].

Zu den Geisteswissenschaften, deren Programm, methodologische Grundlegung und forschungsmethodische Reflexion von DILTHEY beständig verfolgt, jedoch nie abschließend behandelt werden konnte[4], rechnet er die »Erfahrungswissenschaften der geistigen Welt«[5], die »Wissenschaften von den geistigen Erscheinungen«[6] oder in einer weiteren Umschreibung die »Wissenschaften vom Menschen, der Gesellschaft und dem Staat«[7].

In einer modernen Terminologie würden demnach die Geschichts- und Sozialwissenschaften, die Philologie und die Sozialphilosophie als Geisteswissenschaften zu bezeichnen sein. Auch die Pädagogik ist Geisteswissenschaft, hat sie doch eine Realität zum Erkenntnisgegenstand, die sich durch ihre Geschichtlichkeit, das Wirken von Ideen und Interessen, Motiven und Zwecken auszeichnet.[8]

Unter Berufung auf DILTHEY – ohne jedoch seinen umfassenden Ansatz einer *erfahrungswissenschaftlichen (!)* Geisteswissenschaft zu berücksichtigen – haben seine Schüler und deren spätere Mitarbeiter und Schüler die Tradition

einer sogenannten *geisteswissenschaftlichen Pädagogik* fortgeführt. Dazu heißt es in der 1969 erschienenen »Allgemeinen Erziehungswissenschaft« von H. Röhrs: »Der Schülerkreis W. Diltheys, zu dem im pädagogischen Bereich M. Frischeisen-Köhler, H. Nohl, E. Spranger und Th. Litt gehören, hat der Pädagogik ein wissenschaftlich allseitig abgeklärtes Fundament verliehen, dem auch die gegenwärtig weiterführende Diskussion verbunden ist.«[9]
O. F. Bollnow weist im gleichen Jahr ausdrücklich darauf hin, daß Spranger, Nohl und Litt »ihren Rückhalt in der Philosophie Diltheys und der von ihm begründeten geisteswissenschaftlichen Methode«[10] fanden und W. Klafki, selbst als Schüler H. Nohls und E. Wenigers aus dieser erziehungswissenschaftlichen Schule hervorgegangen, berichtet über die Entstehung, die Bedeutung dieser Konzeption nach 1945 und ihre Vertreter: »Die Mehrzahl der Wissenschaftler, die in der ersten Phase nach 1945 an deutschen Universitäten wieder eingerichtet oder erstmalig geschaffene Lehrstühle für Pädagogik – oft als kombinierte Ordinariate für Pädagogik und Philosophie – übernahm, gehörte der sogenannten ›geisteswissenschaftlichen Pädagogik‹ an. Sie führten also eine Wissenschaftsrichtung fort, die sich seit den 20er Jahren bis 1933 an den deutschen Universitäten, soweit sie pädagogische Lehrstühle besaßen, und an den Pädagogischen Hochschulen in Preußen immer mehr durchgesetzt hatte. Die Kontinuität zwischen dem Neuanfang nach 1945 und der Zeit vor 1933 kommt besonders deutlich darin zum Ausdruck, daß die maßgeblichen Vertreter der geisteswissenschaftlichen Pädagogik in der Weimarer Zeit I, Herman Nohl, Eduard Spranger, Theodor Litt, Wilhelm Flitner und Erich Weniger, nun wieder als Universitätslehrer wirksam wurden und daß weitere, z. T. erstmalig eingerichtete Universitätslehrstühle für Pädagogik an westdeutschen Universitäten mit Schülern jener führenden Vertreter der geisteswissenschaftlichen Pädagogik besetzt wurden; ich nenne etwa Elisabeth Blochmann in Marburg, Georg Geissler in Hamburg, Hans Wenke in Erlangen und später in Tübingen und Hamburg, Fritz Blättner in Kiel, Otto Friedrich Bollnow in Mainz, später Tübingen.«[11]

Die geisteswissenschaftliche Pädagogik, die verschiedentlich auch als *Dilthey-Schule* bezeichnet worden ist[12], darf weder als geschlossene theoretische und methodologische Konzeption, gleichsam als konsistentes System betrachtet werden, noch ist es heute angemessen, die vielfältigen Ausprägungen innerhalb dieser Konzeption als Fortführung oder Entwicklung der Pädagogik W. DILTHEYS zu bezeichnen.
Die oben von KLAFKI benannten Repräsentanten dieser Konzeption haben sehr verschiedene Ansätze bei DILTHEY weitergeführt, z. T. auch versucht, sich von ihm abzusetzen.[13]
Die Entwicklung der wissenschaftstheoretischen Diskussion im Kontext der »Dilthey-Schule« zeigt so auch grundsätzliche Kontroversen bei den bedeutsamsten Vertretern, aber auch deren Fehlinterpretationen und einseitige Sichtweisen des komplexen DILTHEYschen Konzeptes. Besonders umstritten war das Programm »Über die Möglichkeit einer allgemeingültigen pädagogischen Wissenschaft« (1888), in dessen historisch-kritischen Teil DILTHEY die zeitgenössische Pädagogik in der Tradition von HERBART, SCHLEIERMACHER, SPENCER, BAIN, BENEKE und WALTZ[14] als »rückständig geblieben«[15] verurteilt, weil sie trotz der Einsichten in die historischen Bedingungen der Inhalte, Formen und Ziele der Erziehung versuche, »das Ziel der Erziehung, die Werte der Lehrgegenstände und die Methoden des Unterrichts allgemeingültig, sonach für ganz verschiedene Völker und Zeiten, zu bestimmen«[16], zugleich versucht DILTHEY aber selbst, die »Möglichkeit einer allgemeingültigen pädagogischen Wissenschaft« als historisch-systematischer und psychologischer Erfahrungswissenschaft zu begründen. Die *psychologische* Grundlegung wird ihm durch die theoretische Konstruktion der Teleologie des Seelenlebens möglich. Diese Konzeption beschreibt die seelischen Prozesse:

a) als zweckgerichteten Zusammenhang, der – qualitativ anders als die Kausalzusammenhänge in der Natur – »Erhaltung, Glück und Entwicklung der Individuen, Erhaltung und Steigerung der Art und Gattung herbeiführt«[17],
b) als Prozesse, die in ihrer Vollkommenheit gedacht werden können, womit die Regelhaftigkeit für die Analyse kon-

kreter historischer Ereignisse gleichsam idealtypisch angenommen wird und

c) als Entwicklung, die wiederum nicht mechanisch im Sinne eines Reiz-Reaktionsschemas gedacht werden darf, vielmehr den »elementaren Kräften« Gefühl und Trieb eine wirkende Spontaneität zuschreibt, die »das Mannigfaltige der Eindrücke und Regungen in eine Einheit« bringt.[18] Als *historisch-systematische* Wissenschaft geht sie von der gleichen Konzeption aus, sucht jedoch mittels Deskription und Analyse die historisch-gesellschaftlichen Erscheinungsformen der pädagogischen Mittel zur Herstellung des teleologischen Zweckzusammenhanges bei der jeweils heranwachsenden Generation zu erfassen. Deshalb bestimmt DILTHEY: »Der erste Teil einer wissenschaftlichen Pädagogik hat Aufgaben zu lösen, welche bisher größtenteils noch gar nicht gesehen, allesamt aber noch nicht wissenschaftlich behandelt worden sind. Er untersucht zunächst den Ursprung der Erziehung ... in der Gesellschaft.«[19]

Er wendet sich zweitens der Aufgabe zu, »die Beziehungen zu untersuchen, in welchen Erziehung und Schule zu den Zentren der äußeren Organisation der Gesellschaft: Familie, Gemeinde, Staat und Kirche stehen.«[20]

»Endlich wendet sich der erste Teil der Pädagogik gleichsam nach innen. Er betrachtet, beschreibt, analysiert das schaffende Vermögen des Erziehers und das Verhältnis dieses Vermögens zu den Anlagen des Zöglings.«[21]

Mit der Beschreibung dieser Aufgaben faßt DILTHEY die *Pädagogik als Erfahrungswissenschaft*, die sich der Wirklichkeitsanalyse des Kulturzusammenhanges »Erziehung« zuwendet, um Antwort auf die Frage nach den Möglichkeiten für Erziehung zu erhalten. Ihre *Allgemeingültigkeit* bezieht sich also nicht auf eine Deduktion von inhaltlichen Regeln oder gar Erziehungszielen aus vorgegebenen Dogmen, genau dies weist DILTHEY unter Bezugnahme auf die Historische Schule ja zurück, vielmehr hat die Pädagogik in dem Konzept der Teleologie des Seelenlebens, das »eine Abstraktion aus der geschichtlichen Lebendigkeit des Menschen«[22] darstellt, »eine sichere allgemeingültige Unterlage«[23], die mittels Deskription, Analyse und Regelgebung eine »Darstellung der Mittel, durch welche diese Vollkommenheit des psychischen Zusammenhangs herbeigeführt wird, in allgemeingültiger Strenge«[24] erlaubt.

Für die Pädagogik als Anleitung der Praxis resultiert aus dieser Grundlegung zweierlei.

Zum einen wird die Bedeutung psychologischer Theorien (wir würden heute wohl angemessener von anthropologischen sprechen, K. Z.) für die Pädagogik deutlich.

Pädagogik benötigt eine Theorie der Bildsamkeit, die als deskriptiv-analytisches Aussagensystem Allgemeingültigkeit erstrebt.

Die konkrete Praxis erfordert dann aber die Reflexion auf die Zwecke der Erziehung. »Die planmäßige Tätigkeit des Erziehers ist auf die Gestaltung des Seelenlebens des Zöglings nach einem vorschwebenden Muster oder Zweck gerichtet.«[25]

Dieser Teil der Pädagogik, den DILTHEY in der Tradition HERBARTS in die Abhängigkeit von der Ethik verweist, kann keine Allgemeingültigkeit beanspruchen, denn – so heißt es in der Abhandlung »Über die Möglichkeit einer allgemeingültigen pädagogischen Wissenschaft« –: »Die großen Fragen der Erziehung, welche zur Zeit die Nation bewegen, können nicht allgemeingültig für alle Zeiten und Völker entschieden werden, sondern sie können nur auf Grund der genaueren fachmännischen Kenntnis von Geschichte und jetzigem Leben der Erziehung durch eine Art künstlerischen Handelns, in dem die Gabe des Staatsmannes und des Pädagogen zusammenwirken, ihre Behandlung finden.«[26]

Für die Grundlegung der allgemeingültigen Pädagogik ist damit bei DILTHEY die *Dominanz* des *psychologischen Konzeptes* deutlich. DILTHEY glaubt wohl deshalb daran festhalten zu müssen, weil er den teleologischen Zweckzusammenhang als Grundprinzip sowohl des individuellen als auch des gesellschaftlichen Lebens annimmt. »Das Prinzip der Erziehung ist eben, daß dieselben Kräfte, welche in dem Individuum zur Gestalt seines persönlichen Lebens zusammenwirken, auch Staat, Sitte, Wissenschaft, Kunst ect. hervorgebracht haben.«[27]

Die sehr kontroverse Rezeption des DILTHEYschen Konzeptes durch seine Schüler[28] sei im folgenden nur durch einige Hinweise auf H. NOHL, E. SPRANGER und O. F. BOLLNOW skizziert. In seiner »Theorie der Bildung« diskutiert NOHL im ersten Teil die Ansätze verschiedener Pädagogen zur Begründung einer allgemeingültigen pädagogischen Wissenschaft.

Dabei beurteilt er DILTHEYS Konzept als den Versuch, aus einem »formalen« Zweckminimum, dem teleologischen Zweckzusammenhang des Seelenlebens, eine feste Basis für die Allgemeingültigkeit zu deduzieren.[29]

Dies sei einerseits ein naturalistisches Konzept, das übersieht, »ob wir nicht die Fähigkeit haben, aus uns selbst Zwecke zu setzen und schöpferisch zu handeln«[30], zum anderen ein subjektistischer Ansatz für die Pädagogik, denn »der Maßstab der Vollkommenheit der seelischen Funktionen ist bei Dilthey ... im Grunde die subjektive Befriedigung [des von NOHL unterstellten Reiz-Reaktionszusammenhanges, K. Z.].«[31]

NOHL meint feststellen zu müssen: Wenn man es richtig überlegt, kann diese Pädagogik nicht einmal sagen, ob sie vollkommene Verbrecher oder vollkommen gute bildet.«[32]

Gegen diese Interpretation muß daran erinnert werden, daß der teleologische Zweckzusammenhang als auf »Erhaltung und Steigerung der Art und Gattung«[33] gedacht ist, womit DILTHEY deutlich darauf hinweist, daß die Subjekte Ziele und Zwecke setzen, ihre Geschichte schöpferisch gestalten. Es entspricht auch nicht dem DILTHEYSCHEN Konzept, die denkbare Vollkommenheit des teleologischen Zusammenhanges als quasi technische Perfektion seelischer Prozesse, die das subjektive Gefühl des seelischen Gleichgewichts vermitteln, darzustellen. Von funktionaler Vollkommenheit ist das abstrahierte Zusammenwirken der – ebenfalls als theoretische Konstruktion zu denkenden – Gefühle, Triebe und Denkakte. Die Einsicht in diese Regelhaftigkeit erlaubt Aussagen, »in welcher Richtung die Erziehung hier die Entwicklung zur Vollkommenheit anzustreben hat.«[34]

Die inhaltliche Konkretion der Erziehung sowie die Beurteilung des konkret erreichten Zustandes wird jedoch nur durch »Vertiefung in unser nationales Erziehungssystem, in seine Geschichte und seine Gegenwart, die Auffassung der Beziehungen dieses Systems zu unserer Kultur«[35] zu leisten sein. DILTHEY setzt folglich dem von NOHL behaupteten subjektivem Kriterium die Deskription und Analyse des historischen Zusammenhanges der Erziehung entgegen, die – freilich zeit- und kulturspezifische – Einsichten für die inhaltliche Ausfüllung der Erziehung ermöglichen.

Bei O. F. Bollnow und E. Weniger finden sich nach dem Bericht U. Herrmanns 1931 und 1933 Interpretationen der Diltheyschen Konzeption, die eine nationalistische Vereinnahmung, eine gefährliche Nähe zum Gedankengut des Nationalsozialismus erkennen lassen.[36]

Dilthey wird als Theoretiker einer deutschen Nationalpädagogik dargestellt, der die Unterordnung von Erziehung und Pädagogik unter die Interessen des Machtstaates geradezu postuliert habe.[37]

Es lassen sich denn auch eine Reihe von Aussagen bei Dilthey finden, die für die angedeutete nationale Begeisterung der geisteswissenschaftlichen Pädagogik und ihre weitgehende Ohnmacht dem faschistischen Staat gegenüber als eine Art gedankliche Verursachung gewirkt haben können.

Trotz der vielfachen Hinweise auf die Notwendigkeit erfahrungswissenschaftlicher Analyse der gesellschaftlichen Realität von Erziehung fällt auf, daß Dilthey neben einer soziologischen Reflexion verschiedentlich eine geradezu organizistische Konzeption von Gesellschaft apostrophiert. Gesellschaft wird als organisches Ganzes gedacht, sie hat »Bedürfnisse«, ein »Ziel«, an die Erziehung die Heranwachsenden »anpaßt«[38]. Soweit hier Deskription vorliegt, muß doch wohl eingewandt werden, daß die konkreten Machtverhältnisse und Interessen, denen Staat und staatliche wie private Erziehung gehorchen sollen, so in einem harmonisierenden Konzept einfach verdeckt werden. Und wenn dann noch betont wird: »Das Verhältnis väterlicher Herrschaft, das der Erziehung zugrunde liegt, ist von der Natur zunächst an die Familie durch das Verhältnis der Erzeugung gebunden«[39], die Familie ihrerseits aber in Harmonie mit den übergeordneten Interessen des Staates gesehen wird, jedenfalls soweit sie um die systemkonforme Erziehung der Nachkommen bemüht ist[40], liegt eine unkritische Adaption politischer Meinungen und Interessen durch die Pädagogik nahe.

Zum Zwecke der Prüfung der Relevanz des organizistischen

Objektverständnisses, wie es hier zumindest durchscheint, ließe sich z. B. die marxistische These über den Klassencharakter der Erziehung in der sich entwickelnden kapitalistischen Gesellschaft mit dem DILTHEYSCHEN Verständnis von der Erziehung als einer Funktion der Gesellschaft[41] konfrontieren. In der »Deutschen Ideologie« (verfaßt 1845/46) schreiben K. MARX und F. ENGELS: »Die Gedanken der herrschenden Klasse sind in jeder Epoche die herrschenden Gedanken, d. h. die Klasse, welche die herrschende materielle Macht der Gesellschaft ist, ist zugleich ihre herrschende geistige Macht. Die Klasse, die die Mittel zur materiellen Produktion zu ihrer Verfügung hat, disponiert damit zugleich über die Mittel zur geistigen Produktion, so daß ihr damit zugleich im Durchschnitt die Gedanken derer, denen die Mittel zur geistigen Produktion abgehen, unterworfen sind.«[42]

In deutlicher Absetzung von einer derartigen materialistischen Betrachtungsweise findet sich bei DILTHEY eine harmonisierende Konzeption von Gesellschaft, in der die Erziehung die Funktion habe, individuelles Glück und gesellschaftlichen Nutzen zugleich zur Identität und allseitigen Steigerung zu bringen. Koinzidenzpunkt der individuellen und gesellschaftlichen Anforderungen an die Pädagogik ist die von DILTHEY angenommene Möglichkeit der Erfüllung der vielfältigen individuellen Erwartungen in der arbeitsteiligen Gesellschaft. »Der Punkt, an welchem diese Verknüpfung sich vollzieht, ist der Beruf. Die Erziehung hat die Aufgabe, das Individuum nach der ihm eigentümlichen Anlage zu bilden. Diese führt von selbst gemäß der im obigen Prinzip enthaltenen Harmonie der Gesellschaft zu der Leistung, welche dem Bedürfnis der in Berufsarten gegliederten Gesellschaft entspricht.«[43] Von einer solchen organizistischen und harmonisierenden Gesellschaftskonzeption können verständlicherweise Interpretationen ausgehen, in denen Staat, Machtpolitik und Gesellschaft geradezu mystifiziert werden. Jedenfalls ist evident, daß von einem solchen Objektverständnis her der politisch-ökonomische Bedingungszusammenhang der Erziehung, Pädagogik und Bildungspolitik nicht in den Horizont des Forschungsinteresses dieser Pädagogik treten konnte.

So tauchen bei einem weiteren maßgeblichen Vertreter der geisteswissenschaftlichen Pädagogik, bei E. Spranger, schon zu Beginn der zwanziger Jahre Reflexionen über den Zusammenhang von Gesellschaft, Kultur und Erziehung auf, deren Gefahr für die soeben in der Weimarer Republik beginnende Demokratisierung wohl nicht überschätzt werden kann. »Gemeinsames Menschentum bindet alle, aber doch individualisiertes Menschentum und abgestuftes Menschentum. Deshalb ist in der Jugendbewegung auch der Führergedanke wieder lebendig geworden: ein aristokratisches Motiv auf genossenschaftlicher Grundlage.

Den Sinn dieser eigenartigen soziologischen Formen nachzuerleben, wird nicht jedem gelingen, der sich ihnen nur von der Begriffsseite nähert; am wenigsten denen, die in demokratischen Kategorien denken; denn diese kommen aus der Aufklärungswelt und sind gewöhnt, in menschlichen Dingen zu rechnen. Hier aber wird uralter deutscher Geist wieder lebendig: Genossenschaft, Herzogtum, Lehnstreue, Jungmannschaft, freie Hingabe, organisches Ineinanderwachsen. Und doch: es ist eine neue Welt...«[44]

Diltheys umfangreiches Werk und seine vielfältigen Anregungen für die pädagogische Wissenschaft sind durch diejenigen Pädagogen, die unter Berufung auf seine Arbeit die Tradition einer geisteswissenschaftlichen Pädagogik begründet haben, wohl nur partiell, z. T. wohl auch entstellend aufgenommen worden. In Anlehnung an U. Herrmann ist darauf ja zu Beginn dieses Abschnittes verwiesen worden, und die vorliegende Skizze sollte die kontroverse Diskussion und eigenartige Ausformung Diltheyscher Ansätze etwas beleuchten.

Wenn in den folgenden Abschnitten dennoch in Anlehnung an den pädagogischen Sprachgebrauch von der geisteswissenschaftlichen Pädagogik, ihrem Forschungsinteresse, Objekt- und Theorieverständnis gesprochen wird, so wird damit weder der Anspruch erhoben, Aussagen über die ganze sogenannte Dilthey-Schule zu machen, noch sollte angenommen werden, jede der kritischen Reflexionen bezöge sich auf den kritisierten Autor und dessen »Ahnherrn«, Dilthey, immer zugleich. Dieser Abschnitt setzte bewußt Dilthey und die geisteswissenschaftliche Pädagogik voneinander ab, so daß jenen Mißdeutungen der folgenden Erörterungen entgegengewirkt ist. Der Hinweis auf Ansätze eines besonderen Objektverständnisses, auf Tendenzen und Hinweise organizistischen Denkens, schien freilich ebenso erforderlich zu sein.

2. *Das Forschungsinteresse der geisteswissenschaftlichen Pädagogik: Theorie von und für die Praxis*

Bei allen Divergenzen, die sich zwischen einzelnen Vertretern dieser Konzeption im Hinblick auf die Möglichkeit zur Grundlegung der Erziehungswissenschaft, deren Objektbereich und Methodik zeigen, lassen sich doch wesentliche Gemeinsamkeiten als methodologische Grundlagen ausmachen. Auch von daher ist es wohl angebracht, weiterhin von einer geisteswissenschaftlichen Konzeption in der Erziehungswissenschaft zu sprechen.

Dabei ist es gerade für das Interesse dieser Untersuchung von Bedeutung, daß über das Forschungsinteresse dieser Konzeption bei den maßgeblichen Vertretern Einigkeit herrscht.

Pädagogische *Wissenschaft* und pädagogische *Praxis* werden in einem besonderen Vermittlungsverhältnis gesehen, aus dem auch das Aufgabenverständnis und Erkenntnisinteresse – zwei Merkmale einer Wissenschaft, die hier mit dem Begriff »Forschungsinteresse« bezeichnet werden – resultieren.

In Anlehnung an Ausführungen bei W. Flitner, der zusammen mit E. Weniger, O. F. Bollnow und W. Klafki diese Konzeption der Erziehungswissenschaft nach 1945 weiterentwickelte, sei dieses Vermittlungsverhältnis hier erläutert.

Flitner wählt zur Verdeutlichung des geisteswissenschaftlichen Konzeptes die Gegenüberstellung mit dem Wissenschaftsbegriff empirisch-analytischer Forschung. Wissenschaft als systematische Deskription und nachprüfbare Erklärung vorgegebener Tatbestände, also sogenannte »reine« und »exakte« *Tatsachenforschung*, betrachtet die Wirklichkeit als Feld isolierbarer Fakten, deren gegenseitige Abhängigkeit – Kovarianz – erfaßt werden soll. »Man sucht nach Gesetzen oder durchschnittlichen Häufigkeiten im menschlichen Verhalten, also auch in den Reaktionen auf erzieherische Einwirkungen.«[45] »Die zu beschreibende und zu erklärende Wirklichkeit wird dabei als etwas der Wissenschaft Äußerliches betrachtet, so daß im Falle pädagogischer Phänomene diese für die Wissenschaft ebenso tot, sinnlos und manipuliert sind, wie die unbelebten Objekte naturwissenschaftlicher Forschung. Damit allgemeine Regelmäßigkeiten zwischen bestimmten isolierbaren Bedingungen aufgezeigt werden können, muß von individuellen Besonderheiten, der Subjektivität der Forschungsobjekte abgesehen werden.

»Schon dieses Interesse an der Forschung verweist auf eine der Naturforschung verwandte Methode. Das erkennende Subjekt und das zu erkennende Objekt werden, wie in den Naturwissenschaften, möglichst scharf geschieden ... Wie in der Naturforschung kommt es darauf an, komplexe Vorgänge auf einfache zurückzuführen, zu unterscheiden, zu beschreiben, die Beobachtungen statistisch und mathematisch zu ordnen, um Regelmäßigkeiten oder Wahrscheinlichkeiten ... zu ermitteln.«[46]

Wissenschaft in diesem Verständnis richtet ihr Forschungsinteresse auf eine Theorie, die als System allgemeiner Aussagen über regelmäßige Abhängigkeiten zweier – oder mehrerer – Größen die Erklärung und technische Lösung isolierbarer Probleme erlaubt. Im Sinne der obigen Explikation erlangt sie damit in einem gewissen Grade *technische Relevanz*, worauf W. Flitner ausdrücklich verweist: »Auf diesem Wege können Aufschlüsse erzielt werden, die praktisch wichtig sind. Subjektive Beobachtungen bekommen eine Bestätigung oder Korrektur, die ohne Zuhilfenahme des wissenschaftlichen Verfahrens aus der Umgangs- und Lehrerfahrung selber sich nicht ergeben würden.«[47]

Wissenschaft und Praxis sind im Falle dieser »Tatsachenforschung« als voneinander isolierbare Formen gesellschaftlichen und geistigen Handelns gedacht. Um objektive Erkenntnisse zu gewinnen, soll sich der Wissenschaftler in der Begründung seiner theoretischen Aussagen jeglicher subjektiver Einflüsse enthalten, er soll – wie Flitner es umschreibt – darauf achten, »daß man sich dem Gegenstand

›rein beschreibend‹ nähert und ihn ›ohne Beimischung eigener Lebensdeutung‹ zu beurteilen sucht.«[48]
Gegen eine solche *Trennung von pädagogischer Wissenschaft und pädagogischer Praxis* wendet sich die *geisteswissenschaftliche* **Pädagogik** mit der Argumentation, daß das skizzierte Objektverständnis »in den Kern des Erziehungs- und Bildungsproblems nicht hineinführt«[49]. Denn die »Sinnfrage läßt sich aus den erzieherischen Tatbeständen nicht ausklammern; sie ist es gerade, die den Impuls zur Forschung und zum Nachsinnen erzeugt.«[50]
Bevor z. B. durch empirische Forschung die Wirkung bestimmter Einstellungen und Verhaltensweisen der Lehrer auf das Lernen der Schüler erfaßt werden kann, ist bei den von diesem Unternehmen Betroffenen Klarheit über die Zwecke des Lernens, ihre Bedeutung für die Schüler, die Motive für eine Veränderung des Lehrerverhaltens u. a. Fragen zu gewinnen. Denn das angedeutete Problem wird erst im Horizont eines bestimmten *Interesses* zum *pädagogischen Problem.* Dieses Interesse jedoch wird nicht durch die Erziehungswissenschaft an die geschichtliche Realität von Erziehung, Schule und Bildungspolitik herangetragen, vielmehr versteht sich die geisteswissenschaftliche Pädagogik als dazu verpflichtet, der vor aller Theorie immer schon praktizierten Erziehung mittels Interpretation, Auslegung und historischer Analyse die *immanente Sinnhaftigkeit* zu entnehmen. Die Erziehungswissenschaft verstünde sich als *normative* Disziplin, wollte sie unter Bezugnahme auf vorgegebene philosophische oder theologische Dogmen den Sinn der Erziehung bestimmen. Nicht dieses Verfahren beansprucht die geisteswissenschaftliche Pädagogik, vielmehr soll sie *»hermeneutisch«* werden, wie FLITNER schreibt[51], um »als Auslegung des gelebten Lebens, als Selbstvergewisserung des konkreten Denkens, das sich über seine Situation und deren Normierung aufklärt«[52] die historische Bedeutung der Erziehung, die diese beeinflussenden Werthaltungen, die leitenden gesellschaftlichen Ideen und Normen zu erkennen. »Das Gewahrwerden der realen Wertgehalte in einer gegebenen historischen Situation und die Analyse der in dieser Lage pädagogisch wirkenden Strukturen wird ihr Thema.«[53] Geisteswis-

senschaftliche Pädagogik konstituiert sich demnach in der Sinnhaftigkeit der pädagogischen Praxis. Nur durch die sinnverstehende Analyse der historisch vorgegebenen Erziehungswirklichkeit gewinnt sie Erkenntnisse, ihre zentralen Begriffe sowie Kriterien, von denen her schließlich korrigierende, kritisierende und problemlösende Eingriffe in die Praxis möglich sind.

Gewendet auf die Darstellung des *Forschungsinteresses* dieser Konzeption heißt das: Die geisteswissenschaftliche Pädagogik begreift ihren Objektbereich als eine Praxis, in der sinnstiftendes Handeln und Denken, Vorformen wissenschaftlicher Theorien auffindbar sind. »In der pädagogischen Praxis stecken ... immer schon Ansätze von ›Theorie‹, z. B. Überzeugungen, Auffassungen darüber, wozu und wie erzogen oder unterrichtet werden soll, was man Kindern erlauben darf und was man ihnen verbieten muß usw.«[54]

Hier setzt die geisteswissenschaftliche Pädagogik ein, »die in der unmittelbaren Erfahrung gegebenen Zusammenhänge sollen in der theoretischen Besinnung zu klarem Bewußtsein erhoben werden.«[55]

Das Interesse dieser Bemühungen resultiert aus einem praktischen Engagement, aktuelle pädagogische oder bildungspolitische Probleme sollen Aufklärung und Lösungshilfe erfahren. Das Forschungsinteresse ist demnach darauf gerichtet, den Sinn, den Wertgehalt konkreter pädagogischer Praxis jeweils auf der Basis einer hermeneutischen Analyse neu zu bestimmen, aktuelle Probleme durch Aufklärung über »die Ursachen der Schwierigkeiten, die Motive der verschiedenen Programme [zur Lösung der Probleme, K. Z.], deren jeweilige Voraussetzungen ihre geschichtlichen Hintergründe«[56] einer Lösung näher zu führen und die laufende Praxis der Pädagogik, zu der W. Klafki ausdrücklich auch die Schulpolitik rechnet[57], ständig kritisch zu reflektieren.

Wird pädagogische Praxis im Konzept der oben in Anlehnung an W. Flitner skizzierten »Tatsachenforschung« zur anwendenden Technik, pädagogische Theorie zur technologisch verwertbaren Wissenschaft, so betrachtet die geisteswissenschaftliche Pädagogik die **Praxis** als **Anlaß** und **Ursprung** der Theorie, die wiederum auf dem Wege einer

»Hermeneutik der Erziehungswirklichkeit« (O. F. BOLLNOW) in die Praxis als klärende, kritisierende und erklärende Instanz zurückwirkt. Diese enge Vermittlung von pädagogischer Wissenschaft (Theorie) und pädagogischer Praxis bestimmt den *Charakter der Theorie*: »Diese kann nicht mehr voraussetzungslos anfangen und konstruktiv von unten her aufbauen, sondern setzt immer schon Praxis voraus, die sie durchsichtig zu machen und deren Schwierigkeiten sie zu beheben hat. Ihr Charakter ist also der einer Aufhebung schon bestehender Zusammenhänge.«[58]

Dabei wird für die geisteswissenschaftliche Pädagogik nicht nur eine *technische Relevanz* beansprucht, vielmehr geht es der »Aufhellung« der Erziehungswirklichkeit zentral um einen Beitrag zur Verbesserung der Praxis, angestrebt wird folglich die *emanzipative Relevanz*. Deshalb fährt O. F. BOLLNOW in der Charakterisierung der pädagogischen Theorie fort: »Wenn die Theorie, also die wissenschaftliche Pädagogik, aus den in der Praxis selber nicht mehr auflösbaren Schwierigkeiten erwächst, dann kann sie sich nicht damit begnügen, zu analysieren, was ist, sondern sie muß in der kritischen Analyse zugleich zu Kriterien kommen, was falsch und was richtig ist.«[59]

Geisteswissenschaftliche Theorie war zweifellos auch als einzelwissenschaftliche Deskription und erklärende Analyse isolierbarer Objekte konzipiert. Darauf hatte ja DILTHEY verwiesen, wenn er in den »Grundlinien eines Systems der Pädagogik« betont: »Die Wissenschaft der Pädagogik ... kann nur beginnen mit der Deskription des Erziehers in seinem Verhältnis zum Zögling. Denn zunächst gilt es, das Phänomen selber hinzustellen und in einer psychologischen Analyse [zu der im heutigen Sprachgebrauch Sozialisationsforschung und Kulturanthropologie, dann aber auch Lerntheorie zu rechnen wären, K. Z.] so deutlich als möglich zu machen.«[60] Sie soll in der Konzeption als *geisteswissenschaftliche Pädagogik* jedoch die Reflexion auf die *Kriterien der Anwendung* des analytischen Wissens leisten, die der immer schon sinnvoll produzierenden Praxis, dem erzieherischen Handlungszusammenhang zu entnehmen sind. »Theorie soll ... bewußt machen, was getan wird und warum; sie soll, aufklärend, dem Erzieher ein Maßstab werden zur Beurteilung des eigenen Handelns und dergestalt appellativ wirken.«[61]

In eben diesem Sinne versteht sich die geisteswissenschaftliche Pädagogik als *Theorie von* und *für* die Erziehungswirklichkeit. Dieser »Doppelcharakter« der Pädagogik[62], als leitende, aufklärende, pragmatische Wissenschaft *für* die Praxis Kriterien und Maßstäbe zur Verbesserung derselben zu entwickeln, als theoretische Wissenschaft das Bedingungsgefüge erzieherischen Handelns kontrollierbar zu machen, also Theorie *von* Erziehung zu sein, findet sich auch in der von W. Flitner vorgenommenen Bestimmung der drei Funktionen der geisteswissenschaftlichen Pädagogik wieder. Weil in dieser Bestimmung das *Forschungsinteresse* dieser Konzeption von einem maßgeblichen Vertreter in bündiger Formulierung dargelegt wurde, sei diese Passage hier abschließend vollständig wiedergegeben: »Die wissenschaftliche Pädagogik bleibt immer darauf angewiesen, daß sie den Wertgehalt einer historisch gegebenen Wirklichkeit gewahr wird, und daß sie verdeutlicht, wie pädagogisches Verhalten, Einrichtungen, Ordnungen, Lehren in diesen Sphären der Werterfahrung und Mitentscheidung sich bewegen und betroffen werden. Die Isolierung von Tatbeständen, die man in reiner Tatsachenforschung aufklären möchte, ist immer nur soweit möglich, als die historisch gegebene Entscheidungssituation und die Wertstruktur der Gehalte, die den Tatbeständen zugrunde liegen, als selbstverständlich vorausgesetzt werden können. Ist die Übereinkunft da, so kann die Erörterung über sie ausgeklammert werden. Darüber darf aber nicht vergessen werden, daß die Herbeiführung jener Übereinkunft die vornehmste Aufgabe der wissenschaftlichen Pädagogik ist, und daß darin ihre oberste Funktion in der Öffentlichkeit gründet. Ihre zweite Funktion ist, daß sie dem Pädagogen, der sich an ihr bildet, ein Standortbewußtsein im Kampfgewühl der Zeit gibt, das ihm die Stille der Arbeit ermöglicht; und erst in dritter Reihe steht die unmittelbare technische Hilfe, die in den Schwierigkeiten des Erziehungsgeschäfts, besonders in den problematischen Fällen, geboten werden muß.«[63]

3. *Objektverständnis und Erkenntnisverfahren der geisteswissenschaftlichen Pädagogik*

Das Forschungsinteresse der geisteswissenschaftlichen Pädagogik resultiert nach dem Selbstverständnis dieser Konzeption aus der besonderen Qualität ihres Objektbereiches. Denn ein technisches Erkenntnisinteresse, wie es der an der Naturwissenschaft orientierten empirisch-analytischen »Tatsachenforschung« zukommt, reicht nicht aus – so hatte W. Flitner hervorgehoben –, »in den Kern des Erziehungs- und Bildungsproblems«[64] einzudringen. So wurde für diese Konzeption ein Forschungsinteresse konstitutiv, das sich über deskriptiv-analytische Forschung hinaus um die Aufklärung der der Praxis immanenten Begriffe, Wertgehalte und Sinnstrukturen bemüht.

Es wird nun darzustellen sein, worin sich die besondere Qualität des Objektbereiches in der Interpretation dieser Konzeption zeigt, an welchen Merkmalen, Vergegenständlichungen (Objektivationen), also erfahrbaren Objekten die pädagogische Wissenschaft den Wertgehalt und die Sinnhaftigkeit systematisch gewinnen und ihre Aussagen prüfen kann und schließlich, mit Hilfe welcher Methode (als Erkenntnisverfahren) sie in den »Kern des Erziehungs- und Bildungsproblems« einzudringen vermag.

Die folgende Beschreibung und Charakterisierung der *Erziehungswirklichkeit* als Objektbereich der Pädagogik, von H. Nohl in seiner »Theorie der Bildung« ausgeführt, knüpft zum einen nochmals an die im vorigen Abschnitt verhandelte These von der Vermittlung von Theorie und Praxis in der Konzeption der geisteswissenschaftlichen Pädagogik an, sie gibt zum anderen die wesentlichsten Ansatzpunkte, von denen her Einblicke in das Wie der Objektgewinnung dieser Pädagogik erschlossen werden können. H. Nohl schreibt: »Der wahre Ausgangspunkt für eine allgemeingültige Theorie der Bildung ist die Tatsache der Erziehungswirklichkeit als eines sinnvollen Ganzen. Aus dem Leben erwachsend, aus seinen Bedürfnissen und Idealen, ist sie da als ein Zusammenhang von Leistungen, durch die Geschichte hindurchgehend, sich aufbauend in Einrichtungen, Organen und Gesetzen – zugleich sich besinnend auf ihr Verfahren, ihre Ziele und Mittel, Ideale und Methoden in den Theorien – eine große objektive Wirklichkeit, wie Kunst und Wirtschaft, Recht und Wissenschaft ein relativ selbständiges Kultursystem, unabhängig von den einzelnen Subjekten, die in ihm tätig sind, und von einer eigenen Idee regiert, die in jedem echt erzieherischen Akt wirksam ist und doch wieder nur faßlich wird in ihrer geschichtlichen Entfaltung.«[65]

Erziehungswissenschaft und die von ihr ausgehende Analyse einer bestimmten geschichtlich-gesellschaftlichen Wirklichkeit wird hier als systematisierte »Besinnung« eines »selbständigen Kultursystems« gesehen. Sehr formelhaft ließe sich sagen: Was zum Gegenstand erziehungswissenschaftlicher Forschung wird, resultiert aus Tendenzen, Interessen, Problemen, die, aus der Erziehungswirklichkeit erwachsend, von der Erziehungswissenschaft einer Lösung zugeführt bzw. nähergebracht werden sollen. Als pragmatische Wissenschaft geht sie vom Handeln aus und will für das Handeln Bedeutung erlangen.

Der *Objektbereich* bestimmt sich demnach nicht durch eine äußerliche Segmentierung der gesellschaftlich-geschichtlichen Wirklichkeit, wobei der Mensch in bestimmten Phasen seiner Entwicklung sowie bestimmte Institutionen, Traditionen und Handlungszusammenhänge der Pädagogik zugeteilt werden. Auf einem solchen Wege gelangt man zu so unspezifischen Aussagen wie: Pädagogik, Psychologie, Soziologie und Anthrolologie sind Wissenschaften vom Menschen.[66]

Vielmehr macht das Nohl-Zitat deutlich, daß geisteswissenschaftliche Pädagogik sich selbst als systematisierte und bewußte Artikulation der Probleme eines Sinn- oder Zweckzusammenhanges – eben des »Kultursystems« Erziehung – versteht, so daß sich auch der Objektbereich dieser Pädagogik nicht gleichsam von außen, getrennt von diesem gesellschaftlich-geschichtlichen Prozeß ausmachen läßt. Zum Objekt erziehungswissenschaftlicher Forschung wird damit jener Ausschnitt der Realität, der sich im Reflexionszusammenhang der jeweils aktuellen pädagogischen und bildungspolitischen Diskussion als bedeutsam für die Erziehung erweist. Lehrer, Erzieher, Sozialpädagogen, Politiker und

Wissenschaftler artikulieren in beständiger Diskussion das *Interesse*, von dem her Probleme entdeckt, also Objekte erziehungswissenschaftlicher Forschung konstituiert werden.[67]
In diesem Kommunikationszusammenhang der Praktiker, Politiker und Wissenschaftler findet die »eigene Idee« der Erziehung dann ihre »geschichtliche Entfaltung«. Der Objektbereich der Pädagogik wird als relativ *eigenständiges Teilsystem* der Gesamtgesellschaft gedacht, geleitet von einem spezifischen *Prinzip*, aus dem folgt, »daß Erziehung als Hilfe verstanden [wird], den Anspruch des Kindes und des jungen Menschen auf seine Entfaltungsmöglichkeiten und sein Glück zu erfüllen«[68], orientiert an bestimmten *Zwecken*, der optimalen Entwicklung der je individuellen Möglichkeiten der Heranwachsenden bei gleichzeitiger Erfüllung der gesellschaftlichen Ansprüche an Ausbildung[69], getragen von einer gemeinsamen *Verantwortung* der Praktiker und Theoretiker[70], die sich am »pädagogischen Kriterium« (H. Nohl), in der Verantwortlichkeit der Erzieher für das Subjekt[71] zeigt. Prinzip, Zweck und Verantwortung bestimmen sodann die Einrichtungen, Organe, Gesetze, die Verfahren und Mittel, die Ziele und Inhalte sowie die Theorie dieser Phänomene wesentlich, wenn es sich bei all diesen Phänomenen um eine konsistente Wirklichkeit handeln soll, die insgesamt für Erziehung bedeutsam sein will.
Die geisteswissenschaftliche Pädagogik konzipiert also eine immanente Sinnstruktur des »Kultursystems« Erziehung, die sich »in jedem echt erzieherischen Akt« (H. Nohl) wieder realisiert und konkretisiert, aus deren Analyse folglich auch Kriterien für die verantwortliche Beteiligung der Wissenschaft bei der Lösung praktischer Probleme zu gewinnen sind. Denn: »Der Wahrheitsbegriff der Erziehungswissenschaft schwebt nicht im Sinne der Transzendenz über der Erziehungswirklichkeit, sondern er ist ein ihr immanentes Moment, das erst durch die wissenschaftliche Begriffsbildung entbunden wird.«[72]
Dieser Gegenstandsbereich, der als geschichtliches Phänomen ständig Veränderungen zeigt, setzt sich Zwecke, er produziert Sinn und Bedeutung, ist ein lebendiger Zusammenhang. So jedenfalls erscheint die Erziehungswirklichkeit bei

Nohl und auch E. Weniger, der nach 1945 die Tradition der geisteswissenschaftlichen Pädagogik maßgeblich beeinflußt hat, expliziert diesen Begriff von dem gleichen Grundverständnis her. In der Erziehungswirklichkeit »finden wir ein bestimmtes Tun«[73], die Erziehung, hinter dem sich ein »bestimmtes Verhalten, das dann wieder Ausdruck einer durchgehenden Haltung ist«, verbirgt, diese Haltung wiederum wird »durch ein bestimmtes erzieherisches Ethos geordnet und gerechtfertigt.«[74] »Ihr Ziel aber ist, den Zögling mehr und mehr zu eigener Entscheidung in eigener Verantwortung fähig zu machen und zu bevollmächtigen.«[75]
Geisteswissenschaftliche Pädagogik hat also zur Voraussetzung eine auf Mündigkeit, Freiheit, Subjektivität und volle Menschlichkeit ausgerichtete Praxis, der bei allen Abweichungen von diesen Zielen im Grundsatz diese Orientierung unterstellt wird. In diesen Zwecken finde das Kultursystem Erziehung seine historische Bestimmung. Pädagogische Wissenschaft, unmittelbar Funktion dieser Praxis, ist folglich inhaltlich daran orientiert, die Formen, das Wesen, die Modifikationen pädagogischer Verhaltensweisen zu erkennen, die am »reinsten« den autonomen Anspruch des eigenständigen Kultursystems Erziehung zur Geltung bringen. Dieser derart zweckgerichtete gesellschaftlich-historische Zusammenhang wird der pädagogischen Forschung durch seine *Objektivationen* zugänglich. Nohl weist auf die »Einrichtungen, Organe und Gesetze ... Verfahren, Ziele und Mittel, Ideale und Methoden«[76] hin. Durch diese erfahrbaren, prüfbaren, interpretierbaren Phänomene ist der theoretische Zugriff möglich, so daß Pädagogik »diese vorgegebene Wirklichkeit deutend zum Verständnis bringen« kann, wie O. F. Bollnow formuliert.[77]
Als konkrete *Quellen der Erkenntnis* haben sich in der geisteswissenschaftlichen Pädagogik schließlich zwei Arten von Objektivationen als bevorzugte Phänomene erwiesen.
Zum einen dienten Texte der verschiedensten Gattungen – Schulgesetze, Schulordnungen, Schulpläne und -programme, didaktische Studien, Lehrpläne und -bücher, methodische Handbücher, pädagogische Ratgeberliteratur für Eltern und Berufserzieher, Erfahrungsberichte aus der Praxis und pädagogische Reflexionen und Theorien als Quel-

len, andererseits spielten »die eigenen pädagogischen Erfahrungen und die persönlichen Beobachtungen der Forscher über pädagogisch relevante Sachverhalte«[78] gerade in der Zeit der ersten pädagogischen Theorieentwürfe eine nicht zu unterschätzende Rolle. Insbesondere die Texte wurden als Repräsentation der Bedeutungs- und Zweckzusammenhänge der Kultursysteme betrachtet. In ihnen artikuliert sich, so lautet die These der geisteswissenschaftlichen Pädagogik, welches Problembewußtsein eine Epoche, ein Volk, eine soziale Klasse von seiner Erziehung entfaltet hat, in ihnen lassen sich die zeitgeschichtlichen Bedingungen der Zwecke, Inhalte und Verfahren der Erziehung entdecken, sie enthalten erste theoretische Reflexionen. »Pädagogik als Wissenschaft im Sinne der geisteswissenschaftlichen Pädagogik ging von diesen in der Praxis bzw. in vorwissenschaftlichen Erziehungslehren enthaltenen Theorieansätzen aus; sie verstand sich als methodisch konsequentes Weiterdenken dieser Ansätze und zugleich als ihre Kritik.«[79]
Da diese Quellen Objektivationen eines der Theorie vorgegebenen gesellschaftlich-historischen Zweckzusammenhanges sind, in dem sich – wie ja schon mehrfach dargestellt – ein immanenter Sinn, das Wesen der Erziehung, Maßstäbe für ein richtiges pädagogisches Verhalten entdecken lassen, erfolgt die Auseinandersetzung mit den Texten nicht aus einem antiquarischen Interesse. Die *Hermeneutik*, die sinnverstehende Auslegung »dauernd fixierter Lebensäußerungen« (DILTHEY), würde sich dann auf die Entdeckung, Formulierung und Interpretation des je individuellen Sinnes solcher Texte beschränken. Doch BOLLNOW betont ausdrücklich: »Auch die Pädagogik hat es mit solchen Aufgaben zu tun, insofern sie die Texte der großen Klassiker auszulegen unternimmt. Schon insofern bedient sie sich des hermeneutischen Verfahrens. Aber das ist nicht ihre erste und eigenste Aufgabe ...«[80] Und von der gleichen Programmatik her weist auch W. FLITNER für die geisteswissenschaftliche Pädagogik diesen gleichsam engen, am SCHLEIERMACHERschen Verständnis[81] orientierten Hermeneutik-Begriff zurück: »›Hermeneutik‹ ist hier nicht in dem gewöhnlichen Sinn des Verdolmetschens, des Verstehens sprachlicher Dokumente gemeint, sondern in übertragenem Sinne als

Auslegung des gelebten Lebens, als Selbstvergewisserung des konkreten Denkens, das sich über seine Situation und deren Normierung aufklärt.«[82] Geisteswissenschaftliche Pädagogik sieht sich selbst in der Verantwortung für die Praxis, sie nimmt – so lautet ihr Programm – die konkreten Probleme dieser Praxis auf und versteht Theorie als Hilfe für eine aufgeklärtere, bewußtere und somit verbesserungsfähigere Praxis. Die Objektivationen nun werden unter diesem Gesichtspunkt zum Gegenstand der Hermeneutik, denn – so hatte ja BOLLNOW betont – aus der sinnverstehenden Analyse des Zweckzusammenhanges Erziehung sollen Maßstäbe für die Kritik der jeweils aktuellen Praxis gewonnen werden.[83] Und FLITNER meint im obigen Zitat eben dies, wenn er Hermeneutik als Reflexion des konkreten Denkens auf seine Bedingungen, seine Traditionen, Werte und Interessen versteht.

Die Auslegung der Objektivationen, der Texte, in denen sich das Nachdenken über Erziehung manifestiert, erfolgt demnach – ganz in Entsprechung zum Verständnis der Erziehung als einem eigenständigen und zweckgerichteten Kulturzusammenhang – in der Absicht, aus jenen Objektivationen Einblicke in »echte erzieherische Akte«, das »Wesen der Bildung« usw. zu gewinnen.

Die *Hermeneutik* wird damit auf Grund des Forschungsinteresses und des Objektverständnisses zum zentralen Erkenntnisverfahren der geisteswissenschaftlichen Pädagogik. Denn wer »in die Kämpfe um eine richtigere Ordnung der Erziehungsverhältnisse verwickelt ist [– und genau dieses Engagement nimmt diese Konzeption für sich in Anspruch, K. Z. –] und sich um eine Übereinkunft über Gehalte und Sinn des Erziehens bemühen muß, dem nützt die Beobachtung des Tatsächlichen als solche wenig; hier stehen die Werte und Sinnstrukturen zur Erörterung; man wünscht Klarheit über den geschichtlichen Standort zu gewinnen, auf dem die Entscheidungen fallen. Dann müssen die Gehalte verstanden werden, und es muß die historische Situation durchleuchtet werden, in der die Ereignisse und Aktionen spielen.«[84]

Wenn diese pragmatische Leistung von der Pädagogik erbracht werden soll, dann muß der »Text«, den es auszulegen, auf seine immanente Sinnstruktur zu befragen gilt, auch dementsprechend weit verstanden werden. »Es sind nicht mehr einzelne Texte oder, allgemeiner, einzelne Werke, sondern es ist ein Wirklichkeitsbereich im ganzen«[85], so folgert BOLLNOW entsprechend. Ihrem Selbstverständnis nach geht also diese Konzeption weit über Textanalyse im Sinne einer Philologie hinaus, ja, ihr »Gegenstand ist insofern universal, als er das gesamte menschliche Leben umfaßt, das kulturelle und gesellschaftliche wie das biographische Geschehen am einzelnen, aber bezogen auf das erzieherische Phänomen.«[86] In diesem Sinne spricht BOLLNOW dann von der »Pädagogik als Hermeneutik der Erziehungswirklichkeit«[87].

Er weist einem solchen »hermeneutischen Ansatz« der Pädagogik *drei grundlegende Funktionen* zu, deren Darstellung wohl die gegenwärtige Programmatik einer geisteswissenschaftlichen Pädagogik am differenziertesten enthält.

Damit die folgende kritische Auseinandersetzung mit dem bisher ja nur dargestellten Konzept dieser Pädagogik möglichst gezielt und zugleich angemessen vorgehen kann, soll BOLLNOWS Konzept zum Zwecke einer weiteren Darstellung der geisteswissenschaftlichen Pädagogik, jetzt speziell ihres grundlegenden *Forschungsverfahrens*, hier kurz referiert werden. Damit wird zugleich weiteres Material für die Prüfung der Frage gewonnen, durch welche Forschungspraxis diese Konzeption die von ihr beanspruchte technische und emanzipative Relevanz zu realisieren beabsichtigt.

Bevor geisteswissenschaftliche Pädagogik die Hermeneutik der Erziehungswirklichkeit, also die sinnverstehende Auslegung der für die Erziehung bedeutsamen Objektivationen überhaupt beginnen kann, muß sie sich die Voraussetzungen dieser Auslegung bewußt machen. Denn gesellschaftlich-geschichtliche Objektivationen sind nur deshalb für das interpretierende Subjekt verstehbar, weil zwischen Objekt und Subjekt eine besondere Art von Gleichheit oder Ähnlichkeit besteht. Diese gilt es näher zu bestimmen.

Wurde diese grundsätzliche Identität von erkennendem Subjekt und erkanntem Objekt bei DILTHEY einerseits durch eine *psychologische* Hypothese – »Erlebnis und Verstehen sind, psychologisch angesehen, immer getrennt. Sie gehören der Region des Selbst und des Anderen. Der eine und der andere Vorgang bleiben immer auseinander, aber zwischen ihnen besteht ein struktureller Zusammenhang, nach welchem das Nacherleben des Fremden nur durch eine Rückbeziehung auf die Erlebnisse der eigenen Person möglich gemacht wird«[88] – andererseits in Anlehnung an die HEGELsche Geschichtsphilosophie durch die Konstruktion eines ahistorischen und *überindividuellen Geistes*, in dem jedoch sowohl verstehendes Subjekt wie zu verstehendes Objekt gründen[89], möglich, so resultiert in BOLLNOWS Konzeption das aller Hermeneutik zugrunde liegende Verständnis, die »Identität« zwischen Subjekt und Objekt, *aus dem Kommunikationsprozeß der Subjekte.*

Bevor diese also über die historischen Bedingungen bestimmter Erscheinungsformen von Erziehung, Schule oder Unterricht reflektieren, benötigen sie »bei ihrer Arbeit schon immer eines gewissen Verständnisses dessen, was Erziehung ist und was die übrigen Phänomene sind, mit denen man sich beschäftigt...«[90] Diese Basis systematischer Hermeneutik – wie BOLLNOW an anderer Stelle schreibt, auch Voraussetzung aller empirischen Forschung – »bringt der Mensch immer in einer durch seine Sprache vermittelten intersubjektiven Weise mit«[91], denn Erziehung, Schule und Unterricht sind durch eigenene Erfahrung, durch den praktischen Umgang, die vortheoretische Reflexion darüber immer schon in ihrer Funktion, ihrem Sinn, ihren Abhängigkeiten grundsätzlich verstehbar und verstanden.

Die *Aufgabe* der geisteswissenschaftlichen Pädagogik wird es deshalb sein, das historisch vermittelte Vorverständnis immer dann aufzuklären, wenn von ihm her sowohl zeitgenössische als auch historische Objektivationen verstanden, systematisiert und in ihrem Bedingungsfeld erklärt werden sollen. Hermeneutik »bedeutet in diesem Zusammenhang nicht mehr Auslegung von Objektivationen, sondern Auslegung des ›Vorverständnisses‹, wie es im täglichen Leben schon immer gegeben ist, Explikation dieses Verständnisses«.[92] Die forschenden Subjekte sollen sich selbst darüber bewußt werden, was sie von den anstehenden Problemen schon immer meinen, wissen, verstanden haben. Das wird auf dreierlei Weise zu erfolgen haben.

Zuerst ist die hermeneutische Aufklärung von BOLLNOW als *Analyse des Sprachgebrauchs* beschrieben, die sich auf die exakte Explikation der Bedeutung zentraler Begriffe konzentriert.
»Sie fragt also etwa: Was ist Begegnung? Was ist Erwekkung? Was meint ihr damit, wenn ihr dies Wort im pädagogischen Zusammenhang verwendet?«[93] Denn in der Sprache tradiert sich in der intersubjektiven Kommunikation eine bestimmte Interpretation, Beurteilung und Verwendung der Begriffe, die keineswegs ins Belieben der Subjekte gestellt sind. »Das in der Sprache enthaltene Verständnis der Welt ist darum die erste unüberspringbare Voraussetzung aller Erkenntnis, und so auch in der Pädagogik.«[94]

Das damit skizzierte Verfahren der Sprachanalyse sei durch einige Hinweise auf konkrete Aufgaben verdeutlicht. Die aktuelle bildungspolitische Diskussion verfügt inzwischen über eine eigene Terminologie. Da ist von »strukturellen« und »inhaltlichen«, von »quantitativen« und »qualitativen« Reformmaßnahmen die Rede, da wird »Bildungsplanung« als »systemorientierte« oder »nachfrageorientierte« oder »ertragsratenorientierte« bemüht, da gibt es einen »Bildungsgesamtplan« und ein »Bildungsbudget«, in denen die Schritte und Kosten für die Realisierung einer »Vorschule« zum Zwecke »kompensatorischer Erziehung«, für die Umwandlung des »versäulten drei-gliedrigen Schulsystems« in »integrierte Gesamtschulen« und eine »stufenbezogene Lehrerbildung« an »Gesamthochschulen« auf- und ausgewiesen sind, da soll zukünftig in den Schulen und Hochschulen auf der Basis differenzierter »Curricula« in »Neigungs-, Leistungs-, Pflicht- und Wahlkursen« gelernt werden, so daß eine »Individualisierung« und generelle »Optimierung« des Lernens erreicht werden kann. Hinter jedem dieser Begriffe verbergen sich bestimmte Inhalte, Sinn- und Bedeutungselemente, die sich bei ihrer Verwendung in der Kommunikation der Politiker oder pädagogischen Praktiker als klärend, verwirrend, zutreffend oder marginal erweisen können.
Hier kann erziehungswissenschaftliche Sprachanalyse die möglichst eindeutige Verwendung der Begriffe dadurch

befördern, daß sie auf der Basis der oben von BOLLNOW zitierten Ausgangsfragen Aufklärung über die aktuelle Verwendung der Begriffe, ihre geschichtliche Herkunft, eventuell durchgemachte Bedeutungsveränderungen und die zugrunde liegenden politischen, gesellschaftlichen und ideengeschichtlichen Anstöße beibringt.

Diese Analyse kann Aufschluß über die Entstehung und ursprüngliche Verwendung eines Begriffs in einer bestimmten gesellschaftspolitischen Situation erbringen, kann zeigen, welche unterschiedlichen anthropologischen, gesellschafts-politischen und ökonomischen Konzeptionen sich beispielsweise in der bekannten Unterscheidung von »additiver« und »integrierter« Gesamtschule verbergen.

Von derartigen Analysen wird dann Einsicht in historische Prozesse möglich, denn die Entstehung von Begriffen, ihre inhaltliche Verwendung, die Bedeutungsveränderungen und schließlich auch ihr Verschwinden geben Auskunft über konkrete gesellschaftliche Phänomene.[95]

Mit dieser Ausweitung der Sprachanalyse zur Interpretation geschichtlicher Prozesse wird bereits die zweite Funktion einer hermeneutischen Pädagogik in der Konzeption BOLLNOWS angesprochen.

Die Sprache wird Mittel der *Phänomenologie*, und »so entwickelt sich aus der Analyse des Sprachgebrauchs die phänomenologische Beschreibung der Sache« als ein »Sichtbarmachen der pädagogischen Grundphänomene«.[96]

Schließlich soll diese phänomenologische Beschreibung als dritte Funktion einer hermeneutischen Grundlegung pädagogischer Forschung – sowohl der Textanalyse als auch empirischer Untersuchungen – »zur scharfen Herausarbeitung der allgemeinen begrifflichen Strukturen führen, mit denen die einzelnen pädagogischen Phänomene angemessen erfaßt werden können«.[97]

Damit wird Pädagogik aufgefordert, eine ihrem Objektbereich angemessene, in der Kommunikation der beteiligten Theoretiker und Praktiker eindeutig verwendbare und in sich widerspruchsfreie bzw. konsistente wissenschaftliche Begriffssprache zu entwickeln.

»Wir bezeichnen diese allgemeinen begrifflichen Formen, mit denen wir eine Erscheinung fassen, mit einem alten

Begriff der Philosophie als Kategorie und können darum die hier bezeichnete Aufgabe mit Nicolai Hartmann als die einer kategorialen Analyse bezeichnen.«[98]

Diese Skizze verdeutlicht die fundamentalen Funktionen einer Hermeneutik des Vorverständnisses, einer »Grundlegung der Pädagogik durch die Herausarbeitung der sie leitenden Grundbegriffe und der fundamentalen Strukturzusammenhänge«.[99]

Sie ist nach BOLLNOW einerseits die unabweisbare Voraussetzung jeder einzelwissenschaftlichen Forschung, wird andererseits jedoch ständig durch diese zu einer permanenten Fortführung ihrer Reflexionen genötigt. Die Grundlegung im skizzierten Sinne ist von BOLLNOW folglich nicht als apriorische Erkenntnis normativ verwertbarer Wesenheiten verstanden, so, also könnte sie Erziehung als endgültig faßbare Kategorie umschreiben. Im Gegenteil, BOLLNOW betont: »Die angeblich rein apriorische Grundlegung, das Ergebnis der hermeneutischen Besinnung ist vielmehr abhängig von den immer neu auf sie einstürmenden empirischen Ergebnisse, entzündet sich an ihnen und bleibt so in einer beständigen fruchtbaren Bewegung.«[100]

Und noch ein weiteres Merkmal dieser Konzeption verdient Beachtung. Die hermeneutische Reflexion basiert auf einem historischen Interesse, hat ein historisches Wissen – das tradierte Vorverständnis – zum Objekt und wird durch neue Erkenntnisse über die Zusammenhänge in der geschichtlich-gesellschaftlichen Realität vorangetrieben. Hermeneutik im vorliegenden Verständnis verfolgt demnach die Aufklärung bereits vorhandener Phänomene, die sich in den produktiven Handlungszusammenhängen der Gesellschaft, so auch im Erziehungssystem entwickeln. Sie selbst kann und soll demnach nichts Neues hervorbringen[101], sondern wird als unabschließbarer Reflexionsprozeß zur Klärung und Korrektur der fundamentalen Interessen, Begriffe, Orientierungen und Funktionen der Pädagogik verstanden. Sie ist die Grundlage verständiger Kommunikation in der Wissenschaft und Praxis, sie klärt den historischen Hintergrund der zentralen Begriffe und ihre jeweils aktuelle Bedeutung, sie versucht, die fundamentalen Strukturzusammenhänge zu beschreiben und deutend zu vermitteln.

Dabei geht es zentral um die permanente Revision des gegebenen Vorverständnisses, wie sie durch die Ergebnisse historischer und empirisch-analytischer Forschungen nötig wird. Von daher kann BOLLNOW dann auch das Verhältnis von Hermeneutik und empirischer pädagogischer Forschung bestimmen. »Nur in diesem Zusammenhang einer deutenden Aneignung hereinbrechender neuer Tatsachen ist das Verhältnis von philosophischer oder hermeneutischer Pädagogik und empirischer pädagogischer Forschung richtig zu begreifen. Die verstehende Pädagogik muß durch die empirische Forschung ergänzt werden, ja mehr: sie braucht sie als ihr Gegenstück und kann sich überhaupt nur in der Auseinandersetzung mit ihr entfalten. Ohne sie verläuft sie im Kreise.«[102]

4. *Reflexion auf die äußere Relevanz: Mängel und Möglichkeiten der geisteswissenschaftlichen Pädagogik*

War bei DILTHEY noch ausdrücklich von der erfahrungswissenschaftlichen Forschung der Pädagogik die Rede, etwa wenn er gleichsam zur Empirie bestimmter Mikrostrukturen der Erziehungswirklichkeit auffordert, indem er dem historisch-systematisch-vergleichenden »ersten Teil« seiner Konzeption einen »zweiten Teil« zuordnet, der »die analytische Darstellung der einzelnen Vorgänge, welche in der Erziehung ineinandergreifen«[103] vornehmen soll, so hat sich in der Tradition der sogenannten geisteswissenschaftlichen Pädagogik deren Forschungsinteresse und Forschungspraxis im wesentlichsten auf Hermeneutik – sowohl als Kritik und Auslegung der Erziehungswirklichkeit, als auch im Sinne einer sinnverstehenden Interpretation einzelner Texte – konzentriert. Ja, FLITNER und BOLLNOW betonen zwar einerseits die Dringlichkeit und Notwendigkeit empirischer Forschung, sie weisen ihr andererseits jedoch einen Platz gleichsam außerhalb des Systems einer geisteswissenschaftlichen Pädagogik zu.
BOLLNOW spricht von zwei »Richtungen« der Pädagogik[104], so daß erfahrungswissenschaftliche Forschung selbst offen-

sichtlich nicht Aufgabe der geisteswissenschaftlichen Pädagogik ist. Auch die oben referierte Absetzung W. FLITNERS von einem empirisch-analytischen Wissenschaftsbegriff verweist auf die strikte Trennung der geisteswissenschaftlichen oder hermeneutischen Pädagogik von Empirie und deskriptiv-analytischer Theorie. Im Zentrum der geisteswissenschaftlichen Pädagogik steht offensichtlich die hier in Anlehnung an BOLLNOW skizzierte Hermeneutik der Erziehungswirklichkeit, die analog auch bei W. FLITNER[105], bei H. RÖHRS[106] und E. WENIGER[107] konzipiert ist.

Bei aller Anerkennung erfahrungswissenschaftlicher Erkenntnis zeigt die Reflexion auf den Sinn, das Wesen der Erziehung, die sich insonderheit an den schriftlichen Objektivationen erkennen lassen, das eigentliche Forschungsinteresse dieser Konzeption.

Ausgehend von dem postulierten Praxisbezug und der Übernahme von konkreter Verantwortung durch die Theorie, läßt sich dennoch erst einmal *resümieren.*

Technisch relevante Aussagen stehen nicht im unmittelbaren Interesse dieser Konzeption. Vielmehr will geisteswissenschaftliche Pädagogik emanzipative Relevanz erlangen, um die vielfach beanspruchte Bedeutung der Theorie für die Aufklärung und Verbesserung der Praxis realisieren zu können.

Dabei wird deutlich: Praxis soll hier nicht zuerst technisch verbessert werden, sondern durch Explikation ihrer sinnhaften Strukturen, ihrer Wertgehalte und Normen im Hinblick auf die eigenen Möglichkeiten verändert werden.

H. RÖHRS weist einer diesem Forschungsinteresse verpflichteten Erziehungswissenschaft eine beachtliche *gesellschaftspolitische Funktion* zu, denn er stellt in den »Schlußbetrachtungen« seiner »Allgemeinen Erziehungswissenschaft« immerhin fest: »Die Erziehungswissenschaft hat sich gegenwärtig zu einer wichtigen wissenschaftlichen Instanz zur Gestaltung und Kontrolle aller Lebensbereiche in der modernen Gesellschaft entfaltet. Sie kann daher als einer der bedeutendsten Garanten für die Humanisierung des Lebens in allen Bereichen unter wissenschaftlicher Verantwortung betrachtet werden.«[108]

Dem stehen freilich äußerst kritische Beurteilungen der gei-

steswissenschaftlichen Tradition in der Pädagogik gegenüber, die es erforderlich machen, den Anspruch auf **äußere Relevanz** dieser Konzeption nochmals zu reflektieren.
Die Bedeutung einer sowohl technisch als auch emanzipativ relevanten Erziehungswissenschaft für die aktuelle Bildungspolitik ist (hoffentlich) hinlänglich aufgezeigt worden. Der Anspruch der geisteswissenschaftlichen Pädagogik sollte in den ersten drei Abschnitten dieses Kapitels dargestellt werden.
Ausgehend von der gegenwärtigen Kritik an dieser Konzeption wird nun zu prüfen sein, ob auf Grund des spezifischen Objektverständnisses und Forschungsinteresses die beanspruchte Relevanz konkret einlösbar ist.
Die *Kritik* der geisteswissenschaftlichen Pädagogik zielt im wesentlichen auf folgende Merkmale bzw. Qualitäten dieser Konzeption:
auf ihren **Begriff von Erziehung** als einer gesellschaftlich-geschichtlichen Realität, also ihr Objektverständnis, auf den – ebenfalls zum Objektverständnis gehörenden – Begriff von Gesellschaft, ohne den Erziehung als gesellschaftliches Ereignis nicht beschreibbar, erklärbar und verstehbar ist,
auf das konkrete **Forschungsinteresse,** das sich an ihrer Forschungspraxis erweisen läßt und
schließlich auf die Bedeutung dieser Pädagogik für die Verbesserung der Erziehungspraxis, die Humanisierung der Gesellschaft und die Freiheit und Mündigkeit der Subjekte – und zwar der Masse der Subjekte –.
Diese Aspekte hängen alle aufs engste zusammen, so daß in der folgenden Erörterung keine Diskussion in der soeben zum Zweck der Darstellung verwandten Reihung erfolgen kann.
I. Dahmer, selbst aus der geisteswissenschaftlichen Tradition der Pädagogik hervorgegangen, spricht in ihrer Diskussion dieser Konzeption mehrere der genannten Ansätze zur Kritik zugleich an: »Angesichts der aus tiefgreifenden gesellschaftlichen Veränderungen und fortschreitender Technisierung resultierenden, drängenden Erziehungsproblemen nimmt sich die herkömmliche Art, in der Pädagogik noch immer ihren Gegenstand traktiert, zweifach unzureichend ja belanglos aus. So ist, während die Öffentlichkeit

sich zunehmend an Erziehungsfragen interessiert zeigt, das Ansehen der Pädagogik nicht gestiegen. Weder hat sie entscheidend dazu beigetragen, das Interesse zu schüren; noch hat sie – obgleich als praxisbezogene Wissenschaft konzipiert – ihre Einflußsphäre ausdehnen können.«[109]

Als Kern der Kritik muß hervorgehoben werden:
Die gesellschaftliche Funktion der Pädagogik, sei es im Sinne einer Aufklärung der Öffentlichkeit über die Möglichkeiten einer reformierten und die Gefahren einer reaktionären und anachronistischen Erziehung, sei es im Sinne einer Entdeckung, Analyse und Lösung konkreter Probleme der Praxis ist offensichtlich unzulänglich.
Dahmers Ausführungen erlauben die Annahme, daß sowohl ein mangelhaftes Bewußtsein von den gesellschaftlichen Realitäten als auch das Fehlen einer auf Erklärung und Veränderung aktueller Probleme ausgerichteter Forschungspraxis dafür verantwortlich zu machen sind.
Diesen zweiten Punkt hebt auch W. Klafki in seiner jüngsten Auseinandersetzung mit der geisteswissenschaftlichen Pädagogik besonders hervor. Im Kontext einer Darstellung und Kritik der Quellen und Methoden der Erkenntnis dieser Pädagogik muß er feststellen: »Einesteils hat die geisteswissenschaftliche Pädagogik eine bündige Kritik der beliebten Berufung der pädagogischen Praktiker auf ihre ›Erfahrungen‹ und ›Beobachtungen‹ geleistet, indem sie die Abhängigkeit solcher Erfahrungen von Vorentscheidungen, Vorurteilen, spezifischen Situationen, in denen jemand Erfahrungen macht, von der besonderen geschichtlichen Lage usf. aufgewiesen hat [– etwa durch das oben geschilderte Verfahren der Hermeneutik des Vorverständnisses durch O. F. Bollnow, K. Z.]. Wo die gleichen Autoren aber ihre eigenen Beobachtungen pädagogisch relevanter Sachverhalte und Zusammenhänge ins Spiel brachte, da geschah das meistens mit größter Selbstverständlichkeit.«[110] Die Folge war ein eklatanter Mangel an differenzierten Erkenntnissen über Wirkungszusammenhänge in Erziehung, Schule und Unterricht. Die von Dilthey geforderte »analytische Darstellung der einzelnen Vorgänge, welche in der Erziehung ineinandergreifen«, fand nicht statt.

Dazu führte einerseits die beständige Vernachlässigung der empirischen Forschung.
So urteilt I. DAHMER über NOHLS erfahrungswissenschaftliche Menschenkunde[111]: »Sein Entwurf einer pädagogischen Menschen›kunde‹ bedeutet, wie schon die Bezeichnung verrät, eine Regression, zumal Nohl ein fragwürdiges Destillationsprinzip anwandte: von der Arbeit der naturwissenschaftlichen Psychologie und der Psychoanalyse blieben hauptsächlich die Einsichten – und oft nur Allerweltsweisheiten – übrig, die aus der pädagogischen Überlieferung und der in ihr rezipierten Philosophie längst bekannt waren.«[112]
Andererseits – und dieser Gesichtspunkt ist wohl für den ersten Grund wiederum ursächlich – konnte aus dem spezifischen Objektverständnis dieser Konzeption heraus einzelwissenschaftliche Analyse kaum motiviert werden. Denn die gesellschaftlich-geschichtliche Entwicklung der Erziehung, reflektiert in ihren Objektivationen, sollte zum Zwecke der Anlayse des »Wertgehaltes«, der »Wesenserkenntnis«, der »Maßstäbe« für »den wahren pädagogischen Akt« zum Gegenstand pädagogischer Forschung werden.
Von daher degeneriert die konkrete gesellschaftliche Praxis von Erziehung zum Ausdruck des umfassenden Zweckzusammenhanges eines Kultursystems Erziehung, das als integriertes Glied des Organismus Gesellschaft funktioniert.
Es wird als wesentlicher erachtet, durch die Auslegung der klassischen Texte den hinter aller konkreten Praxis angenommenen Wesenheiten und Zweckzusammenhängen näher zu kommen.
Das aber hat zur Folge:
Zwischen dem neuerdings von BOLLNOW wiederum vorgestellten Konzept einer umfassenden Hermeneutik der Erziehungswirklichkeit – wobei er hier einen schon bei NOHL geäußerten Gedanken aufnimmt[113] – und der konkreten Forschungspraxis klafft eine große Lücke. KLAFKI spricht von einer »Blickverengung«, die dazu geführt hat, daß »die auf die wissenschaftlichen Erkenntnisverfahren gerichteten Überlegungen der geisteswissenschaftlichen Pädagogik vorwiegend auf die Verfahren der Textauslegung, auf *historisch-hermeneutische* Arbeitsweisen, die auf die Ermittlung des Sinnes von Texten, auf ihre Entstehungssituation und

ihre geistesgeschichtlichen Voraussetzungen und Nachwirkungen gerichtet sind.«[114]
Doch nicht einmal diese Reduktion der Forschung beschreibt die schmale Basis, auf der geisteswissenschaftlichen Pädagogik realiter ihre Aussagen stützen kann, angemessen. Die Entstehungssituation von Texten umfassend und kritisch im Hinblick auf die ökonomischen, gesellschaftspolitischen und sozialen Gegebenheiten aufgeklärt, hätte zweifellos eine Fülle systematischer Erkenntnisse erbracht, die insonderheit die emanzipative Relevanz dieser Konzeption beeinflußt hätte. So aber muß W. KLAFKI in Form einiger grundlegender Fragen auf eine noch weitergehende Reduktion der geisteswissenschaftlichen Forschungspraxis aufmerksam machen: »Allerdings muß man heute fragen, ob die eben erwähnte Analyse der Bedingungen, unter denen bestimmte Texte – z. B. Pestalozzis oder der sogenannten Reformpädagogen im ersten Drittel unseres Jahrhunderts – zustande kamen, wirksam wurden oder unwirksam blieben, von der geisteswissenschaftlichen Pädagogik *wirklich* immer gründlich und konsequent genug durchgeführt worden ist. Warum wurden so häufig die wirtschaftlichen, sozialen und politischen Verhältnisse der jeweiligen Zeit vernachlässigt, selbst wenn sie von zeitgenössischen Pädagogen erwähnt wurden? Worin lagen die Ursachen für die Beschränkung der geisteswissenschaftlichen Pädagogik auf Theoriegeschichte und Geistesgeschichte?«[115]
Diese von KLAFKI nicht weiter verfolgte Problematik kann nach den hier vorliegenden Einsichten allein von dem spezifischen Objektverständnis her gelöst werden, das sich damit immer wieder als zentraler Punkt für die Diskussion einer wissenschaftlichen Konzeption erweist. Wenn Gesellschaft, Staat und Herschaftsverhältnisse als Gegenstände aber nur soweit in den Blick kommen, wie sie in der tradierten Literatur, der subjektiven Erfahrung der Pädagogen und deren – offensichtlich mangelhafter – Kommunikation mit anderen Geisteswissenschaften repräsentiert wird, dann verrät das deutlich die Dominanz philosophischer Spekulation gegenüber der postulierten Hermeneutik der Erziehungswirklichkeit. Die hypostasierte Werthaftigkeit der vor aller Theorie

praktizierten Erziehung, die Annahme einer immanenten Teleologie, die Theorie durch die Fortsetzung der aus dem Handeln entspringenden Reflexion aufzudecken vermag, haben die konkreten Subjekte, die Bedingungen für die Erziehungspraxis als unwesentliche, den Blick auf das Eigentliche bloß verstellende Einzelheiten disqualifiziert.
Doch hier muß wohl eingewandt werden, daß von einer solchen fundamentalen oder kategorialen Analyse der geschichtlichen Realität und durch die Interpretation der klassischen pädagogischen Texte Maßstäbe gewonnen werden sollten, von denen her die Verbesserung der konkreten Praxis möglich würde. Erziehungspraxis sollte so vor den deformierenden Zugriffen der am Eigeninteresse orientierten gesellschaftlichen Mächte bewahrt werden. Und hatte nicht H. Nohl ein »pädagogisches Kriterium« expliziert, von dem her die Pädagogik eine Stellvertreter-Rolle für die Emanzipation und das Recht der Heranwachsenden einnehmen sollte. In der Fortführung emanzipatorischer Konzeptionen bei Rousseau, Condorcet, Schleiermacher u. a. postuliert Nohl eine neue »Grundeinstellung« der Pädagogik. »Die Grundeinstellung der neuen Pädagogik ist entscheidend dadurch charakterisiert, daß sie ihren Ausgangspunkt unbedingt im Zögling hat, das heißt, daß sie sich nicht als Vollzugsbeamter irgendwelcher objektiven Mächte dem Zögling gegenüber fühlt, ... sondern ... daß sie ihr Ziel zunächst in dem Subjekt und seiner körperlich-geistigen Entfaltung sieht.«[116]
Die Intention ist fraglos auf Emanzipation gerichtet, doch weder Objektverständnis noch Forschungsinteresse entsprechen dieser Intention. Denn wenn die geisteswissenschaftliche Pädagogik primär das Interesse der heranwachsenden Subjekte verfolgen wollte, dann hätte sie die gesellschaftlichen Verhältnisse, die ökonomischen Zwänge, die physische und psychische Not, die Unzulänglichkeit der Schulen ständig aufdecken und anprangern müssen. Nicht Geschichte als Objektivation des »Geistes«, als prästabilierte Harmonie eines umfassenden Zweckzusammenhanges stünde dann im Zentrum ihres Interesses, sondern erfahrungswissenschaftliche und kritische Analyse konkreter historischer Zustände.
Deshalb kann K. Mollenhauer auch mit Recht über den

beanspruchten emanzipativen Impetus und das zugrunde liegende Konzept einer autonomen, am Wohle des Kindes orientierten Pädagogik urteilen: »Es war keine genaue Interpretation, zu sagen, die praktische Absicht jenes Gedankens habe sich kritisch gegen gesellschaftliche Bedingungen, Interessen und Herrschaftsansprüche gerichtet. Eine solche Kritik, deren begründende Voraussetzung ja eine detaillierte Analyse der gesellschaftlichen Implikationen des Erziehungssystems hätte sein müssen, lag nicht im wissenschaftlichen Interesse Litts, Nohls, Sprangers, Flitners und Wenigers.«[117]

Indem sie an a-historischer Wesenserkenntnis orientiert waren, degeneriert auch das konkrete Subjekt zum Objekt überzeitlicher Mächte, das sich dem Wertgehalt einer Epoche, den naturgegebenen Herrschaftsverhältnissen, dem Staat und der Religion als den Objektivationen des geschichtlichen Zweckzusammenhanges fügen muß. Denn Nohl hatte ja ausdrücklich formuliert, »zunächst« gelte das Ziel der Pädagogik dem Kinde, dann aber soll es hineingenommen werden in die großen Gemeinschaften, die Klassen und Stände des großen gesellschaftlichen Organismus, in dem für die Pädagogik eines Nohl und Spranger Konflikte, Unterdrückung, Privilegien und Interessen unbekannte Phänomene sind. Kinder und Jugendliche werden dementsprechend nicht als »Funktionen« bestimmter gesellschaftlicher Zustände, materieller Bedingungen und sozio-kultureller Erziehungspraktiken zum Thema, es wird nicht gefragt, warum jene Kinder Gymnasien und Hochschulen besuchen, andere dazu nie oder höchst selten befähigt sind, warum Jugendkriminalität und bestimmte sozio-ökonomische Faktoren in deutlicher zeitlicher Parallelität beobachtbar sind, vielmehr interessieren Kinder und Jugendliche als Objektivationen einer seelischen Grundstruktur des Lebens, durch deren »Entfaltung« die Pädagogik im Dienste des umfassenden Zweckzusammenhanges »die von Generation zu Generation regelmäßig einsetzende Objektivierung immer wieder in der neuen Jugend auf«[118] [-heben] kann.

Diese Einwendungen beziehen sich zweifellos auf eine frühere Phase der geisteswissenschaftlichen Pädagogik. Aber auch Bollnows 1969 publizierte Gedanken zur Grundlegung einer Pädagogik auf der Basis einer Hermeneutik des Verständnisses zeigen eine nicht zu verkennende Abstinenz von allen gesellschaftstheoretischen, politischen und ökonomischen Bezügen. Deshalb bleiben die »Aufgaben der theoretischen Grundlegung«[119] auch von einer bemerkenswerten Allgemeinheit.

Was ist von einer Pädagogik nun konkret zu erwarten, die »uns die Bedeutung der betreffenden Phänomene«[120] erkennen läßt, die »uns auf Aufgaben und Möglichkeiten erzieherischen Handelns aufmerksam«[121] macht, so daß der Praktiker das »Richtige« tun kann und Fehler vermeidet? Eine derartige Aufgabenbeschreibung wird doch wohl nur im Kontext weiterer Bezüge sinnvoll. Und genau diese Einsicht muß auch der gegenwärtigen Ausprägung der geisteswissenschaftlichen Pädagogik gegenüber Skepsis hervorrufen. Wird nicht von Bollnow an den hypostasierten Wertgehalten der vorgegebenen Praxis festgehalten, wenn er in Anlehnung an die berühmte Diltheysche Formulierung von der Pädagogik behauptet, sie könne aus der Analyse der faktischen Erziehungswirklichkeit, also des Seins, Normen für die Einrichtung einer verbesserten Erziehung, also ein Sollen gewinnen?[122] Wenn der historische Bedingungszusammenhang weiterhin zentral als sinnvoller Zweckzusammenhang mystifiziert wird, und wenn es zugleich unterbleibt, die konkreten Abhängigkeiten, in denen sich Erziehung, Schule und Bildungspolitik ereignen, zu analysieren, dann folgt die »richtige« Pädagogik weiterhin den herrschenden Gruppen der Gesellschaft, die durch ein vielfältiges System von Einflußkanälen die Wirklichkeit, auch die Erziehungswirklichkeit, nach ihren Maßstäben einrichten. Solange Pädagogik vorgibt, sie sei im Hinblick auf ihre kritischen Sonden von den Maximen der Praxis abhängig, bleibt der Verdacht bestehen, daß gesellschaftliche Praxis – in ihr der erzieherische und bildungspolitische Handlungszusammenhang – weiterhin als Ausdruck einer immanenten Teleologie verstanden wird, die letztlich auf Harmonie, auf ein organisches Ganzes angelegt ist.

Dieser Verdacht verstärkt sich durch eine neuerliche Reflexion Bollnows zur »Werthaltigkeit« der vorfindbaren Wirklichkeit. In Auseinandersetzung mit dem Konzept einer analytischen Moralphilosophie, als deren zentrale Aufgabe »die kritische Überprüfung von Begründungszusammenhängen in der ethischen Argumentation, die kritische Würdigung moralischer Prinzipien und die Kritik der vorherrschenden ethischen Systeme und der herrschenden Moral anzusehen«[123] ist, stellt BOLLNOW den Anspruch der geisteswissenschaftlichen Pädagogik, sie könne Maßstäbe und Ziele für erzieherisches Handeln formulieren, erneut heraus. Sieht sich eine an den Standards der analytischen Philosophie orientierte Erziehungswissenschaft also lediglich zur Beschreibung, formal-logischen Prüfung und geistes- sowie realgeschichtlichen Aufklärung der Bedingungen bestimmter Maßstäbe und Ziele in der Lage, so vermag hermeneutische (geisteswissenschaftliche) Pädagogik in der Konzeption BOLLNOWS aus »eigenen Mitteln wenigstens gewisse [!] Ziele für das erzieherische Handeln«[124] zu ermitteln. Voraussetzung dieser Leistung ist »eine Form von Wertungen..., die wir nicht setzen, sondern die wir in unserer Welt schon immer als etwas Gegebenes vorfinden. Unsere Welt und unser Leben sind schon immer als immanent sinnhaft und wertvoll verstanden«.[125]

Indem Pädagogik diese Wertungen im Kontext der Erziehungswirklichkeit bewußt macht, sobald sie zeigen kann, an welchen Normen, Maßstäben und Zielen der »echte erzieherische Akt« – so ließe sich in Anlehnung an H. NOHL formulieren – orientiert ist, »geht von ihnen eine eigene Überzeugungskraft, eine Art von Evidenz aus, der sich niemand entziehen kann, und diese wirkt sich dann in der weiteren Zielsetzung und Normgebung für das erzieherische Handeln aus«.[126]

Wertungen determinieren das Verständnis der Gesellschaft, des Staates, seiner Wirtschaft und der Erziehung in ihren verschiedensten institutionellen Zusammenhängen zweifellos. Auch die Fragestellungen der Wissenschaften und das Problembewußtsein der Politik sind abhängig von Wertbezügen. Insofern greift BOLLNOW auf Einsichten zurück, die zumindest seit M. WEBERS Analysen des Werturteilsproblems als gesichert gelten können.[127]

Problematisch – und für die emanzipative Relevanz der Pädagogik folgenreich – dürfte es allerdings sein, den auf-

weisbaren Wertungen »Evidenz« und »Überzeugungskraft« zuzusprechen, ihre Entstehung, Inhaltlichkeit und faktische gesellschaftliche Wirksamkeit nicht zu hinterfragen, sie also offensichtlich wiederum als Objektivation eines überzeitlichen Geistes, der in der realen Geschichte waltet, zu hypostasieren. Angesichts der vielfältigen Kritik an dieser Konzeption, existieren große Hemmnisse, dieses Verständnis der BOLLNOWschen Pädagogik zu unterstellen. Es fehlen jedoch Ansatzpunkte, die auf ein angemessenes gesellschaftstheoretisches Verständnis der Wertungen schließen ließen. BOLLNOW erwähnt mit keinem Wort die *Interessengebundenheit* der sogenannten »Wertgehalte«, er verschweigt den Zusammenhang von *Herrschaft* und *Wert,* den *Klassencharakter* bestimmter Werturteile und Normen und gibt somit vor, unabhängig von allen konkreten ökonomischen, gesellschaftlichen und politischen Zuständen existiere der »Wertgehalt« der Welt oder des Lebens für sich.
Die Evidenz der Werte ist jedoch eine *gesellschaftlich-historisch vermittelte*, die zudem von der sozialen Position des von ihr betroffenen Subjektes, von seiner Sozialisation, seinen sozialen Rollen und seiner ökonomischen und politischen Macht abhängig sind. Dieses Bedingungsgefüge wird schon dann deutlich, wenn man die Konkretion der Werte »Mündigkeit«, »Freiheit«, »Würde des Menschen«, »Humanität«, »soziale Gerechtigkeit« und »Demokratie« versucht. Dabei würden sich in jedem einzelnen Falle zeigen, daß eine weitgehend allgemeine Zustimmung mit fortschreitender Umsetzung der Werte in Verhaltensweisen und Einstellungen, die ihnen kompatibel sind, mehr und mehr *Kontroversen und Konflikten* weichen muß. Eine derartige Konkretion aber hätte Pädagogik zu leisten, wenn sie Ziele für erzieherisches Handeln, Normen für angemessene Methoden, Medien und Inhalte dieses Handelns aufstellen wollte. Anderenfalls bleibt es den jeweils das Erziehungssystem kontrollierenden Gruppen überlassen, pädagogische Leerformeln in ihrem Sinne auszufüllen, womit sich die Pädagogik freilich in die Gefahr politischer Handlangerdienste begibt. Solange die geisteswissenschaftliche Pädagogik nicht die Konzeption einer – als in sich *wert*voll (!), *sinn*voll (!) – erachteten gesellschaftlich-geschichtlichen Realität aufgibt

und an deren Stelle die Erziehungswirklichkeit in der Nüchternheit DILTHEYS, – als Funktion der Gesellschaft nämlich – sehen lernt, solange bleibt ihr Anspruch, für die Emanzipation des Individuums und die Humanisierung der Gesellschaft zu wirken, verbales Bekenntnis ohne wissenschaftspolitische Konsequenz. Es besteht vielmehr die Gefahr, daß die abstrakten und leerformelhaften Aussagen der geisteswissenschaftlichen Pädagogik der konfliktreichen Realität und jedem politischen System gegenüber indifferent bleiben. Diese Gefahr wird auch durch das Postulat einer »autonomen« Pädagogik nicht gebannt, sie erhöht sich vielmehr, wenn das Autonomiestreben der Pädagogik mit Blindheit gegenüber den Verflechtungen von Politik, Wirtschaft, Ideologie und Pädagogik verbunden wird. Das ist zweifellos dann der Fall, wenn – wie K. MOLLENHAUER schreibt – »in der Pädagogik eine Vorstellung manifest wird, in der die Erziehungsphänomene und ihre gesellschaftlichen Bedingungen nach dem Vorbild konfliktfreier intimer Sozialkontakte konstruiert werden.«[128] Genau dazu aber verführt ein organizistisches Objektverständnis, von dem her die Gesellschaft als wertorientiertes Ganzes mystifiziert wird.

Eine Pädagogik, die es unterläßt, sich die gesellschaftliche Vermittlung ihrer Fragestellungen, Wertbezüge und ihrer »einheimischen« Begriffe zu verdeutlichen, ist dem politischen Mißbrauch ausgesetzt.

Der von der geisteswissenschaftlichen Pädagogik der sogenannten »reinen« Tatsachenforschung gegenüber erhobene Vorwurf – »die Pädagogik wird dann zum bloßen Ausführungsorgan, zur bloßen Technologie der Erziehung«[129] (BOLLNOW) – trifft sie in gewisser Weise selbst. Aus Mangel an konkretem Wissen über die Zusammenhänge im Bereich der Erziehung – bewirkt durch die Vernachlässigung erfahrungswissenschaftlicher Forschung – und auf Grund des sterilen Gesellschaftsbegriffes, kann sie in kein Verhältnis zur Bildungspolitik treten, von der her im Sinne der obigen Explikationen technische und emanzipatorische Eingriffe zugleich möglich sind.

Pädagogik wird zum ideologischen Erfüllungsgehilfen politischer Herrschaft, wie sehr dies dem subjektiven Wollen ihrer Vertreter auch immer widersprechen mag.

Wird diese Kritik für die Beurteilung des BOLLNOWschen Konzeptes fruchtbar gemacht, so werden daran vorzunehmende Modifikationen deutlich, die dann die *positiven Möglichkeiten* dieses Ansatzes zeigen.

Da Pädagogik keine apriorische Grundlegung für die Erziehungspraxis leisten kann – wie BOLLNOW ja ausdrücklich betont –, sollte sie auch die durch hermeneutische Analyse zu ermittelnden »Wertgehalte« in ihrer ökonomischen, gesellschaftlichen und politischen Bedingtheit erkennen. Dafür wird es allerdings Voraussetzung sein, daß sich die Pädagogik ihrer *Parteilichkeit* bewußt wird, die sie zumindest seit der bürgerlichen Aufklärungspolitik auf ihre Fahnen geschrieben hat. Denn die von BOLLNOW dargestellte permanente hermeneutische Besinnung wird eben nicht bloß »von den auf sie einstürmenden empirischen Ergebnissen«[130] vorangetrieben, sondern bedarf eines qualitativ eigenständigen Movens, von dem her auch Empirie erst gefragt ist, das empirische Forschung als methodisch exakte Nachprüfung konkreter Zusammenhänge zielgerichtet möglich macht. »Damit wird nun die Erziehungswissenschaft eine öffentliche, politische Angelegenheit. Sie ist kein Selbstzweck, sondern sie hat eine öffentliche Funktion in einer demokratischen Gesellschaft.«[131] Die Hermeneutik der Erziehungswirklichkeit wird dann im Interesse der Subjekte – und zwar aller Subjekte, nicht nur derjenigen einer gerade herrschenden Klasse – »all jene Erziehungsverhältnisse, die die Verdinglichung – die Unterdrückung der Vernunft im Dienste empirischer Heteronomien – weiter betreiben«[132] radikal aufklären. Ihr Movens ist das *Interesse an der Emanzipation* von Individuum und Gesellschaft, denn »Emanzipation bedeutet ja Auflösung eines Herrschafts- oder Abhängigkeitsverhältnisses, Abbau von Fremdbestimmung und wachsende Eigenverfügung des Individuums; sie bedeutet konkret, die Frage nach der gesellschaftlichen Verwendung der schulischen Lernarbeit zu stellen angesichts der Tatsache, daß in allen Schulen Produktionspotential hervorgebracht wird – das heißt, Lernarbeit leistende Schüler heute, Lohnarbeit leistende Bürger morgen«.[133]

5. Zusammenfassung: Thesen

1. Die sogenannte geisteswissenschaftliche Pädagogik, die hier in der Konzeption einiger maßgeblicher Vertreter diskutiert worden ist, versteht sich ihrem Selbstverständnis nach als sowohl technisch wie auch emanzipatorisch relevant für die Reform der Erziehungswirklichkeit. Als »réflexion engageé« (W. FLITNER) weiß sie sich in der Verantwortung für die konkrete Erziehung, somit letztlich auch für die Bildungspolitik.
2. Sie betrachtet die Erziehungswirklichkeit als Teilbereich des gesellschaftlich-geschichtlichen Zusammenhanges, aus dem auch für die Erziehungswissenschaft Anforderungen und Maßstäbe im Hinblick auf die beabsichtigten Eingriffe in das Bildungswesen erwachsen. Die Praxis enthält die Kriterien, an denen sich ihre Veränderung zu orientieren hat, immer schon selbst.
3. Interventionen der Erziehungswissenschaft im Rahmen der Bildungsreform setzen ein Wissen über Ziele, Verfahren und Mittel voraus. Die geisteswissenschaftliche Pädagogik betont deshalb die notwendige Ergänzung von sinnerschließender (hermeneutischer) Forschung und empirischer Sozialforschung. Nur die erste wird nach ihrer Auffassung Antworten auf die inhaltliche Orientierung der Reformen zulassen, also auch der Zielbestimmung und -konkretion der Bildungspolitik dienlich sein, wogegen die zweite Art erziehungswissenschaftlicher Forschung die technische Relevanz sichern soll.
4. Das Interesse der geisteswissenschaftlichen Pädagogik geht von dem Engagement für die Mündigkeit der heranwachsenden Subjekte aus, auch von daher ist der Anspruch auf emanzipative Relevanz immanent begründet. Mit dieser Intention will sich diese Konzeption bewußt in die Tradition des emanzipativen Gedankengutes bei ROUSSEAU, PESTALOZZI, CONDORCET, CAMPE, HUMBOLDT, SÜVERN u. a. stellen.
5. Die geschichtsphilosophische Konzeption eines sinnvollen, an einer immanenten Werthaftigkeit, immanenten Teleologie orientierten gesellschaftlichen Ganzen, die dementsprechenden organizistischen und harmonisierenden

Denkmodelle für gesellschaftliche Zusammenhänge haben Anspruch und Realität geisteswissenschaftlicher Pädagogik auffällig auseinandertreten lassen.

6. Die angeführten Vertreter dieser Konzeption haben trotz ihrer Bezugnahme auf W. DILTHEY, der die Geisteswissenschaften ausdrücklich auch als Erfahrungswissenschaften verstanden wissen wollte und trotz ihrer eigenen Hinweise auf die Notwendigkeit empirischer Forschung, diese praktisch völlig vernachlässigt.

7. In den Mittelpunkt ihres Forschungsinteresses rückten vielmehr die Schriften der pädagogischen Klassiker, die in der Annahme, in diesen Objektivationen des Kultursystems Erziehung seien die immanenten Prinzipien, das Wesen, der Sinn der Erziehung gleichsam in besonders »reiner« Art und Weise reflektiert, eigenständige Forschung im Sinne sozialgeschichtlicher, ideologiekritischer und empirischer Untersuchungen nicht erforderlich machten. Denn bevor Einzelforschung überhaupt beginnen kann, so wird und wurde betont, muß Einblick in das Wesen der Erziehung, der Mündigkeit, des Unterrichts, der Schule, der Strafe, der Autorität usw. gewonnen sein.

8. Theorie wurde von daher zur Reflexion vorliegender Reflexionen. Die systematische und kontrollierte Überprüfung theoretischer Aussagen fand nicht statt. Demzufolge tradierte die geisteswissenschaftliche Pädagogik Meinungen, Urteile und Annahmen, die sich praktisch nie einer exakten Kontrolle unterzogen haben. Die bloße Erfahrung galt als irrelevant für die beabsichtigte Wesensexplikation.

9. Die innovativen Intentionen der geisteswissenschaftlichen Pädagogik hatten deshalb keine konkreten Interventionen zur Folge. Im Gegenteil, die abstrakte, von allen konkreten gesellschaftlichen Ereignissen weitgehend ferne pädagogische Theorie zeigte die Tendenz zur Idealisierung gesellschaftspolitischer Prozesse, die den Mißbrauch der Pädagogik durch jedwede Politik beförderten.

10. Da es diese Konzeption unterlassen hat, zum einen ihre theoretischen Aussagen immer dann, wenn sich diese auf die Erklärung konkreter Prozesse beziehen, auf ihre empirische Gültigkeit hin zu prüfen, zum anderen auch in ihrer hermeneutischen Reflexion so tat, als lasse sich der Sinn der

Objektivationen gleichsam »rein« entnehmen, dabei also nicht berücksichtigte, daß jener Sinn, unser Interesse an ihm und sein Verständnis gesellschaftlich-historisch vermittelt sind, blieb sie sowohl im Hinblick auf ihre technische als auch im Hinblick auf die emanzipative Relevanz ohne die beanspruchte Bedeutung für die Mündigkeit der Subjekte und den Progreß der Gesellschaft im Hinblick auf ein Mehr an Humanität, Demokratie und Freiheit.

11. Die geisteswissenschaftliche Pädagogik stellt im Zusammenhang der Emanzipation der Pädagogik aus der Vorherrschaft von Theologie und dogmatischer Ethik einerseits, von Psychologie als regelgebender Wissenschaft andererseits einen wichtigen Schritt dar. Darin sind Nohl, Flitner und Bollnow wahrscheinlich sogar über den Ansatz bei Dilthey hinausgelangt.

12. Indem sie es jedoch nicht vermag, ihr Erkenntnisinteresse, ihr gesellschaftspolitisches Selbstverständnis und ihre historisch-systematische und erfahrungswissenschaftliche Forschung zu artikulieren bzw. zu praktizieren, so daß Erziehung, Schule und Bildungspolitik als kulturelle, gesellschaftlich und kulturell vermittelte Phänomene in den Blick treten könnten, sich vielmehr geradezu einem objektiven Idealismus verschreibt, indem sie auf Wesenserkenntnisse zielt, die durch die Analyse der Objektivationen eines mit immanenter Zweckhaftigkeit vorgestellten historischen Kontextes zu gewinnen sei, bleibt ihr Erkenntnisstand und somit ihre gesellschaftliche Wirkung gering. Die Emanzipation der Pädagogik von der Ethik und Theologie wird durch die Bindung an jenen objektiven Idealismus verspielt. Schon dadurch jedoch büßt die geisteswissenschaftliche Pädagogik jegliche emanzipatorische Relevanz ein, denn die sogenannte Erziehungswirklichkeit wird als Ausdruck immanenter Wesenheiten als Norm, Maßstab oder Wert an sich akzeptiert. Die pädagogische Analyse soll dieser Wirklichkeit zwar ein Bewußtsein von sich selbst vermitteln, orientiert sich dabei aber an dem Bilde, das diese Wirklichkeit von sich haben will. Die kritische Distanzierung des gesellschaftlich vermittelten Bewußtseins von sich selbst findet nicht statt.

VI. Kritik der äußeren Relevanz der normativen Pädagogik

1. Vorbemerkungen: Pädagogik als philosophische Wissenschaft in der Tradition des Neukantianismus

Die zeitgenössischen Vertreter dieser Konzeption, M. HEITGER, Ordinarius für Pädagogik in Wien, W. FISCHER und J. RUHLOFF in Nürnberg, C. MENZE in Köln und J. DERBOLAV in Bonn, verstehen Pädagogik als philosophische Disziplin, in deren Erkenntnisbemühungen die Frage nach den *Bedingungen der Möglichkeit* für den *gültigen Vollzug der Erziehung* zentral ist.

Insofern darin Konsens besteht, ist es erlaubt, die genannten Pädagogen – in vielen wissenschaftspolitischen, methodologischen und theoretischen Fragen durchaus kontrovers – als Vertreter einer sogenannten normativen Pädagogik anzusprechen.

Norm wird dabei im Sinne einer Aussage zur Bestimmung, Regulierung und Beurteilung erzieherischer Handlungsvollzüge verstanden. Zielt normative Pädagogik auf derartige Sätze, so muß sie um die Erkenntnis von Kriterien bemüht sein, von denen her die Gültigkeit der normierenden Aussagen argumentierbar wird. Es geht folglich nicht um die Deskription und Analyse vorfindbarer Normen in der historischen Realität.

Pädagogik im hier verhandelten Verständnis will selbst Normen formulieren, an denen erzieherisches Handeln seine Berechtigung, seine Angemessenheit in Hinsicht auf die Bedingungen der Möglichkeit des gültigen Vollzuges von Erziehung erkennen kann.

So heißt es bei C. MENZE: »Der Pädagoge [als Praktiker und Wissenschaftler, wie MENZE ausdrücklich schreibt, K. Z.] sieht sich somit gezwungen, seine eigene Norm ... zu rechtfertigen. Er kann sich nicht darauf beschränken, faktisch auftretende Normen zu registrieren und zu analysieren, sondern er hat gerade den Geltungsanspruch dieser Normen zu sichern oder zurückzuweisen ...«[1]

Und auch M. HEITGER macht die Absicht dieser Konzeption deutlich, als philosophische Disziplin letzte Normen für erzieherisches Handeln zu formulieren, von denen her dieses Handeln normierbar, d. h. eben regulierbar, korrigierbar und beurteilbar wird. »Theorie, sofern sie auf Verantwortung hin ist, muß auf letzte Bedingungen gerichtet sein, muß nach Maßstäben fragen, unter denen das Handeln meßbar ist und die seine Gültigkeit begründen. Deshalb verlangt Theorie das Zurückgehen auf jene Ordnungsmomente, die pädagogisch gesehen im Sollen das Handeln regieren.«[2]
Damit wird eine Fragestellung und die zugrunde liegende Konzeption von Pädagogik tradiert, die um die Wende vom 19. zum 20. Jahrhundert die *Neukantianer* J. COHN, P. NATORP, R. HÖNIGSWALD, H. COHEN, E. CASSIRER und – etwas später – A. PETZELT begründet haben. Im Kontext einer verbreiteten KANT-Rezeption ihrer Zeit versuchten sie, auch die Pädagogik als philosophische, d. h. *transzendentalkritische* Disziplin zu konzipieren.
Gemäß dem KANTschen Begriff von transzendental geht es folglich um Erkenntnisse, die als nicht – empirische nach den Erkenntnisarten und ihren Möglichkeiten fragen, also – bezogen auf Pädagogik – um die Voraussetzungen aller Kritik, Theorie oder Normierung pädagogischen Handelns. Bevor Erziehung als empirischer Tatbestand erfaßt werden kann, muß vor aller sinnlichen Erfahrung – übersinnlich – die Möglichkeit dieser sinnlichen Erfahrung selbst erkannt sein. Pädagogik will rein begriffliche Erkenntnisse gewinnen, die – selbst nicht aus der Erfahrung abzuleiten, ihr also logisch vorausgehend – die konkrete Praxis leiten sollen. Bevor über die Strafe, das Lernen oder die Bildung als empirischen Phänomenen gehandelt werden kann, muß das jeweilige *Prinzip*, der *Begriff* einer Sache definiert sein. Prinzipienerkenntnis aber ist philosophische, transzendentale Erkenntnis, denn »Prinzipien erheben ... ihrer Natur nach den Anspruch auf eine dem Wechsel der Fälle überlegene zeitlose Gültigkeit«.[3]
In Entsprechung zu dieser Tradition definiert M. HEITGER die Pädagogik verschiedentlich als »Prinzipienwissenschaft«, W. FISCHER spricht von »philosophisch-wissenschaftlicher Pädagogik«, von einer »Sollenswissenschaft«

und bei C. Menze findet sich die Umschreibung »normativ-empirische Disziplin«.
Die Pädagogik des Neukantianismus und die Vertreter der normativen Pädagogik fanden bzw. finden in der wissenschaftlichen Diskussion relativ wenig Beachtung. So weist J. Ruhloff darauf hin, daß »die beiden marktgerechtesten Geschichten der Pädagogik von Fritz Blättner und Albert Reble... die Neukantianer gar nicht bzw. völlig unzureichend«[4] darstellen, daß die Schriften der Klassiker dieser Konzeption »in nur geringem Maße erschlossen«[5] sind und monographische Darstellungen in spärlicher Anzahl vorliegen.
Für die gegenwärtige Lage dieser Konzeption ist festzustellen, daß sich ihre Diskussion in einer Art innerer Emigration vollzieht, einerseits innerhalb des – ehemals rein katholischen – »Deutschen Instituts für wissenschaftliche Pädagogik« in Münster und den von diesem Institut veranstalteten Symposien, andererseits innerhalb des Organs des Instituts, der »Vierteljahrsschrift für wissenschaftliche Pädagogik«.
Obwohl die Vertreter der normativen Pädagogik mit engagierten Beiträgen in die aktuelle Diskussion der Erziehungswissenschaft immer wieder eingreifen, die Vertreter anderer Konzeptionen von Erziehungswissenschaft zeigen nur sehr vereinzelt Interesse am Gespräch.
Das hätte Anlaß für die Entscheidung sein können, diese Konzeption auch in der vorliegenden Arbeit unberücksichtigt zu lassen.
Aber der Anspruch dieser Pädagogik, »das Leben in der Gültigkeit zu bewältigen«[6], »im Zurückgehen auf letztdefinierte Bedingungen« des erzieherischen Handelns Erkenntnisse zu gewinnen, »damit die Wirklichkeit dem bloßen Zufall, der Flucht bloßer Erscheinungen und der völligen Fremdheit entrissen werde, damit die Praxis einer Ordnung gehorche und damit ihrer höchsten Form zugeführt werde«[7], macht es erforderlich, auch diese Konzeption auf ihre Bedeutung für die Reform des Ausbildungswesens zu befragen. Ist doch angesichts des Selbstverständnisses anzunehmen, die normative Pädagogik könne Erkenntnisse erbringen, die insonderheit die pädagogischen und gesellschaftspolitischen Dimensionen bildungspolitischer Maßnahmen so

korrigieren bzw. steuern, daß Erziehung und Unterricht optimal eingerichtet werden können.
Und noch ein zweiter Gesichtspunkt hat dazu geführt, auch diese Pädagogik auf ihre äußere Relevanz hin zu diskutieren. Im Zusammenhang der Kritik der geisteswissenschaftlichen Pädagogik wurde deutlich, daß der Frage nach Sinn bzw. Bedeutung erziehungswissenschaftlicher Forschung und Theoriebildung gerade im Hinblick auf das Verhältnis von Erziehungswissenschaft und Bildungspolitik immense Bedeutung zukommt. Das Interesse der normativen Pädagogik ist zentral auf die Beantwortung dieser Frage gerichtet. Auch von daher erscheint es angebracht, diese Konzeption in die Untersuchung einzubeziehen.
Die oben angeführten Definitionen der Pädagogik – »Sollenswissenschaft«, »Prinzipienwissenschaft« – weisen auf das besondere Interesse dieser Konzeption bereits hin. Eine Pädagogik, der es um den Aufweis gültiger Prinzipien für Erziehung geht, fragt nach Grundsätzen, Maximen des Handelns, nach »der Idealität möglicher pädagogischer Ideale«[8], ohne deren Erkenntnis eine verantwortbare Erziehungspraxis – also auch Bildungspolitik – nicht möglich sein soll.

2. *Das Forschungsinteresse der normativen Pädagogik: Reflexion auf die Bedingung der Möglichkeit pädagogischer Praxis*

Die Notwendigkeit einer die Praxis leitenden pädagogischen Wissenschaft erwächst aus der besonderen Verantwortung, die sich in jedem erzieherischen Akt zeigt. Der Erzieher, Lehrer oder Politiker nimmt durch sein Verhalten, seine mittelbaren und unmittelbaren Maßnahmen, auf den Prozeß der Personwerdung heranwachsender und lernender Subjekte Einfluß. Die pädagogischen Maßnahmen werden sich nur dann als gültig erweisen – im Sinne von angemessen, pädagogisch vertretbar – wenn sie der »sittlichen Haltung des Ich« (A. Petzelt), der Einheit seiner Persönlichkeit, der »Bildung der Persönlichkeit des Ich« (W. Fischer) dienen.
Weil Erziehung als gesellschaftlicher Vollzug, sowohl im

dialogischen Verhältnis Erzieher-Zögling als auch dort, wo durch organisatorische Interventionen etwa Lernen in Gruppen optimaler möglich werden soll, grundsätzlich an Zielen, Normen und Werten orientiert ist, weil es immer um die zukünftige Existenz von Personen, Subjekten, eines Ich geht, dessen Freiheit als sittliche Person zu gewinnen ist, kann und darf sich Pädagogik nicht mit der Beschreibung und Erklärung dieses Handelns bescheiden.

»In jeder Erziehungswirklichkeit findet sich ... schon immer eine vollzogene Sinngebung des pädagogischen Tuns, und damit enthält sie auch eine wertende Entscheidung ... Wenn das Pädagogische nicht etwa schon mit der bloß biologischen Aufzucht erfüllt ist, kann nicht auf die Frage nach Sinn und ›Wert‹ der Vollzüge verzichtet werden ... Das Auslassen des normativen Moments müßte also die Pädagogik als eigenwertige Fragestellung aufheben, da sie die Erziehungswirklichkeit als eine von anderen unterscheidbaren Kulturleistungen auflöst.«[9] Mit dem hier von HEITGER argumentierten Anlaß, die Erziehungswirklichkeit als Insgesamt aller pädagogischen Akte verlange eine Wissenschaft, von deren Erkenntnissen eine Kritik dieser Akte im Hinblick auf ihre Berechtigung möglich wird, zeigt die normative Pädagogik ein Selbstverständnis, das demjenigen der geisteswissenschaftlichen Pädagogik ähnlich ist. Auch die Vertreter dieser Konzeption weisen ja auf die besonderen Anforderungen, die aus dem Sinnzusammenhang des Kultursystems Erziehung für die Wissenschaft resultieren, immer wieder hin. Beide Konzeptionen sind darin einig, daß Pädagogik als eigenständige Wissenschaft nur dann ihre Berechtigung hat, wenn sie Erziehung und Unterricht in ihren verschiedensten Erscheinungsformen unter dem Aspekt ihrer Gültigkeit, Angemessenheit und Richtigkeit reflektiert und auf der Grundlage ihrer Erkenntnisse deren Verbesserung ermöglicht.

Woher die Maßstäbe der Kritik zu gewinnen sind, welche Rolle die Erfahrung in der Erziehungswirklichkeit dabei spielt, welche Erkenntnisverfahren ein derartiges Wissen um den gültigen Vollzug der Erziehung ermöglichen, in der Beantwortung dieser Fragen differieren die genannten Konzeptionen freilich grundsätzlich.

Die *Hermeneutik der Erziehungswirklichkeit*, die sich – wie oben nachgewiesen – in der Forschungspraxis der geisteswissenschaftlichen Pädagogik auf die sinnverstehende Interpretation schriftlich fixierter Überlieferung reduzierte, will aus der immer schon vorgegebenen geschichtlichen Wirklichkeit von Erziehung, so wie sie sich in ihren Objektivationen – eben jenen schriftlichen Quellen – reflektiert, Wesen und Sinn erzieherischen Handelns erschließen. Der historisch-gesellschaftliche Prozeß der Erziehung, als Zweckzusammenhang von grundsätzlich gleichartiger Struktur wie der teleologische Zusammenhang menschlichen Seelenlebens gedacht, ist für die geisteswissenschaftliche Pädagogik das Fundament und der Möglichkeitsgrund, von dem her Einsichten und Regeln für die gültige Bestimmung der Erziehungspraxis gewonnen werden können. Grundlage der normativen Interventionen ist hier das *Leben* als historisch-gesellschaftlicher Prozeß, der sich durch die Analyse seiner Objektivationen auf seine immanente Sinnhaftigkeit und Zweckgerichtetheit befragen läßt. Maßstab des gültigen Vollzuges wird somit die Erziehungswirklichkeit selbst, die in »echten erzieherischen Akten« (Nohl) und den »geborenen Erziehern« (Spranger) – entgegen allen zeitbedingten Verirrungen gleichsam – erfahrbar ist.
Die normative Pädagogik konstituiert sich in strikter Absetzung von einer derartigen Grundlegung der Pädagogik. »Die lebensphilosophisch begründete Pädagogik«, so argumentiert in diesem Zusammenhang W. Fischer, »steht und fällt also mit der These, daß das Leben ›dasjenige ist, hinter welches nicht zurückgegangen werden kann‹ (Dilthey), und in dessen geschichtlichen Wirklichkeiten, bis hinauf zu Kunst, Religion, Philosophie, es sich selber ... als Sinn seiner selbst offenbart.« Dagegen wendet W. Fischer nun ein: »Damit ist der Pädagogik verwehrt, sich auf gewordenes Normatives allgemeingültig zu stützen; denn bis auf die formale Struktur der Wirklichkeitsbereiche ist alles im historischen Fluß.«[10]
Folglich vermag die geisteswissenschaftliche Pädagogik im Urteil der normativen Kritiker zwar Aussagen über seelische Prozesse zu machen, Prinzipien und Normen für die Gestaltung und Regelung der Praxis bleiben ihr jedoch ver-

schlossen. Im Grunde heißt das: Auf Grund ihrer anthropologisch-gesellschaftlichen Analysen können formale Regeln und technisches Wissen gewonnen werden, ansonsten aber trifft die schon von H. Nohl geübte Kritik zu, jene Pädagogik könne nicht einmal sagen, »ob sie vollkommene Verbrecher oder vollkommen gute Menschen bildet«.[11]
Für das *Forschungsinteresse* der normativen Pädagogik folgert: Pädagogische Analyse darf sich nicht mit der faktisch gegebenen Erziehungswirklichkeit abfinden, vielmehr muß sie zu den *Prinzipien* vordringen, von denen her die bedingte Realität gültig zu *normieren* ist.
Die empirischen Wissenschaften wollen über eine Anzahl einzelner Ereignisse Aussagen machen. Sie bleiben damit notwendig im Bereich historischen Wissens. Die normative Pädagogik als *Prinzipienwissenschaft* fragt – gleichsam tiefgehender – nach den Bedingungen der empirischen Einzelerscheinungen. Insofern – darauf wurde oben bereits verwiesen – zielt sie auf *transzendentale* Erkenntnisse.
»Theoretisches Bemühen muß demnach auf jene Bedingungen der Wirklichkeit selbst zurückgehen, die als Grundsätze des Aktes dessen Gültigkeit und darin auch seine Einmaligkeit fassen und auf Grund beider schließlich Verantwortung ermöglichen.«[12]
Prinzipien als »Grundsätze für Bildung«[13] stehen somit im Zentrum des Forschungsinteresses der normativen Pädagogik und da jene weder aus der noch so exakten Analyse eines Falles noch aus den statistischen Regelmäßigkeiten im Verhalten einer großen Anzahl von Pädagogen im erzieherischen Umgang zu gewinnen sind – insofern aus der Analyse des Seins also kein Sollen entspringt –, ist auch ihre *Forschungspraxis* ausschließlich *transzendentale Reflexion.*
»Ihre Inhaltlichkeit, die sich oberflächlicher Betrachtung leicht im Gewand eines gewissen Formalismus darstellt, ist daher von anderer Art als die Aussage und Beschreibung eines praktischen Falles. Diese hat höchstens exemplarischen, während jene Bedingungscharakter hat. Das Exemplum stiftet keinen Begründungszusammenhang, wohingegen das Prinzip als Ergebnis theoretischen Bemühens die Möglichkeit der Begründung und Verantwortung für eine Vielzahl von Fällen des praktischen Vollzuges garantiert.«[14]

Der von Heitger angesprochene Formalismus der Aussagen dieser Konzeption resultiert aus der Absicht, transzendentale Prinzipien, die sich eben nicht auf die materiale Inhaltlichkeit einer historisch-gesellschaftlichen Situation beziehen, zu gewinnen. Die Inhaltlichkeit der Prinzipien ist von höchst abstrakter Art. Alle pädagogischen Prinzipien haben als gemeinsamen Inhalt das »Menschentum im jeweiligen Menschen«, das sich darin auszeichnet, daß der gesamten gegebenen Welt gegenüber das Ich als *vernünftiges* Wesen Stellung beziehen kann.[15]

Die Personalität des Ich konstituiert sich im Wesen der Urteilskraft, das Ich weiß um sich, weiß um die Welt. »In dieser Erkenntnis gewinnt die Pädagogik ihr Fundament, ein letztes Maß aller Erziehung, die Verwirklichung des Menschentums. Die Richtung dieser Bestimmung geht über alle Einzelziele hinaus, ist jenseits aller erreichten und unerreichbaren Enden von pädagogischen Prozessen; sie ist kein Ideal, sondern die Bedingung aller Ideale; denn hier ist nicht das Bildungsziel eines empirischen Ich, sondern des reinen Ich angesprochen, damit es für alle Menschen aller Stände, aller Nationen und zu allen Zeiten gelten kann.«[16]

Indem so die normative Pädagogik im angedeuteten Sinne die Bedingungen der Möglichkeit pädagogischer Praxis reflektiert, glaubt sie, in den Prinzipien jene Anhaltspunkte zu erlangen, von denen her die beanspruchte äußere Relevanz begründbar wird. Sie leistet fundamentale Erkenntnisse, Einsichten in das Eigentliche, das Gesollte aller Erziehung, allen Unterrichts, aller Schulen usw.

3. Erkenntnisverfahren und Theorieverständnis der normativen Pädagogik

Der bisher noch sehr allgemein gebliebene Begründungszusammenhang für die äußere Relevanz dieser Konzeption wird sich möglicherweise dann konkretisieren, wenn Auskunft über die Erkenntnisverfahren und das Theorieverständnis eingeholt ist. Dabei empfiehlt es sich auch in diesem Kapitel die *Theorie* in ihrem *Verhältnis zur Praxis* darzustellen, um auf diese Weise unmittelbarer als bisher zu erfahren, welche praktisch relevanten Aussagen von der normativen Pädagogik zu erwarten sind.

Es soll zuerst geklärt werden, auf welchen Wegen, mit Hilfe welcher *Erkenntnisverfahren* diese Pädagogik die Prinzipien gewinnt, mit deren Hilfe sie die kritische Reflexion der Praxis angeblich zu leisten vermag. Denn eben darin unterscheidet sich diese Konzeption ja von der geisteswissenschaftlichen Pädagogik, daß sie ihre allgemeingültigen Prinzipien nicht der Erziehungswirklichkeit entnimmt. So betont M. Heitger ausdrücklich: Die Gestaltung der Erziehungswirklichkeit »begründet sich weder in der Durchsetzung vorgegebener Legalität oder auch Weltanschauung noch in der unkritischen Anpassung an einen schaubaren Werdeprozeß des Lebens. Pädagogische Führung zielt auf die Gewinnung eines definierten Standortes in der Welt, auf die Ordnung des Ich selbst, die die der Welt gleichzeitig mit einbezieht.«[17]

Folglich muß – in Abwandlung einer Formulierung bei W. Dilthey – hinter das Leben und seine jeweils historische Gestalt zurückgefragt werden. Denn »Prinzipien, durch die die Praxis bestimmt zu werden verlangt, müssen von anderer Valenz sein als diese«.[18]

Anderenfalls reduziert sich die pädagogische Reflexion auf das bloße Bewußtmachen der faktisch immer schon gegebenen Normativität der Wirklichkeit. So bleibt auch die verstehende Interpretation der geschichtlichen Wirklichkeit, wie sie von den Vertretern der geisteswissenschaftlichen Pädagogik vorgenommen wird, immer im Rahmen bestimmter empirischer Konkretionen. Ein Apriori, ein überzeitlicher Standpunkt für die Kritik der zeitlichen Erscheinungsformen von Erziehung kann so nicht gewonnen werden.[19]

Das *Erkenntnisinteresse* der normativen Pädagogik richtet sich demnach auf das Apriori, das allem erzieherischen Tun und aller Pädagogik zugrunde liegt. Es geht dieser Pädagogik darum, die vor aller Empirie gültigen, deshalb also transzendentalen Prinzipien zu finden, die immer schon angenommen werden müssen, wenn berechtigterweise von Erziehung, Unterricht, Schule, Lehrplan, Aufgabe usw. gesprochen werden kann.

Dieses Erkenntnisinteresse fordert ein besonderes *Erkenntnisverfahren*, dessen Charakter durch die soeben der Hermeneutik gegenüber vorgenommene Abgrenzung schon angedeutet worden ist.

Der Ort derartiger Erkenntnis ist das transzendentale Bewußtsein. Denn, so betont M. HEITGER, der »Richterstuhl für pädagogische Geltung kann als Letztdefiniertes selbst nicht wieder in material bestimmten Normen politischer oder weltanschaulicher Herrschaftssysteme aufgeschlagen sein, sondern muß als regulatives Prinzip im Bewußtsein vorausgesetzt werden...«[20]

Die Erkenntnisverfahren der empirischen und historischen Wissenschaften, Deskriptionen, Analyse von Daten oder Hermeneutik im umfassenden Sinne einer verstehenden, d. h. immer auch erklärenden Interpretation der Realität, sind für die transzendentalkritischen Erkenntnisabsichten folglich irrelevant. Sie stützen sich allein auf die vernünftige Reflexion der fundamentalen Begriffe aller pädagogischer Praxis, durch deren Analyse der Geltungsanspruch pädagogischer Phänomene erfaßt werden kann. *Transzendentale Reflexion* ist damit wohl als denkendes Bemühen zu umschreiben, die allgemeinsten Bedingungen bewußt zu machen, von denen her alle empirischen Erscheinungen überhaupt erst in ihrem Anspruch, in ihrem besonderen Sinn erkennbar werden. Dieses Verständnis wird u. a. dadurch nahegelegt, daß H. RUHLOFF über die *Erkenntnisaufgabe* einer derart vorgehenden Theorie schreibt: »Die Erkenntnisaufgabe einer so verstandenen Theorie der Pädagogik ist wohl am prägnantesten als ›Theorie des Begriffs‹ der Pädagogik bezeichnet.«[21]

Die regulativen Prinzipien sollen demnach nicht deduktiv gewonnen und mißbraucht werden. Würde pädagogische Erkenntnis darauf reduziert, aus vorgegebenen ethischen oder religiösen Prinzipien die pädagogischen Prinzipien abzuleiten, so wäre Pädagogik, wiederum in Abhängigkeit von Ethik, demnach keine eigenständige Wissenschaft.

Würde man andererseits als Ergebnis der transzendentalen Reflexion inhaltlich-normative Aussagen erwarten, die nun auf die Praxis angewandt würden, so läge – gemäß dem Selbstverständnis der normativen Pädagogik – Mißbrauch

der transzendentalen Erkenntnis vor. Denn die Erkenntnisabsicht dieser Konzeption hinterfragt die Begriffe, mit deren Hilfe pädagogische Phänomene in der geschichtlich-gesellschaftlichen Realität bezeichnet werden, weil »sie nicht allein empirisch erklärt, sondern aus (ihrem) Geltungsanspruch transzendental begriffen werden müssen, will man wissen, mit welchem Recht oder Unrecht sie für pädagogisch unentbehrlich gehalten werden können . . .«[22]
Gefragt wird also: Wie müßten Lernen, Lehren, Schule, Unterrichtsorganisation u. a. unabhängig von aller Empirie gedacht werden, damit sie dem pädagogischen Fundamentalprinzip, »dem Menschentum im jeweiligen Menschen« (M. HEITGER) zu seinem Recht, seiner Geltung verhelfen?
Die damit angedeutete Fragestellung der normativen Pädagogik erlaubt nun auch einige Rückschlüsse auf das Verhältnis einer derartig orientierten *Theorie* zur pädagogischen *Praxis*.
Pädagogische *Praxis* als geschichtlich-gesellschaftliche Realität ist *Anlaß* für die theoretische Reflexion. Darauf wurde schon oben verwiesen, wo über den Normbezug der Praxis, die in jedem pädagogischen Akt implizierte Verantwortung, die den Pädagogen auf die Frage nach der Geltung seines Handelns verweist, gehandelt wurde. »Praxis, die mit dem Anspruch auftritt, pädagogisch zu sein, ist der ihr [der Pädagogik, K. Z.] als Problem gegebene Gegenstand.«[23]
Zum Problem wird die konkrete Erziehung freilich nicht im Hinblick auf die Erklärung von Mängeln, die möglichst exakte Datensammlung zur Beschreibung der problematischen Tatbestände oder die polit-ökonomische Analyse bildungspolitischer Maßnahmen und deren Auswirkungen, sondern – wie die oben angedeutete Fragestellung zeigt – unter dem Aspekt der Geltung, der Konfrontation der Praxis mit den Ergebnissen der transzendentalen Reflexion auf die Bedingungen der Möglichkeit des gesollten Vollzuges von Unterricht, Lehren, Bilden usw. . . . Etwas konkreter: Die Begrifflichkeit, die Sprache der Praxis, die ja als gedankliche Widerspiegelung des Handelns deren jeweiliges Verständnis reflektiert, die also Auskunft darüber erteilt, welche Strukturelemente dem Phänomen Lehren etwa zugeordnet werden, wird auf ihre Zulänglichkeit beim

Begreifen und systematischen Ordnen der pädagogischen Praxis – unter dem Primat der Geltung des pädagogischen Fundamentalprinzips – befragt. Zum Problem werden Tatsachen in ihrer jeweiligen sprachlichen Reflexion, also nicht beobachtbare Objekte sondern die Begriffe, mit deren Hilfe das vorfindbare Verständnis der Objekte offenkundig wird. Diese Begriffe werden zum eigentlichen Gegenstand der Wissenschaft, sie ist »Theorie des Begriffs« (RUHLOFF), sie untersucht die Begriffe mit der Absicht, den in jedem Begriff enthaltenen Geltungsanspruch aufzudecken, um ihn sodann auf seine Bedeutung für die zureichende Repräsentanz pädagogisch gültiger Vollzüge zu beurteilen.

Anders formuliert: Theorie hat das Denken über pädagogische Vollzüge zu leisten, sie ist »das Denken des Denkens«[24] in der Absicht, in der »geistigen Schau dessen, was der sinnlichen Wahrnehmung nicht zugänglich ist«[25], »metaempirisch«[26] also, die Bewußtseinsbedingungen der Reflexion über pädagogische Tatsachen zu erkennen. Indem sie das leistet, führt sie im Verständnis der normativen Pädagogik jedoch geradewegs zur Wirklichkeit, denn, so betont A. PETZELT, der pädagogische Theoretiker »braucht ... sich ... nicht ... mit der ... (Wirklichkeits-) Nähe zu begnügen, weil er (erkennend bestimmen) kann, was (pädagogische) Wirklichkeit ist und sich ihrer ... unter der Funktion des Begriffs in der ... Fülle ihrer Erscheinungsformen«[27] unmittelbar bemächtigen kann.

»Theorie des Begriffs«, transzendentale Reflexion auf die konstituierenden Prinzipien aller Praxis, die von sich selbst meint, sie sei eine pädagogische Praxis, ist gemäß dem skizzierten Verständnis der normativen Pädagogik also nicht als anwendbare, pragmatische Theorie konzipiert. Damit bedarf das Urteil, von dieser Theorie sei *technische Relevanz* im oben erläuterten Sinne *nicht zu erwarten*, keiner weiteren Begründung. Denn technische Relevanz, so wurde verschiedentlich ausgeführt, setzt empirisches Wissen über eine beobachtbare Kovarianz voraus, zielt also auf Gleichförmigkeiten, Regelhaftigkeit und Gesetze, die als allgemeine Aussagen Grundlage für die Herstellbarkeit der Realität sind. Die normative Pädagogik spricht einem derartigen Wissen jeglichen Zugang zu den zentralen Gegenständen der Pädagogik ab, verweist aber auch die Hermeneutik – wie gezeigt – in diese Kategorie. Als philosophische Disziplin – als Prinzipien – bzw. Sollenswissenschaft – sind nicht erfahrbare und verwertbare Kenntnisse über die geschichtlich-gesellschaftliche Realität der Erziehung in ihrer Absicht, vielmehr zielt die transzendentale Reflexion auf »jene Grundsätze, die den Akt, d. h. das praktische Tun notwendig begründen, die also Bedingungen des Vollzugs sind. Als solche müssen sie so beschaffen sein, daß sie den Charakter der Einmaligkeit des Konkreten nicht aufheben, sie dürfen also nicht in die Enge von Rezepten und Regeln geraten.«[28]

Ist technische Relevanz folglich nicht im Bereich des Forschungsinteresses dieser Konzeption, so bleibt nun noch zu prüfen, welche *emanzipatorische Relevanz* möglich ist. Denn immerhin versteht sich die *un-praktische* Theorie der normativen Pädagogik als dazu aufgerufen, »der Praxis, dem erzieherischen Verhalten also, Richtlinien zu geben«[29]. Da es sich bei diesen »Richtlinien« – wie jetzt deutlich – nicht um Handlungsanweisungen – im weitesten Sinne technisches Wissen handelt – wird zu fragen sein, welche Wirkungen in Hinsicht auf die Emanzipation von Individuum und Gesellschaft die »Grundsätze«, »Prinzipien« oder das »Sollen« hervorzubringen vermögen.

4. *Prinzipien als Leerformeln sind ohne emanzipatorische Relevanz, aber hoch politisch*

Prinzipien werden in der transzendentalen Reflexion unter Absehung von allen konkreten zeitlichen Inhalten gewonnen. Es soll nicht aufgedeckt werden, welche Bedeutung hier und jetzt etwa den Begriffen »demokratische Schule«, »Autorität«, »Leistung« oder »Erziehungsziel« beigelegt wird, wie sich die Verwendung der Begriffe nach Begriffsumfang und - inhalt bei verschiedenen sozialen Gruppen und Klassen unterscheidet und welche Interessen oder Motive dabei im Spiel sein könnten, sondern es geht darum, den zeitlosen Inhalt der Begriffe, ihren reinen Geltungsanspruch aufzudecken. Auf der Basis derartiger *Prinzipien*, die als *Grund-*

sätze des reinen, transzendentalen Denkens nur diesem Denken entspringen und nur denkend als gültig erkannt werden, soll Pädagogik die Praxis normieren, ihr vorhalten, wie Erziehung und Unterricht gemäß ihrem inneren Anspruch richtig einzurichten sind.

Transzendentale Erkenntnis ist damit notwendig ohne Bezugnahme auf die erfahrungswissenschaftliche Analyse der gesellschaftlichen, politischen und ökonomischen Bedingungen der Erziehungswirklichkeit. Normative Pädagogik leugnet diese Abhängigkeit nicht, sie richtet ihr Interesse jedoch auf das Besondere, das Prinzipielle, den Geltungsanspruch der pädagogischen Phänomene.[30]

In der konkreten Forschungspraxis der normativen Pädagogik führt diese Absicht dann zu Vorgängen und Ergebnissen der folgenden Qualität: Die Reflexion auf die Grundsätze aller Lehr- und Lernprozesse z. B. »setzt ein mit der Frage, was vorausgesetzt ist, wenn – in welcher tatsächlichen Form immer – sich Menschen lehrend und lernend im Dialog aufeinander beziehen können«.

Und als eine erste Antwort gewinnt Ruhloff in Anlehnung an Petzelt die Einsicht: »Unter vorläufiger Ausklammerung aller sonstigen Probleme führt die Analyse zuerst zu der Feststellung, daß die Funktionen des Lehrens und Lernens in ihrer Wechselseitigkeit nur identifizierbar sind, wenn sie sich an einem gegenständlichen ›etwas‹ vollziehen.«[31]

Wenn Aussagen dieser Inhaltlichkeit das Ergebnis einer »Theorie des Begriffs« darstellen, dann verstärkt sich auch in Hinsicht auf die emanzipatorische Relevanz dieser Pädagogik der Zweifel. Ist mit derartigen Aussagen eine geschichtlich-gesellschaftliche Realität überhaupt erreichbar? Oder welche gesellschaftliche Funktion kann von den Prinzipien »Menschentum im Menschen«, »Vernunft«, »Ich-Identität« oder »Sittlichkeit« erwartet werden, wenn sich die Pädagogik weder um die Analyse der konkreten Existenzbedingungen der Subjekte bemüht, noch dazu bereit und in der Lage ist, jene Prinzipien im Kontext der jeweiligen historischen, d. h. der gesellschaftlichen, ökonomischen und politischen Realitäten zu konkretisieren?

Erscheint schon die Möglichkeit der von der normativen

Pädagogik erstrebten metaempirischen Erkenntnis als höchst zweifelhaft, so wird die mangelhafte Relevanz der Ergebnisse dieses umstrittenen Erkenntnisbemühens kaum von der Hand zu weisen sein. Zudem gibt die normative Pädagogik das gesellschaftspolitische Engagement ohnehin an Außenstehende, Praktiker und Politiker ab. Denn M. Heitger betont ausdrücklich, »daß die hier gemeinte letzte Bestimmung des Menschen im Sinne der Normativität nicht die konkrete Bestimmung in der Zeit vorwegnimmt«.[32]
Die normative Pädagogik verschließt sich also vor jedem Versuch, die höchst abstrakten und formalen Prinzipien im Hinblick auf die Bedingungen einer gesellschaftlich-geschichtlichen Situation und die Individuallage eines Menschen zu artikulieren, also etwa dazu Stellung zu nehmen, in welchen Hinsichten Schule als Klassenschule dem Geltungsanspruch einer Schule, die primär dem »Menschentum im Menschen« verpflichtet ist, widerspricht.
Diese scheinbare a-politische Haltung zum Zwecke »reiner« Erkenntnis bringt *Leerformeln* hervor, deren Indifferenz gegenüber der politisch-gesellschaftlichen Praxis jede *emanzipatorische Relevanz im Keim erstickt.*
Beispiele solcher Leerformeln sind das ehrwürdige ethische Postulat »Bonum est faciendum et malum vitandum« oder die dem preußischen Schwarzen-Adler-Orden entlehnte Devise »Jedem das Seine«.
Wenn man bedenkt, daß das zuletzt genannte Prinzip sowohl in christlichen Morallehren auftreten als auch über das Tor eines Konzentrationslagers geschrieben werden konnte, wird ein wichtiges Merkmal der Leerformeln deutlich: Es handelt sich dabei um sprachliche Ausdrücke, die invariant sind hinsichtlich sehr verschiedener möglicher Bedeutungen und die deshalb, zumindest für sich allein genommen, im Leser keine konkrete Vorstellung über ihren Anwendungsbereich hervorrufen.
Im Zusammenhang eines pädagogisch-theoretischen Aussagensystems sind mit dermaßen leeren Formulierungen gerade im Hinblick auf die hier diskutierte äußere Relevanz der Pädagogik besondere Schwächen verbunden. Wenn H. Bokelmann, ebenfalls ein Vertreter der normativen Pädagogik, vom Pädagogen fordert: »Erziehe so, daß der Dir

anvertraute Mensch in der Welt mit anderen durch Deine Hilfe seine Identität finde, auch wenn Du und der Dir anvertraute Edukandus zweifeln, worin sie im einzelnen bestehe und erkannt werden kann«[33], dann ist evident, daß eine solche Norm die Zustimmung aller aber auch deren je spezifische Auslegung erfahren wird.

Auch die Idee der Menschlichkeit, des Guten und Wahren waren Tarnung für viele Unmenschlichkeiten.

Leerformeln in pädagogischen Aussagezusammenhängen übernehmen damit wegen ihrer Vieldeutigkeit sehr leicht die Funktion der Verschleierung von Ungewißheit und Standpunktlosigkeit.

So wäre auch an J. Derbolav die Frage zu richten, was denn konkret gemeint ist, wenn es die Aufgabe des Lehrers ist, »die Jugend mit den politischen und gesellschaftlichen Realitäten der Gegenwart vertraut zu machen und sie in den bestehenden Ordnungsverhältnissen heimisch werden zu lassen«.

Hier ist in Anlehnung an eine Formulierung bei H.-J. Gamm wohl daran zu erinnern, daß sie Schule die Jugend in monarchischen, republikanischen, faschistischen und imperialistischen »Ordnungsverhältnissen« hat heimisch werden lassen![35]

Verfügt die Pädagogik nur über Leerformeln, so wird sie der konkreten Bestimmung ihrer Prinzipien durch die Mächtigen der Zeit nicht einmal gedanklichen Widerstand leisten können.

Da hilft es wohl auch nichts mehr, überzeitliche Orientierungen zu beschwören, etwa wenn M. Heitgerglaubt: »In der Ausrichtung des Menschen auf das Zeitlose ergibt sich die eigentliche Möglichkeit, der Hast und Betriebsamkeit des Zeithaften zu entgehen.«[36]

Oder wenn er mit fast religiösem Eifer postuliert: »Dem vom Konsum propagierten Standort des Lebens hält die Erziehungswissenschaft das Ringen um einen gültigen Standort entgegen, nicht in der Verneinung der Güter, sondern in der Bewältigung des vielfältigen Angebots.«[37]

Die radikale Kritik der konsumorientierten Existenz in den westlichen Wohlstandsgesellschaften ist zweifellos längst überfällig. Die Schizophrenie sich humanitär, christlich und

demokratisch verstehender Gesellschaften einerseits, verhungernder, ausgebeuteter und unter sich zerstrittener Gesellschaften in der sogenannten Dritten Welt andererseits, schreit täglich zum Himmel.
Insofern ist der Intention HEITGERS zuzustimmen. Aber welchen emanzipatorischen Beitrag leistet eine Pädagogik, die nach den konkreten ökonomischen, politischen und gesellschaftlichen Bedingungen der beklagten Mängel nicht fragt? Zweifellos ist *Aufklärung* über den Mißbrauch von Schule und Unterricht für die Interessen der Herrschenden, über die vielfältigen Abhängigkeiten bildungspolitischer Maßnahmen von Wirtschaft, Politik, Kirchen u. a. Interessengruppen, über die konkreten Barrieren für die individuelle Emanzipation der Unterprivilegierten *nicht zu erwarten*!
Der Leerformelcharakter der zitierten Aussagen M. HEITGERS ist evident: So bleibt es dem politischen System unbenommen, in scheinbarer Übereinstimmung mit den Prinzipien der Pädagogik die konkrete Inhaltlichkeit des zeitlos Gültigen zu bestimmen. Das kann für ein nationalistisches System auf dem Boden einer Rassenideologie erfolgen, kann in monarchistischen oder diktatorischen Systemen von einer herrschenden Klasse oder Gruppe und deren Ideologie her vorgenommen werden und mag beim christlichen Politiker Ergebnis einer inhaltlichen und organisatorischen Verbindung von Kirche und Bildungswesen sein. In jedem Falle nimmt die jeweils herrschende Gruppe die Pädagogik in ihre Dienste.
Die aufgewiesenen Mängel der normativen Pädagogik zeigen, daß von dieser Konzeption für die Lösung der oben im einzelnen dargestellten Probleme moderner Bildungspolitik keine Unterstützung zu erwarten ist. Das besondere Theorieverständnis erlaubt z. B. weder die Artikulation konkreter Lernziele, dazu fehlt das Bewußtsein von der gesellschaftlichen Vermittlung solcher Ziele und die entsprechende kritische Distanz den politischen Selbstverständlichkeiten gegenüber, noch kann die Theorie der normativen Pädagogik dazu beitragen, durch differenzierte Handlungsanweisungen die Realisierung zuvor genau artikulierter Ziele zu erreichen.
Die inhaltliche Armut ihrer Aussagen würde jedes derartige

Bemühen von vornherein zum Scheitern verurteilen. Auch im Zusammenhang wissenschaftlich-kontrollierter Schulversuche etwa kann von der normativen Pädagogik keine Mitarbeit geleistet werden. Dafür wird das Interesse und die Möglichkeit zur exakten Deskription der Wirklichkeit, die Formulierung anstehender Probleme in theoretischer Sprache sowie die Ausarbeitung von überprüfbaren Handlungsanweisungen auf der Basis inhaltlich reicher Theorien von der Erziehungswissenschaft erwartet.
Das gleichsam abschließende Urteil über eine *weder technisch noch emanzipatorisch relevante normative Pädagogik* kann bei J. Derbolav entnommen werden, der – deskriptiv oder resignativ? – feststellt, »der Arm der Pädagogik (habe) niemals bis in die gesellschaftliche Wirklichkeit hineingereicht, und wo man auch mit pädagogischen Reformen und Maßnahmen versucht habe, die Gesellschaft mit zu reformieren, ist man kläglich gescheitert«.[38]
Angesichts des Mangels an gesellschaftstheoretischer Reflexion, des Rückfalls hinter die Einsicht in die gesellschaftlich-historische Vermittlung aller Inhalte, Formen und Theorien der Erziehung, trifft Derbolavs Aussage in – sicherlich ungewollter – Prägnanz die Lage der normativen Pädagogik. Er irrt jedoch insofern, als der »Arm der Pädagogik« – zwar nicht aus eigener Kraft –, deshalb aber um so wirkungsvoller unter der Regie politischer Regime in die gesellschaftliche Wirklichkeit hineingereicht wurde. Die Indifferenz der normativen Pädagogik setzt auch diese Konzeption der Gefahr aus, Mittel zum Zwecke fremder Interessen zu werden. »Deshalb muß eine Theorie der Erziehung, die dieser Gefahr entgehen will (und gerade die institutionalisierte Erziehung ist immer wieder von den herrschenden Gruppen für ihre Ziele mißbraucht worden), auf der radikalen Geschichtlichkeit und gesellschaftlichen Bestimmtheit auch ihrer apriorischen Prinzipien bestehen.«[39]

VII. Kritik der äußeren Relevanz der empirisch-analytischen Realwissenschaft von der Erziehung

1. Vorbemerkung: Das Programm

Die bisher diskutierten Konzeptionen von Pädagogik – geisteswissenschaftliche und normative Pädagogik – stehen seit Mitte der sechziger Jahre im Zeitraum der Kritik einer dritten Konzeption von Pädagogik bzw. Erziehungswissenschaft, die ihr maßgeblicher Vertreter, W. BREZINKA, *Realwissenschaft von der Erziehung* nennt.[1]
BRENZINKA hält den oben angeführten Konzeptionen ihre inhaltsleeren und ideologieanfälligen Aussagen vor, er verwirft ihren Anspruch auf Eigenständigkeit gegenüber den Natur- und anderen Sozialwissenschaften und lehnt die Absicht dieser Konzeptionen, die Erziehungspraxis und Gesellschaft durch wissenschaftliche Aussagen unmittelbar beeinflussen zu wollen, entschieden ab.[2]
In Ablehnung an DILTHEYs Urteil stellt er fest: »Die tradionelle Pädagogik, wie sie dem Leser in Einführungswerken, Lehrbüchern und pädagogischen Lexika entgegentritt, hat den Anschein und darum auch den Ruf, eine rückständige und langweilige Disziplin zu sein.«[3] Diese Pädagogik habe kaum etwas zur Erforschung der Realität beigetragen, sich vielmehr darauf beschränkt, als im wesentlichen philosophische Reflexion Sollensaussagen, Wesensbestimmungen und allgemeinste Ziele zu formulieren. »Man hat bisher pädagogisches Wissen zumeist nicht um der reinen Erkenntnis willen gesucht, sondern weil man die Menschen gemäß der eigenen Weltanschauung formen wollte, weil die bestehende Gesellschaftsordnung durch Erziehung gesichert oder verbessert werden sollte oder weil man einfach den Erziehern und durch sie den Kindern helfen wollte. Es sind also seelsorgliche, machtpolitische, soziale und berufsständische, d. h. durchweg praktische Interessen wirksam gewesen.«[4]
In dieser Kritik scheint BREZINKAS eigene *Programmatik*

bereits durch. Pädagogik bzw. Erziehungswissenschaft soll weder als normative noch als philosophisch-pragmatische, sondern als empirische Disziplin konzipiert und praktiziert werden.
Ihr soll es nicht um die Explikation und praktische Vertretung weltanschaulicher Erziehungsziele gehen, vielmehr soll sie sich um ein gesichertes Wissen über konkrete Zusammenhänge in der Realität bemühen, von dem her »Erziehung möglichst rational geplant und durchgeführt werden«[5] kann. »Daraus folgt, daß es das zentrale Problem der Erziehungswissenschaft ist, die Bedinungen für die Erreichung von Erziehungszielen zu erforschen.«[6]
Diesem Programm liegt »eine Vorentscheidung und damit natürlich auch ein Werturteil über die Aufgabe der Wissenschaft zugrunde: sie soll uns zur Erkenntnis der Welt verhelfen. Das bedeutet mehr, als bloß beschreiben, was ist und was geschieht oder was früher einmal geschehen ist. Es kommt darauf an, zu erklären und damit zugleich die theoretischen Grundlagen für Voraussagen und für die technische Anwendung von Erkenntnissen zu gewinnen.«[7]
Die Realisierung dieses Programms wird für die Erziehungswissenschaft auf der Basis jener Wissenschaftstheorie möglich, die durch ihre Anwendung in den Natur- und Sozialwissenschaften vielfach gezeigt hat, daß sie technisch verwendbares Erklärungswissen in einem Höchstmaße von Exaktheit und Überprüfbarkeit möglich macht. Deshalb bekennt Brezinka: »Unter diesen Voraussetzungen habe ich mich nach Abwägen der Konsequenzen verschiedener Erkenntnis- und Wissenschaftsbegriffe für die Wissenschaftslehre der Analytischen Philosophie im weitesten Sinne des Wortes entschieden. Ich werde die Metatheorie der Erziehung von der Position des modernen modifizierten Empirismus, des ›Konstruktivismus‹ (Kraft), des ›Theoretizismus‹ (Popper), des ›Kritizismus‹ oder des ›Kritischen Rationalismus‹ (Popper) aus behandeln.«[8]

2. *Der geschichtliche Hintergrund der gegenwärtigen Diskussion um eine empirisch-analytische Erziehungswissenschaft*

Die vehemente Auseinandersetzung zwischen W. Brezinka – als dem engagierten Wortführer einer streng empirisch-analytischen Erziehungswissenschaft – und verschiedenen Vertretern der geisteswissenschaftlichen und der normativen Pädagogik um den Wissenschaftsbegriff der Pädagogik, also um ihr Objektverständnis und Erkenntnisinteresse sowie ihre Erkenntnisverfahren, ist keineswegs originell, wenn sie auch inzwischen auf einem wissenschaftstheoretischen Niveau und unter Berücksichtigung gesicherter methodologischer Erkenntnisse geführt wird, die eine Reihe früherer Streitfragen längst hinter sich gelassen haben.
Seit Beginn eines ausdrücklich pädagogischen Theoretisierens und der ersten Versuche, ein System der Pädagogik zu konstruieren, bewegt sich die Reflexion und Diskussion der Beteiligten zwischen Empirie und Spekulation, Erfahrungswissenschaft und philosophisch-normativer Wissenschaft.
Im Abschnitt über Philanthropismus und Industrieschulbewegung wurden die ersten Versuche, Pädagogik als empirische Wissenschaft zu praktizieren, bereits erwähnt. E. Chr. Trapp unternimmt es in seinem 1780 erschienenen »Versuch einer Pädagogik«, sowohl die Normen und Intentionen aufgeklärt-bürgerlichen Erziehungsdenkens als auch Erfahrung und Anleitung zur Erfahrungsgewinnung in einem System(-entwurf) vorzulegen. Pädagogik soll auf der Grundlage eines umfangreichen und detaillierten Erfahrungswissens dazu führen, die Kunst der Erziehung aus der Zufälligkeit und Erfolglosigkeit zur technischen Perfektion zu entwickeln. Die Effiziens des Ausbildungswesens wurde kritisiert und zugleich erwartet, daß eine empirische Pädagogik wesentliche Abhilfe zu leisten in der Lage ist. »So koennte es nicht fehlen, daß nicht vielen Leuten die Augen ueber den Zustand der Schulen, der Kinder und der Lehrer aufgiengen, die itzt, weise oder unweise, gelehrt oder ungelehrt, glaenzend oder dunkel, ueber Schulsachen urtheilen oder lachen, Schulverbesserungen unternehmen oder bestreiten, und doch den rechten Punkt nie treffen.«[9]

Empirische Pädagogik wird von Trapp und anderen Philanthropen als *experimentelle Psychologie* gedacht, die durch minuziöse Beobachtung kindlichen Verhaltens Aufklärung über die Entwicklungsmöglichkeiten der Anlagen und Kräfte im Kinde zu erhalten meinte. Die Pädagogik benötigt *Versuchsschulen*, in Experimenten soll das Verhalten der Lehrer und seine Wirkungen auf die Schüler exakt erfaßt werden. Im »Versuch einer Pädagogik« finden sich etwa folgende Anweisungen für Beobachtungsaufgaben, die in »Protokollen« und »Tabellen« festzuhalten sind: »... welche und wie Viele [Kinder, K. Z.] onanische Ausschweifungen begehen und Andere diese Kunst lehren; welche gaehnen, welche schlafen, welche in den Tisch schneiden... Ferner, wie oft ueber den Lehrer gelacht und gespottet wird, und von wem, und auf welche Veranlassung. Ferner, wie des Lehrers Unterricht verstanden wird, und von wem, und von wem nicht, und wie oft er nicht verstanden wird, und warum er nicht verstanden wird... Ferner mueßten sie [die eigens dafür geschulten Beobachter, K. Z.] bemerken, wie verschieden die Aufmerksamkeit und das ganze Betragen der Kinder ist nach Verschiedenheit der Person, die lehret, der Materien, die gelehret werden und der Methode des Unterrichts.«[10]

Von solchen und anderen Forschungen her sollten – in Analogie zu den Naturwissenschaften – zuverlässige Erfahrungen als *Grundlage für ein sicheres System der Erziehungspraxis* gewonnen werden.

Trapps Hinweise für Beobachtungen zeigen freilich noch deutlich die Züge eines *naiven Empirismus.* So wurde angenommen, aus unzähligen Beobachtungsdaten Einsichten in Anlagen und Kräfte zu erhalten, die – im Sinne einer Vermögenspsychologie – als gegebene Größen der menschlichen Psyche behauptet werden. Oder man hoffte, aus den vielen Daten Gleichförmigkeiten zu ersehen und somit Regeln zu erhalten, also theoretische Aussagen rein induktiv formulieren zu können. Trapp ging schließlich noch davon aus, auch die Ursachen des beobachteten Verhalten seien durch Beobachtungen selbst zu entdecken.

So führen der Mangel an Theorie und Methodologie die empirische Pädagogik im ausgehenden 18. Jahrhundert in der Regel bloß zu detaillierten Beschreibungen vereinzelter Fälle, zu einer oftmals zusammenhanglosen Datensammlung über körperliche und seelische Erscheinungen im kindlichen Verhalten. Theoretische Aussagesysteme im Sinne gegenwärtiger Sozialwissenschaft – wie z. B. die verschiedenen Lerntheorien oder die Theorien der Soziologen zur Erklärung des abweichenden Verhaltens – werden nicht konstruiert, so daß auch die praktische Verwertbarkeit der Erfahrungen gering blieb.

In der grundlegenden Intention aber ist bereits jetzt die aktuelle Problematik angesprochen.

Der Zustand des Schulwesens wird ebenso wie die an Theologie und scholastischer Philosophie orientierte Pädagogik als desolat empfunden. Die Spekulation über Ziele, Inhalte und Methoden des Unterrichts erfährt vielfältige Kritik. So fordert I. K. Wezels: »Um der Pädagogik mehr Vollkommenheit zu verschaffen, muß die Erziehungskunst nicht auf Spekulation, sondern auf Erfahrung gegründet werden; dazu ist nötig die pädagogische Beobachtung.«[11]

Die Philanthropische Pädagogik hat somit die Notwendigkeit gesicherten Erfahrungswissens für eine praktische Disziplin wie die Pädagogik ins Bewußtsein ihrer Zeit gehoben und ihren Fleiß in einer Fülle von Publikationen dokumentiert. Das Problem der Grundlegung einer empirischen Pädagogik, ihres Theorieverständnisses, ihres Verhältnisses zur Praxis und Politik blieb jedoch weitgehend unreflektiert.

Die Diskussion dieser und anderer Themen aus dem Zusammenhang der Frage nach den Möglichkeiten einer eigenständigen Erziehungswissenschaft wird dagegen intensiv von denjenigen Pädagogen aufgenommen, die unter dem unmittelbaren Einfluß der Philosophie Kants standen.

So verweist F. J. Niethammer, der wie Schuderoff, Greiling und Heusinger auf der Basis des Kantschen Kritizismus Pädagogik konstituieren wollte, 1795 auf die Dringlichkeit der Erörterung wissenschaftstheoretischer Fragen in der Pädagogik, denn man müsse – trotz der Bemühungen eines Basedow, Trapp und Campe, so wäre zu erinnern – wohl zugestehen, »daß die Frage: ob und wie die Pädagogik als Wissenschaft möglich sei, noch niemals bestimmt aufgeworfen worden, und daß demnach auch sogar der erste Schritt

zu wissenschaftlicher Bearbeitung derselben noch zu tun sei«.[12]
Es fehlt auch nicht der für die Pädagogik offensichtlich bezeichnende *Vorwurf der Rückständigkeit*, den Greiling als Kantianer nun jedoch gegenüber dem naiven Empirismus der Philanthropen erhebt, der »bis jetzt nicht viel mehr als ein Aggregat von Bemerkungen, Erfahrungen und Regeln ist, die durch kein gemeinschaftliches Band innerlich verbunden und geordnet sind«.[13]
Pädagogik – so heißt es jetzt – kann nur Wissenschaft werden als philosophische Pädagogik. In logischer Strenge soll aus einem obersten Prinzip ein widerspruchsfreies System deduziert werden, »die an die Tanszendentalphilosophie anknüpfenden Denker konzipieren die Pädagogik im Zuge einer Antithese gegen die beobachtende Erfahrungsvielfalt des Philanthropismus und der empirischen Psychologie«.[14]
Damit ist *Empirie* jedoch keineswegs als irrelevant für Pädagogik verurteilt, vielmehr wird sie bei Greiling, später dann auch von J. F. Herbart dort lokalisiert, wo die Pädagogik Aussagen über die *Mittel* machen will, unter deren Verwendung die von der praktischen Philosophie (Moralphilosophie, Ethik) gesetzten Zwecke der Erziehung erreicht werden sollen.
Danach soll die Pädagogik erst dann auch systematische Datensammlung betreiben, wenn sie über den Stellenwert, die begrenzte Bedeutung solchen Erfahrungswissens Bewußtsein erlangt hat. Denn von der Erfahrung dürfte sich, ohne Reflexion auf die – jeweils zeitlichen und grundsätzlichen – Notwendigkeiten und Möglichkeiten der Erziehung, wohl kaum eine praktikable Pädagogik begründen lassen.
Ebensowenig ist es sinnvoll, angesichts tausendfacher Sinneseindrücke bei der Beobachtung auf den erleuchtenden Einfall zu warten, von dem her die Daten Bedeutung erhalten. Erst im Kontext einer Theorie, ausgehend von bestimmten Problemen und Interessen, die die Aufmerksamkeiten des Beobachters steuern, ist empirische Forschung sinnvoll. Das damit angedeutete Verhältnis von Empirie und Philosophie im Begründungszusammenhang der Pädagogik artikuliert

HERBART in dem vielzitierten § 2 der Einleitung zum »Umriß pädagogischer Vorlesungen«: »Pädagogik als Wissenschaft hängt ab von der praktischen Philosophie und Psychologie. Jene zeigt das Ziel der Bildung, diese den Weg, die Mittel und die Hindernisse.«[15]
Obwohl damit der vielfache Vorwurf, die Pädagogik des 19. Jahrhunderts sei eine philosophisch-spekulative Disziplin, so unkritisch nicht aufrecht erhalten werden kann, weist F. NICOLIN zweifellos zu Recht auf die de facto eingetretene *Empiriefeindlichkeit* dieser Pädagogik die ja auch gegenwärtig von BREZINKA beklagt wird, hin.[16]
Ohne hier billige Kausalität unterstellen zu wollen, sei die Vermutung geäußert, daß auch dafür bei HERBART selbst Ansätze zu suchen sind. Denn wenn HERBART nach einem Hinweis auf die erfahrungswissenschaftliche Forschung in Physik und Chemie feststellt: »Der Rückstand der pädagogischen Experimente sind die Fehler des Zöglings im Mannesalter. Der Zeitraum für ein einziges dieser Experimente ist also aufs wenigste ein halbes Menschenleben!«[17], so baute er damit eine Barriere gegen die Empirie in der Pädagogik auf, hinter der sich der inhaltliche Schlendrian pädagogischer Theorien bis heute verbergen konnte.
Im ausgehenden 19. Jahrhundert wird Möglichkeit und Notwendigkeit empirischer Forschung in der Pädagogik insbesondere von W. DILTHEY – darüber ist oben bereits einiges ausgeführt worden – und O. WILLMANN diskutiert. O. WILLMANN – bekannt als Verfasser der umfangreichen »Didaktik als Bildungslehre« (1882/89), in der seine spätere Anlehnung an die Pädagogik HERBARTS und die katholische Moralphilosophie deutlich hervortritt – hat sich »während seiner kurzen kritischen Denkperiode« – wie BREZINKA hervorhebt –[18] für eine *sozialwissenschaftliche* Konzeption von *Pädagogik* eingesetzt. In seinen Prager Pädagogik-Vorlesungen in den Jahren 1872-1876 betont er verschiedentlich: »Die Pädagogik kann nur wissenschaftlich behandelt werden als Teil der Sozialwissenschaft.«[19]
Pädagogik hat einen bestimmten Bereich der gesellschaftlich-geschichtlichen Wirklichkeit als eigenes Forschungsfeld, in dem sie Erziehung als »Tatsache« in ihren Bedingungen

erfassen soll. Soweit ist Pädagogik erklärende Sozialwissenschaft, die sich der normativen Anleitung bewußt enthält. Damit findet sich schon bei WILLMANN die Trennung in unpraktische, ausschließlich Deskription, Erklärung und Theorie ausgehende Erziehungswissenschaft und praktische Erziehungslehre, die in dieser Form später bei R. LOCHNER und gegenwärtig bei W. BREZINKA aufgenommen wird.
Gleichzeitig mit der radikalen Ablehnung der Empirie durch die Pädagogin des Neukantianismus – NATORP, COHN u. a. – wird durch den Diltheyschüler A. HEUBAUM, durch E. MEUMANN und A. FISCHER eine stärkere Berücksichtigung erfahrungswissenschaftlicher Forschung in der Pädagogik, ihre Hinwendung zur Psychologie und Soziologie und ihre Abwendung von der spekulativ-deduktiven Philosophie gefordert.
In seinem 1908 erschienenen Beitrag »Ist Pädagogik eine Wissenschaft?« verwirft HEUBAUM die an KANT und HERBART orientierten Begründungsversuche einer wissenschaftlichen Pädagogik, da die Herleitung eines Endzwecks aller Erziehung, von dem aus das pädagogische System entwickelt werden sollte, sich als unmöglich erwiesen habe.
In weitgehender Übereinstimmung mit E. MEUMANN lehnt er jeglichen normativen Anspruch der Pädagogik ab – »wenigstens insofern, als sie verabsäumt hat, diese Normen und Vorschriften wissenschaftlich zu begründen«.[20]
HEUBAUM will, entgegen dem Begründungsansatz bei HERBART, die Pädagogik aus der Abhängigkeit von Philosophie und Psychologie lösen – sie soll keine angewandte Psychologie sein – und bestimmt: »Die Pädagogik ist eine völlig selbständige und in sich gegründete Wissenschaft, deren Forschungsgegenstand die Tatsache der Erziehung ist.«[21]
Das Verhältnis von theoretischer Pädagogik, in der auch der Zweck der Erziehung Gegenstand historischer, hermeneutischer und kritisch-reflexiver Forschung ist und der empirischen Pädagogik wird von ihm im Sinne einer ständigen Verschränkung konzipiert, denn »erst wenn beides miteinander verbunden wird, haben wir die vollständige Pädagogik. Sie ist eine Erfahrungswissenschaft, in der Theorie und Versuch miteinander Hand in Hand gehen müssen ...«[22]

Heubaum skizziert im gleichen Aufsatz ein umfangreiches *Forschungsprogramm* für die Pädagogik, das noch heute äußerst aktuell, wenn auch ergänzungsbedürftig ist. Beschämend für die gegenwärtige Bildungspolitik sind schließlich seine 1908 (!) vorgetragenen Anregungen für die Organisation erziehungswissenschaftlicher Lehre und Forschung, in denen es u. a. heißt: »Es ist klar, daß für eine Pflege der Pädagogik in diesem Sinne die Organisation der philosophischen Fakultät nicht ausreicht... Die Angliederung einer Übungsschule, wie es wohl hie und da gefordert worden ist, wäre doch nur ein dürftiger Bruchteil dessen, was erforderlich wäre, um wirklich fruchtbare und umfassende pädagogische Versuche anstellen zu können... Selbst wenn es dazu kommen sollte,... der Erziehungswissenschaft an den Universitäten eine selbständige Stellung einzuräumen, so kann ich darin nur etwas Vorläufiges, ein Übergangsstadium zu einem größeren Ausbau sehen, in dem in Zukunft mit der Theorie die Möglichkeit des Versuchs im weitesten Umfange auf erzieherischem und unterrichtlichem Gebiete vorgesehen werden muß.«[24]
Angesichts dieser Umrisse eines umfangreichen und differenzierten erziehungswissenschaftlichen Forschungs- und Ausbildungssystems, nimmt sich die gegenwärtige Praxis an Universitäten und Pädagogischen Hochschulen mehr als kläglich aus. Zu bemerken ist jedoch auch, daß Heubaum den gesellschaftspolitischen Zusammenhang, der für oder gegen eine bestimmte Entwicklung erziehungswissenschaftlicher Forschung und Ausbildung spricht, unberücksichtigt läßt. Eine differenzierte erziehungswissenschaftliche Forschung auf der Grundlage umfangreicher Versuche in Familie, Kindergarten, Heim, Schule und Berufsausbildung stellt jedoch ein Politikum ersten Ranges dar. Kann es doch vorkommen, daß in derartigen Versuchen Erziehung und Unterricht ein kritisches Potential hervorbringen, die den Bestand etablierter Herrschaftsverhältnisse ernsthaft gefährden. Erziehung und pädagogische Wissenschaft würden ein soziales Teilsystem, dessen Funktionalität nicht im erwünschten Sinne kontrollierbar wäre.
A. Fischer bleibt mit seiner Argumentation für eine verstärkte erfahrungswissenschaftliche Forschung der Pädago-

gik unter dem von Heubaum rund fünfzehn Jahre zuvor bereits geleisteten Niveau, obwohl sein Name in den historischen Exkursen über die empirische Pädagogik weit eher Beachtung findet.

Seine 1914 veröffentlichte »Deskriptive Pädagogik« zeigt den gleichen naiven Empirismus, auf den oben schon gegenüber Trapp hingewiesen werden mußte. Dabei wird angenommen, die Phänomene der erfahrbaren Welt – also auch die Erziehung als Handlungszusammenhang – könnten von einem möglichst unvoreingenommenen Beobachter in ihrem eigentlichen Sein beschrieben, in ihren wechselseitigen Abhängigkeiten erfaßt werden, die »reine« Sinneswahrnehmung schaffe einen unmittelbaren Zugang zur Realität der Objekte. Von einer derartigen Tatsachenforschung könne dann schließlich auf das Wesen einer Sache geschlossen, Theorie also induktiv entwickelt werden.

Fischer dokumentiert eben dieses Verständnis von erfahrungswissenschaftlicher Pädagogik, wenn er – auch unter pragmatischen Aspekten – erklärt: »Um die eigentliche Erkenntnisaufgabe, die restlose Analyse der Erziehungsakte als solcher kommen wir freilich nicht herum; sie bleibt eine Forderung des Erkenntniswillens, und Pädagogik ihrer Idee nach konstituiert sich eben als die absichtslose Analyse und Beschreibung des Wesens von Erziehung, das in den Einzelerziehungen mehr oder minder ausgeprägt den Blickpunkt für alle Versuche einer Begriffsbestimmung und Gesetzesformulierung abgibt.«[25]

Damit vermengt Fischer empirische Forschung und philosophische Spekulation, denn seine Hoffnung, aus der »absichtslosen« Datenerhebung – ohnehin schon eine unzureichende und naive Grundannahme – solle Wesenserkenntnis resultieren, verkennt die Absichten und Möglichkeiten der Empirie. Wie Fischer an anderer Stelle betont, ist Pädagogik als »reine« Wissenschaft zuerst am Erkennen der Realität interessiert, die sich ihm als ein Gegenstandsbereich darstellt »wie das Recht oder die Sprache, die Kunst oder die Staatsform«.[26]

Empirie kann hier nur als Historie gemeint sein, denn diese Gegenstandsbereiche zeigen sich in Objektivationen, die der Interpretation zugänglich sind.

Pädagogik hat sodann eine praktische Aufgabe in der Vorbereitung der Lehrer und Erzieher, damit diese lernen, »die Zöglinge richtig beurteilen, richtig anfassen und behandeln zu können, um die Lehrstoffe zweckentsprechend auszuwählen und zu vermitteln, um die Maßnahmen der Einwirkung, Gegenwirkung, Behütung, Befestigung, Besserung, Übung ziel- und individualitätsgemäß anordnen zu können«.[27] Es ist evident, daß der pädagogischen Empirie nun ein Gegenstandsbereich ganz anderer Qualität zugewiesen ist, denn jetzt steht die Beschreibung und Erklärung bestimmter Verhaltensweisen der Pädagogen und deren Wirkungen an. Erst in diesem Sinne kann nach heutigem Verständnis von empirischer Forschung gesprochen werden, denn nun erfolgt die Analyse der bedeutsamen Phänomene eben nicht »absichtslos«, vielmehr wird von einem bestimmten Interesse und bestimmten Maßnahmen über die Wirkung pädagogischer Maßnahmen her beobachtet. Es ist eine Art Theorie, eine Hypothese vorhanden, die sich im Versuch bewähren soll. Doch diese angedeuteten methodologischen Reflexionen sind bei FISCHER noch nicht realisiert, so daß er noch schreiben kann, eine möglichst »reine« Erfahrung, frei von praktischen Interessen und Zwängen, führe zur Erkenntnis pädagogischer Wesenheiten.

Pädagogik bleibt bei FISCHER philosophisch und historisch fundierte Kulturwissenschaft[28], die – im wesentlichen unter pragmatischen Hinsichten – um die empirische Forschung ergänzt werden soll. Anders als bei HEUBAUM etwa, bleibt dabei unreflektiert, wie sich Theorie und Empirie zueinander verhalten.

An der FISCHERschen Konzeption einer »Deskriptiven Pädagogik« lassen sich einige Züge *positivistischer* Erkenntnistheorie entdecken, die – ebenso wie der naive Empirismus – inzwischen als überholte Erkenntniskategorien gelten.[29]

FISCHER, MEUMANN und auch P. PETERSEN gehen offentsichtlich davon aus, daß die *positiven Tatsachen*, das wahrnehmbar Gegebene Quelle wissenschaftlicher Erkenntnis sei. Wenn man sich diesen Tatsachen nur möglichst »absichtslos« nähert, so daß eine subjektive Verfälschung der Wahrnehmung möglichst unterbleibt, kann aus der Summation der Erfahrungsdaten auf dem Wege der *Induktion*

Theorie gebildet werden. Auf diese Weise ist »reines« Tatsachenwissen, exakte Wissenschaft möglich, die sich allein der *Beschreibung* der Wirklichkeit widmet und jegliche *Wertung vermeidet.*

Auch unter diesem Aspekt fällt FISCHER hinter die HEUBAUMsche Konzeption zurück. Hatte doch HEUBAUM ausdrücklich auf den Vorrang der Theorie verwiesen, von der her die – dann eben »absichtsvolle«, strukturierte und selektive – Wahrnehmung der Tatsachen erfolge.

Die Diskussion um den Begründungszusammenhang der Pädagogik erfährt durch die wissenschaftstheoretischen Arbeiten M. WEBERS[30] neue Anstöße, deren Wirkungen freilich eigentlich erst heute auf breiter Front zu beobachten sind. R. LOCHNER hat unter engster Bezugnahme auf WEBERS Konzeption einer wertfreien Wissenschaft die Grundzüge einer wertfreien Erziehungswissenschaft konzipiert. Danach soll sich Erziehungswissenschaft als »Gegenstandstheorie« verstehen, der es »nur um die Wahrheitsfindung«, nicht aber darum geht, »einer Lebensaufgabe zu dienen«.[31] Letztere Aufgabe komme allein einer Erziehungslehre zu, wogegen die Pädagogik als »echte Wissenschaft« streng darauf achten müsse, ausschließlich der Deskription und Erklärung zu dienen. »Pädagogik als Wissenschaft [Erziehungswissenschaft] und Pädagogik als ›Kunstlehre‹ [Erziehungslehre] sind durchaus zweierlei.«[32]

LOCHNER lehnt unter Hinweis auf die Unmöglichkeit, Wertungen – z. B. als normative Aussagen für die Erziehungspraxis – als wissenschaftliche, d. h. überprüfbare und allgemeingültige Aussagen zu formulieren, den von den geisteswissenschaftlichen Pädagogen seiner Zeit beanspruchten Doppelcharakter der Pädagogik als theoretische und pragmatische Wissenschaft entschieden ab. »Bestimmte Werte, Wertordnungen und Wertrangstufen werden zwar interpersonal mit mehr oder minder überzeugender Evidenz als gültig erlebt, aber interpersonal kann von einer ›objektiven Gültigkeit‹ keine Rede sein.«[33] Deshalb kann die Pädagogik die Praxis nicht über das Wesen der Erziehung, Ziele der Erziehung oder den gültigen Vollzug der Erziehung aufklären, sondern immer nur zeigen was ist, warum es ist und wie es sich – bei vorgegebenem Ziel – verändern läßt.

»So hat auch die Erziehungswissenschaft die Aufgabe, der Frage nachzugehen, was Erziehung sei, wie sie zustande komme oder ablaufe, welche Formen sie aufweise, welche Effekte sie habe – und zwar all dies ohne Rücksicht darauf, ob die Ergebnisse bzw. Feststellungen ihrer forschenden Tätigkeit angenehm oder unangenehm sind.«[34]
Wiederum wird unkritisch und naiv die reine, unparteiliche und unpraktische »Erkenntnis um ihrer selbst willen« gefordert, obwohl doch gerade M. WEBER auf die Interessengebundenheit wissenschaftlicher Forschung verwiesen hatte.[35] Sein Postulat der Wertfreiheit bezieht sich ausschließlich auf die theoretischen Aussagen der Wissenschaft, nicht jedoch auf die Wertbasis der Wissenschaft, in der auch das praktische und politische Engagement des Wissenschaftlers begründet ist.
W. BREZINKA hat die von LOCHNER noch sehr unzureichend reflektierte Konzeption einer deskriptiv-erklärenden Erziehungswissenschaft schließlich wesentlich weiterentwickelt, wobei er sich seinerseits auf die Fortführung der wissenschaftstheoretischen Forschung durch K. R. POPPER, E. TOPITSCH, V. KRAFT, H. ALBERTund andere Vertreter der analytischen Philosophie stützen konnte.
Die folgende Darstellung und Kritik dieser dritten – der realwissenschaftlichen – Konzeption von Erziehungswissenschaft wird sich deshalb im wesentlichen an BREZINKAS Rezeption des »kritischen Rationalismus« (POPPER) für die Erziehungswissenschaft orientieren.
Von ihrer Geschichte her, das sollte der kurze historische Exkurs aufzeigen, ist diese Konzeption mit komplizierten Problemen belastet:
Welche Funktion hat Empirie bzw. empirisches Wissen für die Theorie und umgekehrt, wie beeinflußt die Theorie die erfahrungswissenschaftliche Forschung?
Erlaubt der Objektbereich der Erziehungswissenschaft – erzieherisches Handeln als gesellschaftliche Praxis – sinnvoll die Verwendung experimenteller Forschungsmethoden? Welchen Charakter gewinnt dieser Objektbereich, wenn nur das zum Gegenstand erziehungswissenschaftlicher Forschung werden kann, was bestimmten Verfahren der Datenerhebung zugänglich ist?

Ist »reine« Grundlagenwissenschaft möglich?
Ist sie nicht immer gesellschaftlich vermittelt und politisch manipulierbar?
Welche Kriterien kennt diese Konzeption, von denen her Schutz gegen politischen Mißbrauch der Pädagogik möglich ist? Wenn diese Pädagogik kein praktisch-politisches Engagement kennt, von welchem Erkenntnisinteresse wird sie geleitet?

3. *Das Forschungsinteresse der realwissenschaftlichen Konzeption: theoretisches Wissen zum Zwecke technologischer Verwendbarkeit*

Im Anschluß an die oben skizzierte Kritik BREZINKAS gegenüber geisteswissenschaftlicher und normativer Pädagogik, läßt sich die Methodologie und Erkenntnistheorie der am kritischen Rationalismus orientierten Erziehungswissenschaft von der *Unterscheidung* des *theoretischen* vom *pragmatischen Interesse* her entwickeln.
Dieses Verfahren wiederholt folglich das Vorgehen W. FLITNERS, in Absetzung von der empirischen Wissenschaft das besondere Forschungsinteresse der geisteswissenschaftlichen Pädagogik darzustellen, mit vertauschten Rollen: Jetzt soll in Absetzung von den »Wissenschaften von pragmatischem Gehalt«[36] die Methodologie und Erkenntnistheorie des kritischen Rationalismus verdeutlicht werden.
Im Kapitel über die geisteswissenschaftliche Pädagogik sind die Merkmale pragmatischer Wissenschaft schon verschiedentlich angesprochen worden, so daß hier eine Skizze genügt.
Pragmatische Wissenschaften – im Verständnis der deutschen geisteswissenschaftlichen Tradition, nicht etwa im Sinne des angelsächsischen Pragmatismus (PEIRCE, JAMES DEWEY) – sind von der *Verantwortung* für einen bestimmten Bereich gesellschaftlicher Funktionen geleitet. FLITNER zitiert F. PAULSEN, der diese Wissenschaften als »berufswissenschaftliche« bezeichnet hat.[37]
Ihre Theorie verfolgt danach den Zweck, eine bestimmte berufliche Praxis – in diesem Falle die Erziehungspraxis – wirkungsvoller möglich werden zu lassen. Dabei ist nicht so

sehr an die technische Perfektionierung und Optimierung der Praxis gedacht, vielmehr soll der immanente Anspruch dieser Praxis, die Aufgabe der Erziehung in einer bestimmten gesellschaftlich-geschichtlichen Situation bewußt gemacht werden, so daß Erziehungspraxis gemäß den aufgedeckten Sinngehalten und Wertentscheidungen verändert werden kann.

Die Verantwortung der Wissenschaft resultiert unmittelbar aus der Qualität ihres *Objektbereiches*. Pragmatische Wissenschaft hat es weder mit den isolierbaren Objekten der Naturwissenschaft noch mit den objektiv-geistigen Objekten, den schriftlichen Dokumenten der historisch-philologischen Disziplinen zu tun. Erziehung als Gegenstand wissenschaftlicher Pädagogik hat ihr Spezifikum in der Aufgabenhaftigkeit. Erziehung ist immer wieder neu zu leisten, ist eine »in die Zukunft hin offene, verantwortbare«[38] Praxis. Pädagogik kann demnach nur dann ihrem Objektbereich adäquat und für die Praxis relevant sein, wenn sie deren Verantwortung teilt.

Dem *pragmatischen* Interesse, die Praxis verantwortlich zu leiten, entspricht ein besonderes *Erkenntnisverfahren*, denn da »diese Faktizität... keine objektiv-naturhafte und auch keine objektiv-geistige, in Texten und Dokumenten festliegende ist, sondern eine noch aufgegebene, in die Zukunft hin offene, verantwortbare, so bleibt der Pädagogik nur das Verfahren der existentiellen Besinnung in einer historisch vorhandenen und zu interpretierenden Struktur, in der erst die Tatsachen erscheinen, die zu untersuchen sind«.[39]

W. Brezinka verwirft – in strenger Übertragung der methodologischen Standards des kritischen Rationalismus auf Erziehungswissenschaft – die beanspruchte Verantwortung der pragmatischen Pädagogik, die Annahme eines besonders strukturierten Objektbereiches und eines spezifischen Erkenntnisverfahrens entschieden.

Auf der Grundlage der im ersten Abschnitt dieses Kapitels zitierten Entscheidung für den Wissenschaftsbegriff des kritischen Rationalismus wehrt er die These von einer verantwortlichen Leitung der Praxis durch Wissenschaft unter Hinweis auf die *Erkenntnisabsicht der Wissenschaft*, die von der *Leitungsabsicht* der *Ideologien* streng zu trennen sei, ab.

»Eine wissenschaftliche Theorie ist ein streng logisch geordnetes System von Aussagen. Sie enthält Beschreibungen, Erklärungsversuche und eventuell auch Voraussagen«[40], beschränkt sich also auf die Deskription und Analyse des Seins. »Ihr Zweck ist es, zu informieren.«[41]
Die *Ideologie* hat es dagegen auf die praktische Einflußnahme, die Lenkung menschlichen Bewußtseins und menschlicher Handlungen abgesehen, sie ist »eine einseitige Auswahl und Interpretation der Tatsachen, die von bestimmten Vorstellungen dessen, was sein soll, geleitet wird. Ihr Zweck ist es, zu lehren, worauf es im Leben ankommt...«[42]
Ideologische Aussagen – so wie hier von BREZINKA verstanden – sind demnach wegen ihrer Absicht, das Handeln zu leiten, Aussagen über ein Sollen zu machen, Werturteile zu fällen, von wissenschaftlichen zu unterscheiden.
Denn »Theorien sind frei von Werturteilen«[43], weil sie ausschließlich über Tatsachen informieren wollen. Ideologien aber gehen nicht in reinen Aussagen über beobachtbare Sachverhalte auf, so daß sie daran auch überprüfbar wären, vielmehr wollen sie eine Forderung, ein Sollen«[44] aussprechen.
»Wenn man in den Sozialwissenschaften von Werturteilen spricht, dann meint man im allgemeinen... Aussagen,... die bestimmte Verhaltensweisen (Stellungnahmen, Entscheidungen, Handlungen) als gerechtfertigt deklarieren.«[45]
Derartige Aussagen müssen aus dem Zusammenhang eines theoretischen Aussagensystems entfernt werden, weil sie dem *zentralen Kriterium* wissenschaftlicher Aussagen, an der konkreten Erfahrung *überprüfbar* zu sein, nicht genügen. Unter Bezugnahme auf das von K. R. POPPER entwickelte Prinzip der *Falsifizierbarkeit* theoretischer Aussagen – »Wir fordern zwar nicht, daß das System [theoretischer Aussagen, K. Z.] auf empirisch-methodischem Wege endgültig positiv ausgezeichnet werden kann, aber wir fordern, daß es die logische Form des Systems ermöglicht, dieses auf dem Wege der methodischen Nachprüfung negativ auszuzeichnen: »Ein empirisch-wissenschaftliches System muß an der Erfahrung scheitern können.«[46] – heißt es dazu bei BREZINKA: »Jede wissenschaftliche Aussage muß grundsätzlich intersubjektiv nachprüfbar sein.«[47]

Normative Aussagen, Sätze über ein gesolltes Handeln, Werturteile als »Direktive für das Verhalten«[48] sind in diesem Sinne nicht intersubjektiv überprüfbar. Das hat seinen Grund in der Tatsache, daß Werturteile neben einem deskriptiv-empirischen auch einen – sie eigentlich auszeichnenden – präskriptiven Gehalt haben, der sich in den Wertausdrücken – gerecht, gut, demokratisch, menschlich, schlecht und vielen anderen mehr – zeigt. Das Spezifikum der Werturteile liegt somit in »dem Teil ihres Vokabulars, der im wesentlichen nicht dazu dient, Erkenntnisse auszudrükken und Informationen zu übermitteln, sondern dazu, Bekenntnisse auszudrücken und die Handlungen und Stellungnahmen, also die praktische Einstellung anderer Personen ... zu beeinflussen«.[49]
Überprüfbar – »wahrheitsfähig«[50] – wie H. Albert formuliert, sind Werturteile also nur in ihren unwesentlichen Teilen. So ist etwa das Werturteil, »der Analphabetismus in den Ländern der sogenannten Dritten Welt soll beseitigt werden«, nur soweit wahrheitsfähig, als hier ausgesagt ist, daß in bestimmten Ländern – denen der Dritten Welt – ein bestimmter Sachverhalt – der Analphabetismus – beobachtbar sein soll. Nur dieser Teilinhalt des Werturteils läßt sich an den tatsächlichen Zuständen überprüfen, wobei vorausgesetzt ist, daß die Merkmale des Analphabetismus und diejenigen der Länder der Dritten Welt exakt definiert sind.
Nicht überprüfbar ist dagegen der *präskriptive* Gehalt des Werturteils, der Analphabetismus *solle* beseitigt werden, denn damit wird – im Urteil der analytischen Wissenschaftslehre – nicht über objektive Sachverhalte informiert, sondern hier wird – unter expliziter oder impliziter Berufung auf ein ethisches Prinzip oder ein Gesolltes anderer Qualität – zu einem Verhalten aufgefordert, eine Entscheidung des Sprechers kundgetan und die Übernahme dieser Entscheidung nahegelegt. Das sind keine Erkenntnisabsichten, so urteilt u. a. H. Albert, sie können »daher weder wahr noch falsch sein«[51], sondern nur gültig oder ungültig im Sinne der Ableitung aus jeweils übergeordneten Werturteilen.
Da die traditionelle Pädagogik es als »ihre wichtigste Aufgabe« angesehen habe, herauszufinden, »was sein solle, was gut für die Menschen, was wünschenswert für die künftige

Erziehung«[52] sei und auf dem Hintergrund dieses Interesses »Behauptungen über erstrebenswerte Ziele«, »Vorschriften (Normen) für das erzieherische Handeln«, »Vorschläge für bestimmte Organisationsformen der Erziehungseinrichtungen« und »eine weltanschauliche Interpretation der Lage des Menschen«[53] formuliert haben, ist sie nach Meinung W. BREZINKAS – und im Sinne des dargestellten Verständnisses des Werturteils als einer nicht wahrheitsfähigen Aussage – in diesen Bemühungen ein unwissenschaftliches Aussagensystem mit deutlich ideologischen Zügen.
Gemessen an den methodologischen Standards des kritischen Rationalismus »fällt an der Pädagogik sofort ins Auge, daß sie von dem, was zu einer Wissenschaft gehört, zu wenig und von anderem, was nicht dazu gehört, zuviel enthält. Es mangelt an Informationen über die Erziehungswirklichkeit, aber an deren Stelle sind ›Wesensbestimmungen‹, Werturteile und Normen, Glaubensbekenntnisse, politische Programme und Handlungsappelle im Übermaß vorhanden«.[54] Soweit greift BREZINKA einen Mangel der geisteswissenschaftlichen und der normativen Pädagogik an, den auch die hier vorgenommene Kritik dieser erziehungswissenschaftlichen Konzeptionen aufgedeckt hat. Damit könnte der Eindruck entstehen, die Kritik BREZINKAS bilde die Basis der hier versuchten Kritik der äußeren Relevanz erziehungswissenschaftlicher Konzeption. Davor sei gewarnt, denn im folgenden wird nun erst zu zeigen sein, welche Aussagen das *theoretische Interesse* der realwissenschaftlichen Konzeption im einzelnen zu leisten vermag. Der negativen Bestimmung des realwissenschaftlichen *Forschungsinteresses*, hier durch die Kritik pragmatischen Interesses vorgenommen, wird also nun die positive Bestimmung zu folgen haben.
BREZINKA geht von der Entscheidung für den Wissenschaftsbegriff des kritischen Rationalismus aus, nach dem es der *Zweck der Wissenschaft* ist, Informationen über die Wirklichkeit zu erbringen, auf deren Basis die Welt »zu rationalisieren, zu erklären und zu beherrschen«[55] ist, wie K. R. POPPER formuliert. Wissenschaften sind »Theoriesysteme«[56], also in sich widerspruchsfrei konstruierte Systeme allgemeiner Sätze, »die dazu verwendet werden können, Erscheinungen unserer realen Welt zu erklären«.[57]

Im Sinne der ALBERTschen und POPPERschen Bestimmungen kommt BREZINKA zu dem Fazit: »Von einem wissenschaftlichen Aussagensystem wird nicht mehr und nicht weniger gefordert, als daß es Informationen über die Wirklichkeit enthält.«[58]

Diese Zwecksetzung gilt nach Meinung der Vertreter des kritischen Rationalismus für *alle* Wissenschaften, denn die von seiten der Geisteswissenschaften – neuerdings der kritischen Theorie (HORKHEIMER, MARCUSE, ADORNO, HABERMAS) – vorgenommene Trennung in exakte Naturwissenschaften als nomethetische (= Gesetze formulierende) und individualisierende, idiographische (= Eigenschaften beschreibende) Kultur- und Geisteswissenschaften, wird entschieden verworfen. So betont E. TOPITSCH: »Vom wissenschaftstheoretischen Standpunkt erscheint die Gegenüberstellung einer angeblich allgemeine Gesetze formulierenden naturwissenschaftlichen und einer individualisierenden geisteswissenschaftlichen Methode als höchst fragwürdig.«[59]

Damit fällt auch der Anspruch der Pädagogik, sie sei auf Grund eines besonders qualifizierten Objektbereiches eigenständige Wissenschaft. Vielmehr heißt es bei BREZINKA: »Jede Argumentation zugunsten einer relativ selbständigen Realwissenschaft von der Erziehung wird davon ausgehen müssen , daß es keinen zwingenden theoretischen Grund dafür gibt, die Probleme der Erziehung vorwiegend in einer (wenn nicht dem Namen, so doch der Sache nach) neu zu konstituierenden Erziehungswissenschaft zu behandeln, statt ihre Bearbeitung weiterhin jenen inhaltlich umfassenderen Disziplinen zu überlassen, denen wir bisher schon das meiste von unseren wissenschaftlichen Erkenntnissen über Erziehung verdanken. Für die Konzentration in einer Spezialwissenschaft von der Erziehung sprechen nur *praktische* Gründe: insbesondere die Erwartung, daß die Theoriebildung vorangetrieben werden kann und die einschlägigen Forschungen fruchtbarer werden dürften, wenn aus den verschiedenen Disziplinen alle die Erziehung betreffenden Probleme und Lösungsversuche in einem größeren Zusammenhang kritisch gesichtet, begrifflich aufeinander abgestimmt und inhaltlich koordiniert werden.«[60]

Der *Zweck* der Realwissenschaften, zu denen also die Physik, die Geschichte, die Psychologie ebenso wie die Pädagogik bzw. Erziehungswissenschaft gerechnet wird, die Welt zu *erklären*, rückt in das Zentrum der folgenden Darstellungen das Verfahren der Formulierung und Prüfung theoretischer Aussagen.

Doch zuvor ist im Hinblick auf das *Forschungsinteresse* zu präzisieren:

Das Ziel erziehungswissenschaftlicher Forschung sind Theorien, mit deren Hilfe konkrete Probleme in der Erziehungswirklichkeit erklärt werden können. Erziehungswissenschaft geht damit auch im Verständnis dieser Konzeption von einem praktischen Interesse aus. Sie will jedoch keine Normen, Werturteile und Handlungsanweisungen für die »richtige« Erziehungspraxis formulieren. Ihr *praktisches Interesse* ist darauf beschränkt, Informationen für die Analyse (Erklärung) und Lösung der Probleme anzubieten. So, wie die Naturwissenschaften durch ihr theoretisches Wissen die Rationalisierung und Kontrolle der Natur ermöglichen, soll Erziehungswissenschaft die gezielte, kontrollierbare und steuerbare Planung und Durchführung erzieherischer Praxis garantieren. Denn die Grundstruktur der Probleme, von denen jede Realwissenschaft ausgeht, ist immer die gleiche: »Beim Erziehen ist ähnlich wie beim technischen, wirtschaftlichen, politischen oder ärztlichen Handeln stets eine bestimmte Absicht gegeben. Gesucht werden die Bedingungen für ihre Verwirklichung.«[61] Als wertfreie Wissenschaft kann Erziehungswissenschaft die Absichten der Erziehung, des Unterrichts oder der Bildungspolitik nicht selbst formulieren, noch einen Beitrag zu ihrer inhaltlichen Bestimmung beitragen. So konzentriert sich ihr Interesse auf die Mittel, die Bedingungen für die Realisierung der Absichten: »Im Hinblick auf die in der Erziehungspraxis zu lösenden Probleme ist die Erziehungswissenschaft in erster Linie eine technologische Wissenschaft.«[62]

Ihre Theorie soll Aussagen enthalten, die das Handeln der Praktiker im Hinblick auf vorgegebene Ziele lenkt. Soll Erziehung zweckrational veranstaltet werden, also bei minimalen Investitionen ein Höchstmaß an Erfolg erreicht werden, so muß erziehungswissenschaftliche Theorie eine pädagogische – auch bildungspolitische – *Technologie* möglich machen. Genau diese Intention verfolgt das realwissenschaftliche Forschungsinteresse, gleichgültig, ob es sich um pädagogische, soziologische oder chemikalische Probleme handelt.

Im Sinne der obigen Explikation des Begriffes »technische Relevanz« ist evident, daß genau und ausschließlich diese Relevanz beansprucht wird. Auf der Grundlage überprüfbarer Theorien über konkrete Sachverhalte soll die *Herstellbarkeit der Wirklichkeit* – hier der Erziehung in ihren verschiedensten inhaltlichen und strukturellen Erscheinungsformen – gesichert werden. »Dies ist das Erkenntnisinteresse an der technischen Verfügung über vergegenständlichte Prozesse.«[63]

4. *Theorie und Prognose. Ihre Entdeckung, Formulierung, Prüfung und Anwendung*

Der Exkurs in die Geschichte empirischer Konzeptionen in der Pädagogik hat mehrfach auf den naiven Empirismus solcher Konzeptionen hinweisen müssen. Ausgehend von den gegebenen Tatsachen in der Erziehungswirklichkeit wollte man durch möglichst absichtslose, vorurteilsfreie und exakte Beobachtung der Sachverhalte und ihrer Verhältnisse zueinander Erkenntnisse über die Wirklichkeit, positives Wissen erhalten. Aus einer Mehrzahl von beobachteten Regelmäßigkeiten sollten dann durch einen induktiven Schluß – von den besonderen Einzelerscheinungen auf ein Allgemeines – generalisierende Aussagen, also Gesetze gewonnen werden. Theorie sollte damit auf einem theoriefreien Wege aufgebaut werden.

Die Realwissenschaft im Sinne des kritischen Rationalismus hat diesen naiven Empirismus überwunden. Längst besteht auch hier Einigkeit darüber, daß bestimmte Sachverhalte der Wirklichkeit nur von einem bestimmten Interesse der Forschenden her aus der unendlichen Anzahl möglicher Objekte ausgewählt werden, daß diese Sachverhalte für die Forschenden problematisch, fragwürdig sind und daß in dem Interesse und der Frage bereits Vermutungen, Annahmen oder Hypothesen im Hinblick auf die erwünschte Lösung des problematischen Sachverhalts impliziert sind. Wissenschaft – so wurde oben schon sinngemäß ausgeführt – beginnt also nicht mit Tatsachen, sondern Menschen als soziale Subjekte entdecken Probleme in ihrer Welt, artikulieren Annahmen über die Erklärung und Lösung derselben und prüfen auf dem Wege der kontrollierten Beobachtung, welche Maßnahmen und Mittel die erwünschte und angenommene Lösung erbringen. So beschreibt POPPER den Prozeß wissenschaftlichen Arbeitens: »Die Tätigkeit des wissenschaftlichen Forschers besteht darin, Sätze oder Systeme von Sätzen aufzustellen und systematisch zu überprüfen; in den empirischen Wissenschaften sind es insbesondere Hypothesen, Theoriesysteme, die aufgestellt und an der Erfahrung durch Beobachtung und Experiment überprüft werden.«[64]

Doch nicht nur diese Einsichten in die sogenannte *Psychologie der Forschung* sind gegen den naiven Empirismus geltend gemacht worden. Wesentlicher ist der Hinweis auf die logische Unmöglichkeit, von Einzelereignissen auf ein Allgemeines zu schließen, so daß theoretische Aussagen durch die Tatsachen begründbar wären.

»Nun ist es aber nichts weniger als selbstverständlich«, wendet POPPER ein, »daß wir logisch berechtigt sein sollen, von besonderen Sätzen, und seien es noch so viele, auf allgemeine Sätze zu schließen. Ein solcher Schluß kann sich ja immer als falsch erweisen: Bekanntlich berechtigen uns noch so viele Beobachtungen von weißen Schwänen nicht zu dem Satz, daß *alle* Schwäne weiß sind.«[65]

Ausgehend von diesem grundsätzlichen Einwand argumentiert POPPER dann im einzelnen sein Urteil, mittels induktionslogischer Verfahren seien Theorien im Hinblick auf ihre Geltung nicht zu begründen. Die Absicht, Theorien zu verifizieren, sie als Widerspiegelung der objektiven Wahrheit zu verstehen, wird vom kritischen Rationalismus schlechtweg verworfen.[66]

Wie in der obigen Skizze zur Psychologie der Forschung schon angesprochen, sind *Theorien* vielmehr als *Konstruktionen*, Erklärungsversuche, Spekulationen oder auch Phantasien derjenigen Subjekte zu verstehen, die mit Hilfe solcher Theorien einen beobachtbaren Sachverhalt erklären wollen.

»Die Theoriebildung ist also eine schöpferische Tätigkeit, keine passive Schau, bei der ›Gegebenes‹ gespiegelt wird.«[67]

Die *Entdeckung* theoretischer Sätze – man kann nach der eben zitierten Aussage ALBERTS auch von ihrer Erfindung sprechen – basiert als bewußte Konstruktion auf dem gesamten verfügbaren Vorwissen über die Abhängigkeiten und Kovarianzen der konkreten Sachverhalte. In diesem sogenannten *Entdeckungs-* oder *Entstehungszusammenhang* fungieren folglich bereits bekannte Theorien, Intuitionen, konkrete Beobachtungen und daraus resultierende Vermutungen sowie pure Spekulationen als Quellen für Forschungshypothesen. »Das bedeutet«, so folgert BREZINKA, »daß auch in der Erziehungswissenschaft jeder denkbare Weg, auf dem jemand zu Einsichten zu gelangen hofft, zulässig ist. Was als Verstehen oder als phänomenologische Wesensschau bezeichnet wird, ist ebenso legitim, wie es die Beobachtung, die induktive Verallgemeinerung, der Vergleich oder die interpretierende Reflexion auf überliefertes Wissen sind.«[68]

Indem der kritische Rationalismus diesen Entdeckungszusammenhang der Theorien von ihrer Prüfung, die sich im **Begründungszusammenhang** abspielt, unterscheidet, verweist er – wie bei BREZINKA bereits angedeutet – die oben dargestellten Bemühungen der geisteswissenschaftlichen und der normativen Pädagogik auch von dieser Argumentation her in den Bereich vorwissenschaftlicher Aussagensysteme. Denn die Hermeneutik der Erziehungswirklichkeit ist kein Verfahren zur Kontrolle, also zur Überprüfung konstruierter Hypothesen, Hermeneutik versteht sich selbst vielmehr als Versuch, ein geschichtlich-gesellschaftliches Vorverständnis deutend bewußt zu machen, was oben in Anlehnung an O. F. BOLLNOW und W. FLITNER ja im einzelnen erläutert worden ist.

»Deshalb hat das ›Verstehen‹ und jede andere Art privater ›Erfahrung‹ nur *heuristischen* Wert (vom griechischen: heuriskein = finden): es handelt sich um psychische Vorgänge, die zur Auffindung oder Entdeckung von Hypothesen führen können.«[69]

Die Unterscheidung eines außer- oder vorwissenschaftlichen Entdeckungszusammenhanges, in dem wissenschaftliche Rationalität nicht prinzipiell erforderlich ist, von dem eigentlichen Bemühen der Realwissenschaft, ihre Hypothesen durch Falsifikationsversuche an der Realität zu erhärten, stellt zusammen mit dem Postulat einer wertfreien Wissenschaft eine äußerst folgenreiche methodologische Entscheidung für die Erziehungswissenschaft dar! Auf eine Formel gebracht heißt das nämlich: Erziehungswissenschaft soll sich – qua Wissenschaft – in parteiloser Indifferenz der gesellschafts-politischen Realität gegenüber verhalten. Als Wissenschaft vermag sie weder die Bedeutung vorgegebener Probleme zu beurteilen – es sei denn unter technischen Aspekten – noch kann sie selbst Probleme auffinden, die im Interesse einer Emanzipation von Individuum und Gesellschaft gelöst werden müssen. Da sich Erziehungswissenschaft als technologische Disziplin versteht, und da die Entdeckung der Probleme wie auch die Konstruktion der diese erklärenden Theorien im Grunde der Willkür überlassen bleibt, bleibt sie dem gesellschaftlichen Handlungszusammenhang aller Erziehung äußerlich.

Die Kritik wird u. a. auch durch BREZINKAS Hinweise auf die – seiner Meinung nach – wissenschaftlich nicht zu rechtfertigenden Bemühungen, die sogenannte anti-autoritäre Erziehung der tradierten autoritären oder die integrierte Gesamtschule dem Drei-Klassen-Schulsystem vorzuziehen, erhärtet. Ob gleiche Chancen für möglichst viele Kinder und Jugendliche gegeben sein sollen, ob die Kinder der breiten Masse weiterhin in schlechteren Schulen und von minderwertiger ausgebildeten und geringer besoldeten Lehrern unterrichtet werden sollen, Probleme und Entscheidungen dieser Qualität reduzieren sich nach BREZINKA auf eine technische Frage. Denn die wissenschaftlichen Erkenntnisse, die für die generelle Einführung der Gesamtschule sprechen, disqualifiziert er durch sprachliche und symbolische Zynismen. Er spricht von »spärlichen ›erziehungswissenschaftlichen‹ Erkenntnissen«[70], womit diese Entscheidung in aller Deutlichkeit aus dem Horizont realwissenschaftlichen Interesses verwiesen ist. Wird dem Erziehungswissenschaftler freilich der Auftrag erteilt, über die Technik

der Umwandlung tradierter Schulen in Gesamtschulen Auskunft zu erteilen, so ist sein »Erkenntnisinteresse an der technischen Verfügbarkeit über vergegenständlichte Prozesse«[71] angesprochen. Jetzt erst kann er aktiv werden, denn in »jedem Fall hängt es von Werturteilen ab, nach welchem Standard erziehungswissenschaftliche Erkenntnisse veröffentlicht und mit welchen Einschränkungen sie zur Verwendung in der Praxis empfohlen werden«.[72] Auf diese Werturteile kann die wertfreie Erziehungswissenschaft keinen Einfluß nehmen, und selbst – so wird zumindest vorgegeben – wird die Erziehungswissenschaft nicht politisch.
Nun könnte gegen diese Kritik von Brezinka eingewandt werden, er habe ausdrücklich darauf verwiesen, »daß nicht daran gedacht ist, dem Wissenschaftler Wertungen zu verbieten«.[73] Selbstverständlich sei er »als Mensch und als Wissenschaftler«[74] an Motive, Interessen, Wünsche, politische Überzeugungen und religiöse Wertungen gebunden, ja, »die Verantwortung des Erziehungswissenschaftlers«[75] wird expressis verbis hervorgehoben. Doch alle diese Hinweise sollen lediglich den psychologischen und sozialen Bedingungszusammenhang der Entdeckung theoretischer Aussagen beschreiben. Die Erziehungswissenschaft selbst erfordert weder ein praktisch-politisches Engagement noch Verantwortung. Ihr technisches Interesse folgt anderen Normen. Die Erziehungswissenschaft soll »dem Zentralwert der Suche nach der Wahrheit den Vorrang«[76] geben, denn gerade »wenn man – wie es bei Erziehungswissenschaftlern häufig der Fall sein dürfte – vom Willen zur Verbesserung der Erziehungspraxis durchdrungen ist, kann man dazu auf wissenschaftlicher Basis doch nur dadurch beitragen, daß die Erziehungswirklichkeit mit ihren Gesetzmäßigkeiten rein theoretisch erforscht wird«.[77]

Für die weitere Kritik der realwissenschaftlichen Konzeption wird somit der Frage nachzugehen sein, wie denn »rein theoretisch« geforscht wird, womit im Sinne der Überschrift dieses Abschnittes die *Überprüfung* erklärender Aussagen und die Möglichkeiten ihrer *Anwendung* darzustellen und zu diskutieren sind.
Der Zweck realwissenschaftlicher Theorien – so ist zu erin-

nern – besteht in der *Erklärung* konkreter Vorgänge. Nach POPPER stellt die Erklärung ihrer logischen Struktur nach ein *deduktives* Argument dar, denn der Satz, der den zu erklärenden Vorgang beschreibt, ist dann »kausal erklärt«, wenn er sich »aus Gesetzen und Randbedingungen deduktiv ableiten«[78] läßt.

Der den zu erklärenden Vorgang beschreibende Satz (das sogenannte *explanandum*) muß demnach als logische Konsequenz eines Gesetzes und der Randbedingungen (diese beiden Aussagearten bilden zusammen das sogenannte *explanans*) erscheinen. In einem *Gesetz* (einer nomologischen Hypothese) wird – sehr allgemein ausgedrückt – ein objektiver Zusammenhang zwischen bestimmten Merkmalen und den Bedingungen, unter denen sie eintreten, hergestellt. Eine Gesetzesaussage informiert damit über Bedingungen, die für das Auftreten des zu erklärenden Vorganges – bestimmter Merkmale eines Sachverhaltes – generell vorauszusetzen sind.

Nomologische Hypothesen (Gesetze) haben dementsprechend die syntaktische Struktur eines Konditionalsatzes, es sind »Wenn – dann – Sätze«.

In den *Randbedingungen*, dem zweiten Bestandteil des explanans, wird für den zu erklärenden Einzelfall (das explanandum) die Wenn-Komponente des Gesetzes als gegeben beschrieben.

Lautet das Gesetz z. B. »Wenn die Bedingungen a und b beobachtbar sind, dann ist auch x beobachtbar«, so sagen die Randbedingungen aus, daß jetzt die Bedingungen a und b konkret eingetreten sind. »Die Randbedingungen sind nichts anderes als gewissermaßen Exemplifizierungen der wenn-Komponente der Gesetzesaussage, während das Explanandum eine Exemplifizierung der dann-Komponente der Gesetzesaussage darstellt.«[79]

Von daher ist die logisch-deduktive Struktur der Erklärung nunmehr einsichtig, denn das explanandum, die dann-Komponente, muß eintreten – so sagt das Gesetz –, wenn bestimmte Bedingungen, die wenn-Komponente, eintreten.

Die Randbedingungen des explanandums sagen, daß diese Bedingungen eingetreten sind, folglich kann die kausale Erklärung durch Reduktion (Zurückführung) des zu erklä-

renden Einzelfalles, eines besonderen »Dann«, auf die allgemeine wenn-Komponente erfolgen.
Theoretisch forschen, wie es von BREZINKA für die Erziehungswissenschaft gefordert wird, heißt folglich, eine möglichst große Anzahl von Gesetzen zu formulieren, mit deren Hilfe die Probleme der Praxis erklärt werden können.
Das heißt konkret: Die Erziehungswissenschaft soll auf die Frage »Warum ist dieser Sachverhalt eingetreten?« – Warum zeigen bestimmte Formen des Lehrerverhaltens bei Unterschichtenkindern andere Wirkungen als bei Kindern der Mittelschicht? Warum überwiegt bei den meisten Lehrern eine konservative Einstellung? Warum führen bestimmte Formen der Strafe zu regressiven Erscheinungen? – immer häufiger und immer begründeter Antworten geben können.
Da Theorien jedoch Konstruktionen sind, bei deren Entdekkung – wie oben im einzelnen dargestellt – Phantasie und Einfall erlaubt sind, müssen sie einer *strengen Prüfung* unterzogen werden, wenn die mit ihrer Hilfe vorgenommenen Erklärungen wahr sein sollen.
Hier kann an POPPERS Forderung – alle theoretischen Aussagen müssen grundsätzlich falsifizierbar sein – angeknüpft werden, denn die Falsifizierbarkeit enthält bereits das Verfahren der »kritischen Nachprüfung«[80], das dem kritischen Rationalismus seinen Namen gab.
Die Unmöglichkeit einer induktiven Begründung der Wahrheit theoretischer Aussagen (Gesetze, nomologische Hypothesen) ist von POPPER unter Hinweis auf die logische Unzulässigkeit eines Schlusses von besonderen auf allgemeine Aussagen argumentiert worden. Daraus aber folgt: »Theorien sind somit niemals empirisch verifizierbar.«[81]
Der Hinweis auf eine noch so große Anzahl von Beobachtungsdaten erlaubt also keineswegs den Schluß, nun sei ein entsprechendes Gesetz durch diese empirischen Belege endgültig bewiesen. »Diese Überlegung legt den Gedanken nahe, als Abgrenzungskriterium [für die Unterscheidung der wissenschaftlichen Theorien von anderen Aussagearten, K. Z.] nicht die Verifizierbarkeit, sondern die Falsifizierbarkeit des Systems vorzuschlagen.«[82]
Damit ist – wie oben durch ein Zitat von POPPER schon

einmal erläutert – verlangt, die Gesetze so zu formulieren, daß sie grundsätzlich an den Erfahrungen in der Realität scheitern können.

POPPER beschreibt dieses Verfahren wie folgt: »Aus der vorläufig unbegründeten Antizipation, dem Einfall, der Hypothese, dem theoretischen System, werden auf logisch-deduktivem Weg Folgerungen abgeleitet; diese werden untereinander und mit anderen Sätzen verglichen, indem man feststellt, welche logischen Beziehungen (z. B. Äquivalenz, Ableitbarkeit, Vereinbarkeit, Widerspruch) zwischen ihnen besteht.«[83]

Werden also die von einer Theorie abgeleiteten wenn-dann-Sätze über Beziehungen zwischen bestimmten Bedingungen und deren Wirkung mit Sätzen, die konkrete Beobachtungen beschreiben, verglichen, so konfrontiert man die Folgerungen aus der Theorie mit den Beobachtungen – formuliert in sogenannten »Basissätzen« (POPPER) oder »Berichtssätzen« (A. BRECHT) –, die durch exakte empirische Forschung gewonnen werden. Stehen die Folgerungen und die Berichtssätze in keinem Widerspruch zueinander, läßt sich vielmehr beobachten, was auf Grund der Deduktion aus der Theorie über bestimmte Vorgänge *vorausgesagt* worden ist, so gilt die nomologische Hypothese, von der die Deduktion ausging, vorläufig als bestätigt. Zeigen jedoch mehrfache Prüfungen, daß das in den Folgerungen beschriebene Ereignis bei der empirischen Forschung nicht beobachtbar ist, so muß die nomologische Hypothese verworfen werden.

Derartig geprüfte Theorien bilden die Voraussetzung für die objektive Erklärung konkreter Vorgänge.

Die immer neue Prüfung theoretischer Systeme stellt demnach das Kernstück einer Realwissenschaft von der Erziehung dar.

Um die *Relevanz* solcher Theorien im einzelnen diskutieren zu können, ist noch etwas genauer zu zeigen, wann eine Hypothese als vorläufig bestätigt gelten kann. Die deduktiv gewonnene Folgerung nimmt – wie bereits erwähnt – die syntaktische Struktur eines – ein Ereignis bzw. einen Zusammenhang (eine Kovarianz) voraussagenden – Konditionalsatzes an. »Wenn die Bedingungen a, b und c beobachtbar sind und wenn nur diese – und keine anderen –

Bedingungen wirksam werden, dann läßt sich folgendes – ebenfalls exakt zu umschreibendes – Ereignis A gleichzeitig feststellen.« Dieser allgemeine Satz – wie die nomologischen Hypothesen in der analytischen Wissenschaftslehre auch benannt werden – schließt folglich alle Ereignisse, die nicht A sind, als Wirkung der Bedingung a, b und c aus. Er läßt sich deshalb auch als »Es-gibt-nicht-Satz« formulieren, wie BREZINKA unter Bezugnahme auf W. STEGMÜLLER schreibt.[84] »Es gibt keine nicht-A Ereignisse, wenn die Bedingungen a, b und c wirksam werden.«

Solange nun kein Berichtssatz aussagt, daß die Bedingungen a, b und c zusammen mit dem Ereignis B auftreten, wird der – in einen »Es-gibt-nicht-Satz« umgewandelten – Hypothese nicht widersprochen, sie gilt als vorläufig gesichert.

Nun muß BREZINKA zu bedenken geben, daß bei strenger Anwendung dieses Überprüfungsverfahrens »das Aufzeigen *eines* Gegenbeispiels genügen [würde], um einen empirischen Allsatz [eine nomologische Hypothese, K. Z.] zu widerlegen«.[85]

Doch derartig rigide Maßstäbe, die POPPER aus dem Begründungszusammenhang der Mathematik in den Bereich der Realwissenschaften übertragen habe[86], lassen sich nicht aufrechterhalten. Denn was die Erziehungswissenschaft erklären soll, »sind jeweils sehr komplexe historische Sachverhalte«[87] – wie BREZINKA hervorhebt. In ihnen kommen physische, soziale und ökonomische Bedingungsgefüge zur Wirkung, die die erforderliche Isolierung der einzelnen Bedingungsfaktoren (der sogenannten unabhängigen Variablen) und die exakte Messung ihres Einflusses auf die zu erklärenden Ereignisse (die sogenannten abhängigen Variablen) praktisch unmöglich machten. Das heißt, daß für den Problembereich der erziehungswissenschaftlichen Forschung geprüfte Theorien als Basis für gültige, wahre Erklärungen nur in sehr bescheidenem Umfang möglich sind. BREZINKA betont deshalb auch: »Unter diesen Umständen wird man sich meistens mit partiellen Erklärungen oder häufig sogar mit bloßen Erklärungsskizzen begnügen müssen.«[88] Eine Theorie im strengen Sinne des kritischen Rationalismus – »mehr oder weniger komplexe Systeme allgemeiner Aussagen kognitiven Charakters, die dazu verwendet werden können, Erscheinungen unserer realen Welt zu erklären«[89] – wird demnach selbst im Urteil BREZINKAS kaum zu erwarten sein. Auf jeden Fall wird empfohlen, »an erziehungswissenschaftliche Erklärungen nicht zu hohe Anforderungen [zu] stellen«.[90]

Die Frage nach der *Anwendung* erziehungswissenschaftlicher Hypothesen, mit der ja zugleich nach der *technischen Relevanz* gefragt wird, kann somit auch beantwortet werden.

Grundsätzlich ist jede nomologische Hypothese ihrer syntaktischen Struktur nach eine *technische Prognose.* H. ALBERT schreibt: »Zwischen Erklärung und Prognose besteht kein semantischer, sondern nur ein pragmatischer Unterschied.«[91]

Darauf wurde oben schon verwiesen, als im Zusammenhang der Erläuterung der deduktiven Überprüfung nomologischer Hypothesen gezeigt werden konnte, daß ihre Bestätigung von der Widerspruchsfreiheit der gefolgerten – vorausgesagten – mit den tatsächlich beobachtbaren Ereignissen abhängt.

Die Erklärung, bzw. die zugrunde liegende Theorie bestätigt sich demnach überhaupt erst in der prognostischen Anwendung. In der Forschungspraxis stellt also jede Überprüfung der Geltung eines Gesetzes die Probe auf ihre technische Relevanz dar. Der von ALBERT angesprochene »pragmatische Unterschied« zeigt sich allein dort, wo einerseits ein Gesetz zur Erklärung eines bereits abgeschlossenen Ereignisses herangezogen wird, andererseits aber auf der Basis der im Gesetz formulierten Kovarianz ein bestimmtes Ereignis erst hergestellt werden soll.

»Bei einer Erklärung ist das Ereignis, der Sachverhalt oder der Zustand, den das Explanandum beschreibt, vorgegeben. Gesucht werden die geeigneten Antecedensbedingungen [das sind die Randbedingungen, K. Z.] und Gesetze, aus denen zusammen das Explanandum abgeleitet werden kann. Bei einer Voraussage ist es umgekehrt. Hier sind zunächst die Antecedensbedingungen und die Gesetze gegeben und daraus wird das Explanandum zu einem Zeitpunkt abgeleitet, bevor das beschriebene Ereignis stattfindet.«[92]

Angesichts der von BREZINKA selbst geäußerten Skepsis

gegenüber der Exaktheit erziehungswissenschaftlicher Theorien, darf die grundsätzliche Praktikabilität realwissenschaftlicher Theorien zu keinen allzu großen Erwartungen im Hinblick auf die *technische Relevanz* dieser Konzeption führen. Auch hier muß angesichts der Komplexität pädagogisch-technischer Probleme um Nachsicht angehalten werden. Denn die technischen Prognosen können »nur so genau sein..., wie unser Wissen über die einschlägigen Gesetze und die individuellen Bedingungen des konkreten Falles genau ist«.[93] Da sich einem exakten Gesetzeswissen in der Erziehungswissenschaft jedoch große Hindernisse in den Weg stellen, »empfiehlt es sich auch bei den Voraussagen erzieherisch relevanter Sachverhalte, keine zu strengen Maßstäbe anzulegen«.[94]

5. *Resümee: Restringierte Wissenschaft unter dem Zwang einer unzureichenden Wissenschaftslehre*

Die »realistische Wendung in der Pädagogischen Forschung« (H. Roth) hat durch die Rezeption des kritischen Rationalismus, die im wesentlichen von W. Brezinka geleistet worden ist, ihre wissenschaftstheoretische Fundierung erhalten.

Soweit Erziehungswissenschaft empirisch forscht, hat sie in den Standards dieser Wissenschaftslehre eine methodologische Orientierung, deren Zweckrationalität im Bereich empirischer Hypothesenprüfung vielfach unter Beweis gestellt worden ist. Empirische Wissenschaft wird hinter die Standards des kritischen Rationalismus nicht zurückgehen können, es sei denn, sie wollte sich wiederum der Rückständigkeit bezichtigen lassen. Da auf die Dringlichkeit überprüfbaren theoretischen Wissens in der Pädagogik eigentlich seit Beginn systematischer pädagogischer Reflexion verwiesen worden ist, das methodologische Wissen jedoch unterentwickelt und z. T. naiv war, ist nun die Möglichkeit erfahrungswissenschaftlicher pädagogischer Forschung grundsätzlich, das heißt von der Methodologie und den Forschungstechniken her, gegeben. Ohne Zweifel hat die Rezeption des kritischen Rationalismus die immanente Kritik an der tradierten Forschungspraxis der Pädagogik

gefördert und nach außen – durch die Planung und Durchführung empirischer Forschungsprojekte sowie die intensive Diskussion soziologischer, psychologischer und anthropologischer Theorien – das wissenschaftliche und gesellschaftliche Ansehen der Pädagogik wesentlich verbessert.
Doch die oben vorgetragene Kritik an der fehlenden emanzipatorischen und der geringen technologischen Relevanz zwingt – bei aller Einsicht in die Berechtigung und Notwendigkeit exakter Sozialforschung – zu der These:
Erziehungswissenschaft im Sinne der realwissenschaftlichen Konzeption ist eine restringierte Wissenschaft.
BREZINKA selbst konnte zitiert werden, als die Probleme einer strengen Anwendung der Forschungsstandards des kritischen Rationalismus auf Pädagogik aufgezeigt werden sollten. Angesichts der höchst komplexen Bedingungsgefüge pädagogischer Probleme, ihrer Abhängigkeit von der historisch-gesellschaftlichen Situation und der subjektiven Beeinflussung durch die betroffenen Personen, ist es kaum denkbar, die geforderte Überprüfung der Gesetze und die exakte Beschreibung der Randbedingungen unter experimentellen Versuchsbedingungen kontrollieren zu können. Das mag noch gelingen, wenn in Experimenten zur Prüfung lerntheoretischer Hypothesen die Wirkung variierender Interventionen durch den Versuchsleiter bei sonst konstanten Bedingungen beobachtet werden soll, wird jedoch praktisch undurchführbar, wenn auf der Ebene bildungspolitischer Probleme Erklärungen und Voraussagen erwartet werden. So ist z. B. das Problem, welche Voraussetzungen im Bereich der Lehrerbildung, der Schuladministration und der Curricula erfüllt sein müssen, damit eine integrierte Gesamtschule im Sinne bestimmter Zielvorstellungen funktionieren kann, nicht theoretisch – im Sinne eines strengen empiristischen Verständnisses – zu klären. Und auch Forschungshypothesen, die sich ja zweifellos angesichts dieses Problems formulieren lassen, sind auf dem Wege kontrollierter Beobachtung nicht exakt überprüfbar. So könnten großangelegte Versuche zur Einführung der Gesamtschule nach Erfüllung unterschiedlicher Voraussetzungen zwar tendenzielle Auswirkungen beschreiben, eine Überprüfung der Hypothese ist damit jedoch nicht geleistet.

Im Anschluß an eine Formulierung bei J. Habermas[95] ist also festzuhalten: Die Kritik an der Relevanz der realwissenschaftlichen Konzeption von Pädagogik richtet sich nicht gegen die Forschungspraxis strikter Erfahrungswissenschaft. Da es bis heute jedoch so scheint, als sei diese Forschung nur im Bereich der Kleingruppenforschung u. a. isolierbarer Objekte möglich, *bleibt der gesamte Bereich bildungspolitischer Probleme praktisch außerhalb der erklärenden und technisch-prognostischen Möglichkeiten dieser Konzeption.*
Brezinkas Programm, auf der Basis der analytischen Wissenschaftslehre die Erziehungswissenschaft zu einer technologischen Wissenschaft zu entwickeln, stößt also offensichtlich auf beachtliche Hindernisse. Es ist erstaunlich, daß Brezinka dennoch rigide daran festhält, *nur* als Realwissenschaft könne die Pädagogik der Erziehungspraxis und Bildungspolitik zu größerer Wirksamkeit verhelfen. Denn gerade weil die Relevanz der Erziehungswissenschaft »von der Relevanz ihrer Theorien für die Lösung konkreter Probleme«[96] abhängt, muß angesichts der engen Grenzen exakter Erfahrungswissenschaft darauf verwiesen werden, daß nur sehr marginale – weil vereinzelte, isolierbare, besonders bedingte – Probleme überhaupt erklärbar sind. Zwar weicht Brezinka im Interesse eines Minimums an äußerer Relevanz den strengen Wissenschaftsbegriff des kritischen Rationalismus verschiedentlich auf, er begnügt sich mit »partiellen Erklärungen« und »bloßen Erklärungsskizzen«[97], verlangt Nachsicht für die unzureichende Präzision ihrer Gesetze und technischen Prognosen[98] und bescheidet sich mit der Maxime: »Mit den nötigen Vorbehalten wenig sagen zu können ist besser, als gar nichts zu sagen.«[99] Doch selbst diese Abweichungen von der Norm, die sich aus der Qualität pädagogischer Probleme ergeben, führen bei ihm zu keinem Zweifel an der Entscheidung, nur unter Verwendung der analytischen Wissenschaftslehre könne die Pädagogik Wahrheit und Praktikabilität zugleich erreichen.
Unter dem Zwang dieser Wissenschaftslehre kommt es zu Widersprüchen, Problemen und Restriktionen, die eine sehr kümmerliche Pädagogik vorstellen, wenn diese *allein* als exakt überprüfbare Theorie entwickelt werden soll.

Dafür sind die Äußerungen Brezinkas zum *Objektbereich* der Erziehungswissenschaft symptomatisch. Zugleich wird hier an einer zentralen Stelle deutlich, zu welch bedenklichen Aussagen eine methodologische Diskussion führen kann, der es auf die rigide Übertragung einer bestimmten Wissenschaftslehre ankommt, ohne nach dem besonderen Interesse erziehungswissenschaftlicher Forschung, so wie es sich für uns im Kontext von Aufklärung, Demokratisierung und Humanisierung der Gesellschaft entwickelt hat, zu fragen.

Das Interesse des kritischen Rationalismus zielt auf die technische Verfügung über Vorgänge in der Realität, gleichgültig welcher Qualität diese Vorgänge sind. In Entsprechung zu diesem technischen Erkenntnisinteresse (Habermas) konstituiert sich nun auch für die realwissenschaftliche Konzeption der Objektbereich der Erziehungswissenschaft. Das Interesse, das Problembewußtsein der fragenden und forschenden Subjekte wird von der Entscheidung für eine bestimmte Wissenschaftslehre strukturiert. Da sich Brezinka dem kritischen Rationalismus verpflichtet weiß, muß notgedrungen das pädagogische Problem auf eine rein technische Frage reduziert werden. *Erzieherische Handlungszusammenhänge erscheinen unter dem Aspekt der Herstellbarkeit.* Das wird deutlich, wenn Brezinka feststellt: »Die Erziehung ist ein Bestandteil der Wirklichkeit, den wir... nicht bloß als sozial-kulturelle Tatsache ›begreifen wollen‹, sondern ›meistern‹ müssen.«[100]

Kann hier mit dem »Meistern« auch noch das Interesse an einer Verbesserung erzieherischer Handlungsvollzüge im Hinblick auf ein Mehr an Humanität, Demokratie, sozialer Gerechtigkeit und Freiheit verbunden werden, so schränkt Brezinka sein Verständnis vom »Meistern« erzieherischer Probleme wenig später auf die technische Dimension ein. »Beim Erziehen ist ähnlich wie beim technischen, wirtschaftlichen, politischen oder ärztlichen Handelns stets eine bestimmte Absicht gegeben. Gesucht werden die Bedingungen für ihre Verwirklichung.«[101] Deutlicher kann der Zwang, den die Rezeption des kritischen Rationalismus in der Manier Brezinkas auf den Objektbereich der Pädagogik ausübt, wohl kaum dokumentiert werden.

Die qualitative Andersartigkeit pädagogischer Probleme – etwa im Vergleich mit technischen oder medizinischen Problemen wohl evident – *muß unter dem Anspruch der Methodologie negiert werden.* Denn die gesellschaftlich-geschichtlichen Abhängigkeiten erzieherischer – insbesondere bildungspolitischer – Handlungsvollzüge, wie sie oben beispielhaft an dem Zusammenhang von Schulpolitik und Wirtschaft skizziert worden sind, die Einflußnahme der interpretierenden und stellungnehmenden Subjekte innerhalb der problematisierten Vorgänge und die sprachliche Vermittlung dieser Probleme sind in das Verfahren experimenteller Überprüfung realwissenschaftlicher Theorien nicht einzubringen.
Dieser Methodologie sind letztlich nur solche Probleme zugänglich, die sich als Kovarianz isolierbarer Variablen beschreiben lassen. Auch in seiner erziehungswissenschaftlichen Variante also »wirkt sich ... das positivistische Selbstverständnis restriktiv aus: es stellt die verbindliche Reflexion an den Grenzen empirisch-analytischer (formaler) Wissenschaften still«.[102]
Gerät so Erziehungswissenschaft unter dem Zwang der Entscheidung für die Überprüfungsnormen des kritischen Rationalismus zur Technologie, so ergibt sich offensichtlich zwingend und – entgegen Brezinkas Annahme – keineswegs überraschend, »daß es in den bisher unabhängig voneinander entworfenen Theorien der Erziehung, der Psychotherapie, der Sozialarbeit, der Massenkommunikation und der Propaganda im Grund um die gleichen Probleme geht«. Denn »Erziehung, Psychotherapie, Sozialarbeit ... und Propaganda stimmen darin miteinander überein [– und nur soweit werden sie zum Objekt realwissenschaftlicher Theorien, K. Z. –], daß es Versuche sind, andere Menschen mit psychischen und sozialkulturellen Mitteln so zu beeinflussen, daß sie Lernziele, die für wertvoll oder sozial erwünscht gehalten werden, erreichen«.[103] Wenn dieses Selbstverständnis durch die – oben schon kritisch reflektierte – These von der wertfreien Erziehungswissenschaft ergänzt wird, dann ist Erziehungswissenschaft von Werbepsychologie und autoritärer Massenpropaganda nur noch durch den Inhalt der erteilten Aufträge zu unterscheiden.

Völkerhetze, psychologischer Konsumzwang und das unterrichts-technologische Arrangement werden von einer gesellschafts-politisch indifferenten, bar jeder gesellschaftstheoretischen Reflexion arbeitenden wertfreien Sozialwissenschaft auf eine Relevanzebene gehoben.

Die zentrale Problematik in der Bundesrepublik, wie angesichts der Dominanz sogenannter Sachzwänge und ihrer Verknüpfungen mit den privaten Interessen einer wachstumsorientierten Wirtschaft das Ausbildungswesen der totalen Instrumentalisierung für diese Zwecke entzogen werden kann, so daß die Emanzipation von Individuum und Gesellschaft, die vernünftige Gestaltung gesellschaftlicher Praxis im Interesse der Wohlfahrt aller gleichberechtigten Bürger voranzutreiben ist, wird von der realwissenschaftlichen Konzeption schlicht in den Zusammenhang geschichtsphilosophischer Spekulation abgeschoben.[104]

Brezinkas Programm einer erziehungswissenschaftlichen Technologie zeigt einen zweifach unbegründeten Optimismus. Die Probleme des pädagogischen Praktikers sind keineswegs im Sinne einer Technik lösbar. Brezinka selbst weist auf die begrenzte Reichweite der in den Erziehungswissenschaften allein möglichen **statistischen** Gesetzeshypothesen – in denen das Auftreten bestimmter Kovarianzen also immer nur mit einer bestimmten **Wahrscheinlichkeit** angegeben werden kann – hin: »Selbst wenn es also gelingt, eine relativ inhaltsreiche allgemeine Theorie des sozialen Verhaltens aufzustellen, ist nicht zu erwarten, daß mit ihrer Hilfe in den Einzelfällen der erzieherischen Praxis vollständige Erklärungen und verläßliche Voraussagen möglich werden. Die Gesetzeshypothesen einer allgemeinen Theorie gelten nur für den ›reinen‹ oder ›idealen‹ Fall, von dem das konkrete Verhalten einzelner Menschen in komplexen Situationen wegen der großen Zahl der relevanten Variablen mehr oder weniger stark abweicht.«[105]

Kann der Technologe im Bereich der Manipulation physikalischer und chemischer Prozesse die Bedingungen zur Herstellung bestimmter Produkte inzwischen mit hoher Präzision steuern, so lassen sich die Prozesse der pädagogischen Praxis ganz offensichtlich nur sehr bedingt derartig versachlichen. Damit soll keineswegs eine Hintertür für die traditionelle

Empiriefeindlichkeit der Pädagogik geöffnet werden. Der Hinweis dient lediglich der Ernüchterung, von einer Erziehungswissenschaft, die sich im Sinne des kritischen Rationalismus um wahre, weil experimentell überprüfbare Theorien bemüht, nicht zuviel technische Relevanz zu erwarten.
Das mag sich freilich ändern, wenn die äußerst desolate finanzielle, organisatorische und personelle Situation der institutionalisierten erziehungswissenschaftlichen Lehre und Forschung grundlegend verbessert werden kann. Daß dies nötig ist, wird nicht nur durch den oben angeführten Hinweis auf die 1908 von A. Heubaum skizzierten äußeren Bedingungen wissenschaftlicher Pädagogik als überfällig empfunden, auch der Bildungsrat fordert 1970: »Man wird in der Bundesrepublik dahingelangen müssen, für den Bereich der empirischen und entwickelnden Erziehungswissenschaften in Dimensionen der Großforschung zu denken.«[106]
Schwächt sich damit in dieser Hinsicht der Vorwurf des Optimismus ab, so muß er im Hinblick auf die Hoffnung, die *Kritikfähigkeit* und *Rationalität* der Erziehungswissenschaft werde durch ihre Begründung auf der Basis des *kritischen Rationalismus* verbessert, entschieden und grundsätzlich aufrechterhalten werden. Denn es wurde deutlich:
Kritik bezieht sich nicht auf die radikale Konfrontation der gesellschaftlichen Praxis von Erziehung mit den gegebenen Möglichkeiten und den vorgegebenen Zielorientierungen, bezieht sich nicht auf die Analyse bildungspolitischer Maßnahmen im Kontext politischer Macht, ökonomischer Interessen und ideologischer Verschleierung und richtet sich auch nicht auf die Reflexion der wahrscheinlichen Konsequenzen der praktizierten Didaktik, Unterrichtsorganisation und Schuladministration.
Kritik ist im Konzept einer Realwissenschaft auf die kritische Nachprüfung von Hypothesen in Falsifikationsversuchen beschränkt.
Wiederum sei ausdrücklich hervorgehoben, daß damit zweifellos ein wichtiges Instrumentarium zur Sicherung des Informationsgehaltes pädagogischer Theorien – soweit sie auf diesem Weg zu sichern ist – gegeben ist.
Doch was wird aus einer Pädagogik, die sich darin

erschöpft?! *Ihre Rationalität reduziert sich auf die Zweckrationalität* plan-, steuer- und kontrollierbarer Erziehungspraxis. Ihre Kritik verbleibt in den Grenzen der »technischen Kritik« (M. WEBER), also in der Deskription und Analyse vorgegebener bildungspolitischer Zwecksetzungen, in dem Aufweis alternativer Strategien zur Realisierung solcher Zwecke sowie in der Aufklärung über die zu erwartenden Folgen und Nebenerscheinungen. Ein Beitrag zur Emanzipation von Individuum und Gesellschaft, politisches Engagement und bildungspolitische Praxis sind nicht zu erwarten.

VIII. Schluß: Einsichten, Probleme, Fragen. Konsequenzen für die Entwicklung einer kritischen Theorie der Erziehung

Der Kritik gegenwärtiger Konzeptionen erziehungswissenschaftlicher Forschung und Theoriebildung ist hier eine relativ ausführliche Skizze über den Zusammenhang von gesellschaftlich-ökonomischer Entwicklung, Bildungspolitik und Pädagogik vorangestellt worden.

Im Kapitel II sollte dies für die gegenwärtige Situation, im Kapitel III für die Zeit um 1800 aufgezeigt werden. Absicht dieses Vorgehens war es, die besondere Qualität bildungspolitischer Probleme, von denen hier angenommen wird, daß sie in den Objektbereich erziehungswissenschaftlicher Forschung gehören, aufzudecken. Bildungspolitische Probleme haben – allgemein gesprochen – eine sozialpolitische Dimension, sie sind des weiteren von unmittelbarer oder mittelbarer Bedeutung für die betroffenen Subjekte – Schüler, Eltern, Lehrlingen und die gesamte Lehrerschaft –, sie haben eine wirtschaftspolitische Dimension und sind darüber hinaus von vielfältigen Konsequenzen für die Schuladministration und Schulpädagogik, dann aber auch für die Finanzpolitik sowie die Regionalplanung eines Landes.

Diese verschiedenen Seiten bildungspolitischer Probleme haben die verschiedensten Wissenschaften auf den Plan gerufen, die nun – jeweils unter spezifischen Forschungsinteressen – Bildungspolitik unter ökonomischem, finanzpolitischem, sozialpolitischem oder eben – so von der Pädagogik her – unter dem Aspekt ihrer Bedeutung für die Erziehung und Ausbildung (auch Weiterbildung) aller Lernenden reflektieren. So fragt die Ökonomie nach der Bedeutung bildungspolitischer Entscheidungen für die Entwicklung der Wirtschaft, sie versucht den Finanzbedarf zu prognostizieren und die Kosten alternativer Planungen zu berechnen. Unter sozialpolitischem Interesse wird nach den Konse-

quenzen bildungspolitischer Maßnahmen für den politischen Bürger, den Arbeitnehmer, den Konsumenten und den Bürger in einer hoch technisierten Gesellschaft gefragt.
Bildungspolitik ist folglich nicht von der Pädagogik als Gegenstand der Forschung zu okupieren, vielmehr wird sie – unter dem leitenden Interesse erziehungswissenschaftlicher Forschung – u. a. zum Objekt dieser Wissenschaft.
Die vielfältigen Abhängigkeiten und Konsequenzen bildungspolitischer Probleme verlangen allerdings von jeder erziehungswissenschaftlichen Analyse, die das Bedingungsgefüge der Bildungspolitik nicht verkennen will, aufmerksame Berücksichtigung. So hängt z. B. die Einführung einer verbindlichen Vorschule nicht nur von neuen Einsichten in die Möglichkeiten der sogenannten frühkindlichen Begabungsförderung oder vom sozialpolitischen Interesse einer Regierung ab. Gerade heute läßt sich zeigen, daß arbeitsmarktpolitische Gesichtspunkte, also Interessen der Wirtschaft, eine dominierende Rolle dabei spielen.
Will Erziehungswissenschaft durch differenzierte und kritische Analysen des gegenwärtigen Ausbildungswesens einen Beitrag zur rationalen und öffentlich-demokratischen Kritik und Reform der Inhalte und Strukturen in Schule und Hochschule leisten, so muß sie den bildungspolitischen Handlungszusammenhang – also z. B. die Einführung neuer Lehrpläne, die Veränderung von Prüfungsordnungen, die Vergabe neuer Berechtigungen, den Ausbau bestehender Ausbildungsinstitutionen oder die Setzung bestimmter Prioritäten bei der Verteilung der Finanzen – im dargestellten ökonomischen, sozial- und finanzpolitischen sowie ideologischen Bedingungszusammenhang sehen.
Die Kritik der technischen und emanzipatorischen Relevanz erziehungswissenschaftlicher Konzeptionen hatte dementsprechend zu prüfen, in welches Verhältnis Theorie – die Pädagogik bzw. Erziehungswissenschaft – und Praxis – in diesem Falle die Bildungspolitik – jeweils gesetzt werden. Dafür wurde die Darstellung und Diskussion des je spezifischen Forschungsinteresses der Konzeptionen zentrale Aufgabe der vorliegenden Untersuchung.
Geisteswissenschaftliche Pädagogik geht von der grundsätzlichen Strukturgleichheit des praktisch-pädagogischen und

des theoretisch-pädagogischen Denkens aus. Insofern sind Theorie und Praxis als ein zusammenhängender Prozeß gedacht, wobei Ursprung theoretischer Reflexion und Ziel derselben die immer schon vorgegebene Praxis ist.
Theorie und Praxis sind sich gegenseitig keine äußerlichen Phänomene, Theorie teilt die Verantwortung, das konkrete Engagement der Praxis für eine ständige Verbesserung der Erziehung.
Soweit gesehen konnte von dieser Konzeption erwartet werden, daß sie – wie von ihren maßgeblichen Repräsentanten ja mehrfach beansprucht – für die Entdeckung, Analyse und Lösung bildungspolitischer Probleme von Relevanz sei.
Doch die Interpretation des geisteswissenschaftlichen Objektverständnisses hat gezeigt, daß hier der ökonomische, sozial- und gesellschaftspolitische Bedingungszusammenhang bildungspolitischer Probleme vernachlässigt worden ist. In ihrer Forschungspraxis erwies sich die geisteswissenschaftliche Pädagogik de facto als Philologie sogenannter klassischer pädagogischer Texte.
Dies hat seinen systematischen Grund in der idealistischen Konstruktion einer immanenten Sinnhaftigkeit erzieherischer Praxis, die nicht als Produkt gesellschaftlicher Prozesse in Wirtschaft, Politik und Kultur verstanden wurde, vielmehr wird, ohne auf ihren Bedingungszusammenhang einzugehen, eine »Werthaltigkeit« in der Wirklichkeit vorausgesetzt, die »durch die Analyse herausgehoben und bewußt gemacht«[1] werden soll.
Zum Gegenstand pädagogischer Forschung wurden die Objektivationen jenes immanenten Sinnzusammenhanges, in denen man den reinsten Ausdruck des »Wesens«, der »Wertgehalte« oder des »Sinnes« der Erziehung vermutete: Die schriftlich-fixierten Reflexionen der pädagogischen Klassiker von Platon bis Kerschensteiner, Spranger oder Litt.
Indem der Praxis und der aus ihr hervorgehenden theoretischen Reflexion eine immanente Sinnstruktur vor- oder außergesellschaftlichen Ursprungs unterstellt wird, rückt die konkrete bildungspolitische Praxis nun doch in ein äußerliches, distanziertes Verhältnis zur Theorie. Die Praxis

bzw. deren Objektivationen werden unter dem Gesichtspunkt der in ihnen reflektierten Sinnstrukturen und Wertgehalte betrachtet. Sie werden aus dem gesellschaftlichen Handlungs- und Produktionsprozeß abstrahiert, von ihrer historischen Faktizität wird zugunsten ihrer Idealität abgesehen.

Theorie wird nicht zur Analyse der gesellschaftspolitischen Praxis aller Erziehung, vielmehr stilisiert sie sich zur Reflexion auf die fundamentalen Sinnzusammenhänge.

So kommt es, daß der Anspruch der geisteswissenschaftlichen Pädagogik, sie sei für die Verbesserung der Erziehungspraxis ein wesentlicher Faktor, uneingelöst bleiben mußte. Denn wenn die erzieherische Praxis ihr Wesen, ihr Ziel und die Maßstäbe für ihre Reform immer schon in sich hat, wird auch die Hermeneutik der Erziehungswirklichkeit – trotz grundsätzlich durchaus weiterführender Möglichkeiten – zur systematischen Aufklärung der in den Objektivationen enthaltenen Sinn- und Wertgehalte. Die Bindung dieser Sinn- und Wertgehalte an den gesellschaftlichen Produktionsprozeß bleibt ungeklärt, so daß eine kritisch-distanzierte Reflexion der Praxis nicht geleistet werden kann. Geisteswissenschaftliche Pädagogik verhilft der Praxis lediglich zur bewußten Artikulation ihrer eigenen theoretischen, politischen und ideologischen Orientierungen. Deckt sie deren gesellschaftliche Vermittlung jedoch nicht auf, wird sie leicht zur ideologischen Verschleierung der Praxis. So konnte z. B. ein »Eigengeist der Volksschule« von Spranger ebenso kritiklos und affirmativ unterstellt werden wie die »Idee« eines »individualisierten und abgestuften Menschentums«.[2]

Eine realgeschichtliche Analyse im Interesse einer Entschleierung und Anklage der katastrophalen Zustände im Bereich der Volksschule hätte dagegen doch wohl aufzeigen müssen, wie jener sogenannte »Eigengeist« als dürftiges Produkt einer klassenspezifischen Bildungspolitik die Benachteiligungen der großen Masse der Kinder und ihrer Lehrer verdecken sollte. Die gesellschaftliche Praxis von Erziehung ist dabei nicht als sinnvolle, dem hypostasierten Zweckzusammenhang immanenter Wertgehalte zugehörig zu betrachten, sondern als Produkt eines komplexen Produktionsprozesses, der sehr wohl seine Nutznießer und seine Opfer kennt. Solange die Pädagogik ihre Gegenstände von derartigen Abhängigkeiten abstrahiert, bleiben Theorie und Praxis unvermittelt.

Die *normative Pädagogik* konstruiert – wohl auch in idealistischer Manier – die Möglichkeit reiner Vernunfterkenntnis. Das denkende Ich vermag sich auf Grund einer unaufgeklärten Fähigkeit im transzendentalen Regreß die Prinzipien des »gesollten«, des gültigen Vollzuges der Erziehung anzueignen. Dementsprechend geht es der wissenschaftlichen – sprich hier: philosophischen – Pädagogik »um die Bestimmung und Begründung dessen, was Pädagogik überhaupt sei ... was denn als pädagogische Tatsache zu gelten habe und anerkannt werden darf«.[3]

Die pädagogische Praxis erscheint in dieser Theorie nicht als Gegenstand kritisch-erfahrungswissenschaftlicher Untersuchungen. Als defizienter Modus des in der Theorie gültig erkannten Vollzuges der Erziehung hat sie lediglich Anlaßcharakter für die philosophische Reflexion.

Demnach rückt der aufgezeigte bildungspolitische Problemzusammenhang in seiner gesellschaftlich-historischen Bedingtheit gar nicht in den Horizont ihres Interesses.

Da sich das »Denken des Denkens« (M. Heitger), die transzendentalkritische Pädagogik dem historisch-gesellschaftlichen Kontext zu entziehen vermag – es sei an die oben angeführte Behauptung A. Petzelts erinnert, der Pädagoge brauche nicht die Nähe zur Realität, weil er vernunftmäßig bestimmen könne, was pädagogische Wirklichkeit eigentlich sei[4] – bleibt die konkrete Praxis der Theorie äußerlich. Die normative Pädagogik hält der geisteswissenschaftlichen Pädagogik deren Bindung an die relativen – damit nicht zeitlos gültigen – Vollzüge der Erziehungspraxis vor, wie sie durch die Hermeneutik des lebendigen Zusammenhanges aufgedeckt werden sollten. Auf diese Weise, so konnte oben unter Bezugnahme auf Argumente Heitgers und Fischers ausgeführt werden, gewinne die Pädagogik keine Prinzipien, die eine Kritik der Praxis erlauben, vielmehr müsse die Theorie letztlich affirmativ werden. Zum einen ist diese Argumentation nur bedingt zutreffend – sie läßt die Konstruktion eines immanenten Wertgehaltes, einer

Zweckrichtung außer acht – andererseits aber ist doch wohl offenkundig geworden, daß die normative Pädagogik mit ihren Leerformeln die gesellschaftspolitische Praxis kaum aufzuklären oder gar anzuklagen vermag. Wenn transzendentale Reflexion im Hinblick auf den gültigen Vollzug des »Lehrer-Schüler-Verhältnisses« – der »pädagogischen Führung« – zu der Einsicht gelangt, daß unter ihr der Zögling unabhängig vom Erzieher bleibt, »damit er im unendlichen Prozeß der Argumentation und Motivation lerne, sich in dieser Bindung selbst zu bestimmen«[5], dann könnte erst dann von einer technisch und emanzipatorisch relevanten Theorie die Rede sein, wenn die konkreten gesellschaftlichen und ökonomischen Hindernisse, die jene »Selbstbestimmung« der Heranwachsenden einschränken und gefährden, möglichst genau ausgemacht und bezeichnet werden. Das setzte freilich eine argumentierte und artikulierte **Parteinahme** der Pädagogik voraus. Nicht im Sinne des Votierens für eine gesellschaftliche Gruppe oder Klasse und deren gesellschaftspolitisches Programm, sondern eher in Anlehnung an das zuerst von M. Horkheimer ausgeführte Konzept des »kritischen Denkens«[6], von dem Horkheimer sagt, es habe in seinem Kern »das Interesse an der Aufhebung des gesellschaftlichen Unrechts«.[7] Insofern sei es »der materialistische Inhalt des idealistischen Begriffs der Vernunft«[8].

In deutlicher Absetzung von jeder transzendentalkritischen Pädagogik hätte eine *kritische Theorie der Erziehung* demnach nicht in übergeschichtlichen Prinzipien die Kriterien ihrer Kritik. Denn »niemand kann sich zu einem anderen Subjekt machen als zu dem des geschichtlichen Augenblicks«[9], so daß auch die theoretisierenden Subjekte in den gesellschaftlichen Produktionsprozeß integriert sind. Die kritische Theorie »übt keine Kritik aus der bloßen Idee... Sie urteilt nicht nach dem, was über der Zeit, sondern nach dem, was an der Zeit ist«.[10]

Indem sie die jeweilige gesellschaftliche Praxis von Erziehung in ihren historischen, geistesgeschichtlichen, ökonomischen und politischen Abhängigkeiten und Bedingungen analysiert, will sie den Produktcharakter dieser Praxis aufdecken. »Insofern aber die Sachverhalte, die in der Wahrnehmung gegeben sind, als Produkte begriffen werden, die grundsätzlich unter menschliche Kontrolle gehören und jedenfalls künftig unter sie kommen sollen, verlieren sie den Charakter bloßer Tatsächlichkeit«[11], sie werden als Objekte sozialer Handlungsgefüge und menschlicher Entscheidungen begriffen, deren Faktizität den Anstoß zur Kritik immer schon enthält. Solche Kritik wird für die kritische Theorie von ihrer Parteinahme für die identische, frei von Entfremdung, psychischer und physischer Ausbeutung sich entwikkelnde Subjektivität aller Menschen notwendig.

»Das kritische Denken enthält einen Begriff des Menschen, der sich selbst widerstreitet, solange diese Identität nicht hergestellt ist. Wenn von Vernunft bestimmtes Handeln zum Menschen gehört, ist die gegebene gesellschaftliche Praxis, welche das Dasein bis in Einzelheiten formt, unmenschlich, und diese Unmenschlichkeit wirkt auf alles zurück, was sich in der Gesellschaft vollzieht.«[12]

In diesem Sinne bestimmt K. Mollenhauer, hier unter Bezugnahme auf J. Habermas, das spezifische Erkenntnisinteresse einer kritischen Theorie der Erziehung: »Für die Erziehungswissenschaft konstitutiv ist das Prinzip, das besagt, daß Erziehung und Bildung ihren Zweck in der Mündigkeit des Subjektes haben; dem korrespondiert, daß das erkenntnisleitende Interesse der Erziehungswissenschaft das Interesse an Emanzipation ist.«[13]

Auch die *realwissenschaftliche* Theorie bleibt der pädagogischen Praxis äußerlich.

Politik, praktische Handlungsvollzüge und konkrete Entscheidungen haben auch für diese Konzeption – darin in Konsens mit der normativen Pädagogik – lediglich Anlaßcharakter für das theoretische Bemühen, für die effektivere Einrichtung der Praxis technisches Wissen bereitzustellen.

Als wertfreie Wissenschaft soll sich Erziehungswissenschaft jeglichen Engagements enthalten, was sich besonders deutlich im Verlust eines spezifisch pädagogischen Erkenntnisinteresses zeigt.

Für eine eigenständige Erziehungswissenschaft spricht deshalb nach Meinung W. Brezinkas lediglich der Gesichtspunkt der Arbeitsteilung[14].

Wenn Brezinka an anderer Stelle jedoch auf »eine Gruppe

zusammengehöriger Probleme«[15] anspricht, so vermag er auf der Basis der analytischen Wissenschaftslehre weder den Koinzidenzpunkt der Probleme noch deren Bedeutung zu bestimmen. Das hat er selbst am sinnfälligsten durch die Gleichsetzung von Propaganda und Erziehung dokumentiert.[16]

Die kritische Prüfung der technischen und emanzipatorischen Relevanz pädagogischer bzw. erziehungswissenschaftlicher Konzeption hat ergeben, daß jede der drei Konzeptionen spezifische Mängel – aber auch Möglichkeiten – aufweist. Für alle Konzeptionen gilt jedoch, daß sie als Theorien der pädagogischen Praxis äußerlich bleiben.

In keiner der diskutierten Konzeptionen wird die Abhängigkeit der Bildungspolitik und der Erziehungswissenschaft vom umfassenden gesellschaftlichen Produktionsprozeß thematisiert und theoretisiert. Wird erzieherische Praxis und ihre Reflexion zum einen vergeistigt und idealisiert, so muß sie andererseits unter dem Zwang experimenteller Forschung isoliert, abstrahiert und zur ungeschichtlichen Größe werden.

In einem weiteren Beitrag zur Wissenschaftstheorie der Erziehungswissenschaft wird nun zu prüfen sein, welche Veränderungen, Ergänzungen oder auch Streichungen die gegenwärtigen Konzeptionen von Erziehungswissenschaft zu erfahren hätten, wenn man versuchen wollte, die Pädagogik im Sinne der hier schon mehrfach angesprochenen *kritischen Theorie* zu konzipieren und zu praktizieren.

Es geht dabei nicht um die Konstruktion einer neuen Pädagogik oder gar einer Anti-Pädagogik. Ein solcher Versuch schon entspräche nicht dem materialistischen Geschichtsverständnis der kritischen Theorie. Vielmehr werden die bestehenden pädagogischen Konzeptionen in ihrer jeweiligen historischen Konkretion auf ihre rationalen Möglichkeiten zur Beförderung einer emanzipatorischen Erziehungspraxis, zu der auch und gerade die Bildungspolitik gehört, zu befragen sein.

Denn es wird sich für den Bereich der experimentellen Sozialforschung – soweit derzeit überschaubar – keine neue Forschungsmethodik entwickeln lassen, genauso wäre es offensichtlich unsinnig, die hermeneutische Textkritik als überholt zu bezeichnen. Diese und andere Verfahren, Fragestellungen und theoretischen Beiträge werden in einer kritischen Theorie der Erziehung zu integrieren, sodann aber immer auch in einem größeren Zusammenhang, von einem gesamtgesellschaftlichen Theoriekonzept und dem spezifischen Erkenntnisinteresse her zu kritisieren sein. Nur unter ausführlich argumentierter Bezugnahme auf die konkreten gesellschaftlichen Prozesse wird es einer kritischen Theorie möglich sein, diese Integration und Kritik tradierten pädagogischen Theoretisierens zu leisten.

Ein solcher Beitrag kann hier nicht mehr vorgelegt werden, soll aber als erster Versuch einer Fortführung der hier vorgenommenen Kritik gegenwärtig praktizierter pädagogischer Konzeptionen demnächst versucht werden. Er wird unter anderem Antworten auf diejenigen Problemkomplexe anzubieten haben, die sich als akute Defizite traditioneller Pädagogik zeigten:

1. Pädagogik, will sie nicht in purer Funktionalität oder distanziert vergeistigter Reflexion aufgehen, muß einen eigenständigen Beitrag im Hinblick auf die Entdeckung, Beschreibung, Analyse und Lösung relevanter, d. h. bedeutungsvoller Probleme leisten.

Die Orientierung an tradierten Fragestellungen, so wichtig sie als Anstoß weiterhin sein mögen, reicht dafür zweifellos nicht aus.

Wie kann sich eine kritische Theorie der Erziehung dieser Tradition, dem Zwang einer – methodisch fixierten – Empirie und der politischen Auftragsforschung, die unter bestimmten Voraussetzungen auch für die kritische Theorie ihre Bedeutung behält, soweit entziehen, daß sie ihrem praktisch – politischen Engagement und dem Gebot wissenschaftlicher Rationalität gleichermaßen entsprechen kann?

Die Entdeckung der Forschungsgegenstände soll hier also weder dem Zufall, noch der Tradition oder dem politischen Auftrag überlassen bleiben.

Wissenschaftliche Rationalität hätte bei der Auswahl der Probleme zu beginnen, den vom kritischen Rationalismus postulierten Dualismus von Entdeckungs- und Begründungszusammenhang also aufzuheben.

2. Diese Intention einer kritischen Theorie, die Kritik nicht

auf die Prüfung ihrer theoretischen Sätze, sondern auch auf die Entdeckung und Bedeutung dieser Annahmen bezieht[17], muß folglich eine besondere Reflexion der Pädagogik über die Kriterien der Relevanz, an denen sich die Auswahl der Probleme orientieren soll, hervorbringen.

Nach der obigen Kritik wird diese Reflexion nicht als transzendentaler Regreß auf Ideale und überzeitliche Prinzipien zu leisten sein, sondern allein im Kontext des gesellschaftlichen Prozesses, seiner vorliegenden Erziehungspraxis und im Hinblick auf die angesichts eines bestimmten Entwicklungsstandes jeweils mögliche Praxis.

Es wird zu zeigen sein, durch welchen Erkenntnisprozeß derartige Kriterien so zu gewinnen sind, daß sie sowohl von unmittelbarer Nähe zur Praxis als auch von theoretischer, also prüfbarer Qualität sind.

3. Unmittelbar damit verbunden ist die Begründung und inhaltliche Konkretion des emanzipatorischen Forschungsinteresses. Soll die Theorie nicht wiederum der Praxis äußerlich bleiben, so muß aufgezeigt werden können, wie sich die Trennung in den Bereich der Faktizität und den Bereich der Theorie überwinden läßt.

Die traditionellen Konzeptionen pädagogischer Wissenschaft trennen das Erkennen vom Handeln. Dagegen ist nach Horkheimer »das kritische Denken ... durch den Versuch motiviert, über die Spannung real hinauszugelangen, den Gegensatz zwischen der im Individuum angelegten Zielbewußtheit, Spontaneität, Vernünftigkeit und der für die Gesellschaft grundlegenden Beziehungen des Arbeitsprozesses aufzuheben«.[18]

Hier mag eine neue Form erfahrungswissenschaftlicher Forschung, die sich in Anlehnung an das emanzipatorische Forschungsinteresse **emanzipative Empirie** nennen ließe, weiterhelfen. In kontrollierten Versuchen wären die Bedingungen und Möglichkeiten einer Erziehungspraxis aufzudekken, deren leitende Absicht die Emanzipation aller Betroffenen aus fremdbestimmten Abhängigkeiten ist.

Fungiert Empirie in der realwissenschaftlichen Konzeption als Kontrollinstanz zur Prüfung theoretischer Aussagen über vermutete Kovarianzen, so intendiert emanzipative Empirie die bewußte Einrichtung der Praxis bei gleichzeitiger

Beschreibung und Analyse derjenigen politischen, ökonomischen, sozialen, psychologischen und organisatorischen Faktoren, die sich im praktischen Vollzug als hemmend oder förderlich erwiesen haben.
Diese Empirie wird sich die vorliegenden theoretischen Einsichten soweit zunutze machen, wie sie für die Einrichtung der Bedingungen emanzipatorischer Erziehung relevant erscheinen.
Wesentlich ist jedoch nicht die technologische Verwendung theoretischen Wissens, sondern das Gewinnen neuartiger Erkenntnisse, die auf dem Wege permanenter Reflexion der Betroffenen – also der Eltern, Schüler, Lehrer, Erzieher, Politiker und Wissenschaftler – zu systematisieren und zu kritisieren sind.
Im praktischen Vollzug hätte so die Wissenschaft ihr analytisches, systematisches und kritisches Potential zu aktualisieren.
Zweifellos hieße es Luftschlösser bauen, wollte man verkennen, daß die angedeuteten – hier nicht begründeten, sondern nur vermuteten – Entwicklungsmöglichkeiten einer kritischen Theorie der Erziehung nur im Kontext einer umfassenden gesellschaftlichen Demokratisierung möglich werden.
Nur eine Gesellschaft, die an der Erweiterung öffentlich-rationaler Kontrolle und Steuerung in allen Bereichen des Produktionsprozesses interessiert ist, die der Macht und dem Einfluß der »Eliten« in Wirtschaft, Politik, Recht und Verwaltung den wachsenden Einfluß einer sich emanzipierenden Masse entgegenstellt, kann ein Ausbildungswesen und eine kritische Theorie der Erziehung mit dezidiert emanzipatorischen Interessen akzeptieren bzw. fördern.
Kritische Theorie wird sich freilich immer als wesentlicher Promotor des gesamtgesellschaftlichen Emanzipationsprozesses verstehen müssen, anderenfalls bliebe auch ihr Anspruch uneingelöst, im Interesse der Mündigkeit der heranwachsenden und lernenden Subjekte die konkreten gesellschaftlichen Bedingungen aufzudecken, also zu zeigen, was in der Zeit geschieht und dies daran zu messen, was *an der Zeit ist*, damit die Widersprüche in der Gesellschaft zugunsten der Identität ihrer Subjekte abgebaut werden.

IX. Anmerkungen

Einleitung

1 Im § 2 im »Umriß pädagogischer Vorlesungen« (1835) schreibt Herbart: »Pädagogik als Wissenschaft hängt ab von der praktischen Philosophie und Psychologie. Jene zeigt das Ziel der Bildung, diese den Weg, die Mittel und Hindernisse.«

2 Herbart, J. F., Allgemeine Pädagogik aus dem Zweck der Erziehung abgeleitet (1806), Vorwort v. H. Nohl, Weinheim 1959^2 S. 10.

3 Herbart, J. F., ebd., S. 10 f.

4 Schleiermacher, F. E. D., Theorie der Erziehung. Nachschriften der Vorlesungen aus dem Jahre 1826. In: Schleiermacher, Ausgewählte pädagogische Schriften. Bes. v. E. Lichtenstein, Paderborn 1959, S. 40.

5 Litt, Th., Das Wesen des pädagogischen Denkens. In: Röhrs, H. (Hrsg.), Erziehungswissenschaft und Erziehungswirklichkeit, Frankfurt a. M. 1964, S. 60.

6 Spranger, E., Die Bedeutung der wissenschaftlichen Pädagogik für das Volksleben. In: Röhrs, H.. ebd., S. 17.

7 Die Wissenschaftslehre M. Webers und seine Begründung der Forderung, Wissenschaft habe sich innerhalb ihrer Aussagen jeglicher Werturteile zu enthalten, findet sich u. a. in folgenden zwei Arbeiten ausführlich dargestellt:
Die »Objektivität« sozialwissenschaftlicher Erkenntnis. [Ursprüngl.: Die »Objektivität« sozialwissenschaftlicher und sozialpolitischer Erkenntnis. In: Archiv für Sozialwissenschaft und Sozialpolitik, 19. Bd. 1904]
Der Sinn der »Wertfreiheit« der Sozialwissenschaften.
[Ursprüngl.: Der Sinn der »Wertfreiheit« der soziologischen und ökonomischen Wissenschaft. In: Logos, Bd. VII, 1917]
Beide Aufsätze sind unter den angegebenen Titeln wieder abgedruckt in: M. Weber, Soziologie. Weltgeschichtliche Analysen. Politik. Hrsg. v. J. Winckelmann, Stuttgart 1964^3.

8 Spranger, E., ebd., S. 18.

9 So heißt es z. B. auch in der sehr verbreiteten »Einführung in die theoretische Pädagogik« des niederländischen Pädagogen

M. J. Langeveld: »Die Pädagogik ist eine Wissenschaft, die ihren Gegenstand nicht nur kennen will, um zu wissen, wie die Dinge liegen, sie will das, was sie studiert, kennenlernen, um zu wissen, wie man handeln muß.«
Stuttgart 1965[5], S. 11.

10 Fischer, A., Über die Bedeutung des Experiments in der pädagogischen Forschung und die Idee einer exakten Pädagogik. (1913) In: Röhrs, H., ebd., S. 49.

11 Röhrs, H., Allgemeine Erziehungswissenschaft, Weinheim 1969, S. 19.

12 In: Pädagogik als Wissenschaft. Hrsg. v. F. Nicolin, Darmstadt 1969, S. IX.

13 Dilthey, W., Schriften zur Pädagogik. Bes. v. H.-H. Groothoff und U. Herrmann, Paderborn 1971, S. 88.

14 Dolch, J., Aufgabe und Aufbau der Pädagogik, einer umstrittenen Wissenschaft. In: Röhrs, H., (Hrsg.), Erziehungswissenschaft und Erziehungswirklichkeit, S. 123.

15 Brezinka, W., Von der Pädagogik zur Erziehungswissenschaft, Weinheim 1971, S. VI.

16 Gamm, H.-J., Das Elend der spätbürgerlichen Pädagogik, München 1972.

17 So betont auch die Bundesregierung der sozial-liberalen Koalition in ihrem 1970 vorgelegten Bildungsbericht:
»Die Ursachen für die Mängel des gegenwärtigen Bildungswesens und die Auswirkungen von neuen Strukturen und Inhalten können nur durch wissenschaftliche Forschung erkannt und analysiert werden. Damit wird die Bildungsforschung eine wesentliche Voraussetzung für die Bildungsreform.« Bildungsbericht '70, Bericht der Bundesregierung zur Bildungspolitik. Hrsg. v. Bundesminister für Bildung und Wissenschaft, Bonn 1970, S. 135.

II. Der gesellschaftliche Zusammenhang gegenwärtiger Bildungspolitik

1 Jahresbericht der Bundesregierung. Hrsg. v. Presse- und Informationsamt der Bundesregierung, Bonn 1969, S. 17.

2 Bildungsgesamtplan – Ein finanz-, konjunktur-, preis- und lohnpolitisch realisierbarer Vorschlag für die Jahre 1970 – 1980 (und später) – (Zugleich eine Materialsammlung).
Hrsg. in Zusammenarbeit mit der Studienstiftungsgesellschaft zur Förderung der angewandten Sozial- und Wirtschaftswissenschaften GmbH Lübeck und der Studiengesellschaft für Geld- und Kreditwirtschaft von 1931, Düsseldorf 1971, S. 167.

3 Jahresbericht der Bundesregierung, S. 20 f.

4 Hahn, W., Bildung für die Welt von morgen. In: Schulentwicklungsplan Baden-Württemberg. Bildung in neuer Sicht. Schriftenreihe des Kulturministeriums Baden-Württemberg zur Bildungsforschung, Bildungsplanung und Bildungspolitik. Reihe A Nr. 1, Villingen o. J., S. 7.

5 Jaeggi, U., Macht und Herrschaft in der Bundesrepublik, Frankfurt a. M. 1969, S. 50.

6 Edding, F., Geleitwort zu: K. Bahr, Die Ermittlung des Nachwuchsbedarfs an technischen Führungskräften. Eine internationale vergleichende Untersuchung, Berlin 1963, S. V.

7 Zur Einführung und weiterführenden Beschäftigung mit den Zielsetzungen, Methoden, Theorien und der politischen Problematik der Bildungsökonomie sei auf folgende Arbeiten verwiesen:

Altvater, E. und Huisken, F. (Hrsg.), Materialien zur politischen Ökonomie des Ausbildungssektors, Erlangen 1971.

Berg, H., Ökonomische Grundlagen der Bildungsplanung, Berlin 1965.

Edding, F., Ökonomie des Bildungswesens. Lehren und Lernen als Haushalt und Investition, Freiburg 1963.

Hüfner, K., Traditionelle Bildungsökonomie und systemorientierte Bildungsplanung. Studien und Berichte 17. Institut für Bildungsforschung in der Max-Planck-Gesellsch., Bln. 1969.

Huisken, F., Zur Kritik bürgerlicher Didaktik und Bildungsökonomie, München 1972.

Perspektiven der Bildungsplanung. Bildung im Blickfeld von Wirtschaft und Gesellschaft. Eine Veröffentlichung der Unesco. Deutsch hrsg. v. H. v. Recum, Frankfurt a. M. 1967.

Roevenich, W., Bildungsökonomie. Hrsg. v. d. Bildungsabteilung des Deutschen Industrieinstituts, Köln 1966.

8 Hahn, W., Wirtschaftswachstum und Ausbildungsbedarf. In: Bildung und Wirtschaftswachstum. Modellstudie zur Bildungsplanung von H. P. Widmaier u. a., Villingen 1966, S. 9.

9 Bildungsbericht '70, S. 17.

10 In das Grundgesetz wurde der Abschnitt VIII a Gemeinschaftsaufgaben eingefügt.

Artikel 91a

[Mitwirkung des Bundes auf Grund von Bundesgesetzen]

(1) Der Bund wirkt auf folgenden Gebieten bei der Erfüllung von Aufgaben der Länder mit, wenn diese Aufgaben für die Gesamtheit bedeutsam sind und die Mitwirkung des Bundes zur Verbesserung der Lebensverhältnisse erforderlich ist (Gemeinschaftsaufgaben):

1. Ausbau und Neubau von Hochschulen einschließlich der Hochschulkliniken,
2. Verbesserung der regionalen Wirtschaftsstruktur,
3. Verbesserung der Agrarstruktur und des Küstenschutzes.

(2) Durch Bundesgesetz mit Zustimmung des Bundesrates werden die Gemeinschaftsaufgaben näher bestimmt. Das Gesetz soll allgemeine Grundsätze für ihre Erfüllung enthalten.

(3) Das Gesetz trifft Bestimmungen über das Verfahren und über Einrichtungen für eine gemeinsame Rahmenplanung. Die Aufnahme eines Vorhabens in die Rahmenplanung bedarf der Zustimmung des Landes, in dessen Gebiet es durchgeführt wird.

(4) Der Bund trägt in Fällen des Absatzes 1 Nr. 1 und 2 die Hälfte der Ausgaben in jedem Land. In den Fällen des Absatzes 1 Nr. 3 trägt der Bund mindestens die Hälfte; die Beteiligung ist für alle Länder einheitlich festzusetzen. Das Nähere regelt das Gesetz. Die Bereitstellung der Mittel bleibt der Feststellung in den Haushaltsplänen des Bundes und der Länder vorbehalten.

(5) Bundesregierung und Bundesrat sind auf Verlangen über die Durchführung der Gemeinschaftsaufgaben zu unterrichten.

Artikel 91b

[Zusammenwirken von Bund und Ländern auf Grund von Vereinbarungen]

Bund und Länder können auf Grund von Vereinbarungen bei der Bildungsplanung und bei der Förderung von Einrichtungen und Vorhaben der wissenschaftlichen Forschung von überregionaler Bedeutung zusammenwirken. Die Aufteilung der Kosten wird in der Vereinbarung geregelt.

11 Bildungsbericht '70, S. 24.
12 Ebd., S. 144.
13 Deutscher Bildungsrat. Empfehlungen der Bildungskommission. Strukturplan für das Bildungswesen, Stuttgart 1970, S. 310.
14 Deutscher Bildungsrat. Empfehlungen der Bildungskommission. Zur Neugestaltung der Abschlüsse im Sekundarschulwesen. Bonn 1969, S. 43.
15 Bildungsgesamtplan, ebd., S. 195.
16 Deutscher Bildungsrat, ebd., S. 44.
17 Ebd., S. 30.
18 Vgl. Deutscher Bildungsrat. Strukturplan, ebd., S. 29–32.
19 Die Zeit, Nr. 34/1971, S. 40.

20 Zwischenbericht der Bund-Länder-Kommission für Bildungsplanung an die Regierungschefs des Bundes und der Länder über den Bildungsgesamtplan und ein Bildungsbudget beschlossen am 18. Oktober 1971, S. IV/1 ff.

21 Ebd., S. IV/6.

22 Die modernen Industriegesellschaften werden in der Soziologie durch die Dominanz des wirtschaftlichen Teilsystems gekennzeichnet, was zur Folge hat, daß auch das Wertmuster der Wirtschaft, Leistung um ihrer selbst willen ständig zu verbessern, dazu tendiert, in allen wichtigen Bereichen der Politik die Entscheidungen zu leiten.
Vgl. Dahrendorf, R., Gesellschaft und Freiheit, München 1961, S. 274–275 und S. 312–320.

23 Die wirtschaftspolitischen Abhängigkeiten und Ziele der gegenwärtigen Bildungspolitik sind ausführlich diskutiert bei Altvater, E. und Huisken, F., ebd., S. 113 ff., S. 370 ff.
Vgl. desweiteren Baethge, M., Ausbildung und Herrschaft. Unternehmerinteressen in der Bildungspolitik, Frankfurt a. M. 1970.

24 Erst im Sinne dieser zuletzt skizzierten Funktion sollte man sinnvollerweise von Bildungsplanung sprechen. Die Berechnung der Nachfrage und des Bedarfs an Ausbildungsplätzen und Ausbildungspersonal stellt keine bewußte Gestaltung der zukünftigen Politik dar, vielmehr geht es hierbei um die Extrapolation jeweils beobachtbarer gesellschaftlicher Entwicklungen in die Zukunft, also die Prognose bestimmter Größen unter bisher bekannten Trends. Hier ist G. M. Rückriem zuzustimmen, der dazu bemerkt: »Es muß daher mit aller Deutlichkeit gesagt werden, daß solche Prognosen keine Entscheidungshilfe und auch keine Planung darstellen.« Funk-Kolleg Erziehungswissenschaft, Bd. 3, Frankfurt a. M. 1971, S. 211.

25 Kulturpolitik der Länder 1963 und 1964. Hrsg. v. d. KMK, Bonn 1965, S. 53.

26 Vgl. dazu ebd., S. 55–60; desweiteren: Ständige Konferenz der Kultusminister der Länder in der Bundesrepublik Deutschland [KMK] (Hrsg.), Schulbesuch 1961 bis 1970. Erster Bericht der Arbeitsgruppe für Fragen der Bedarfsfeststellung, Heft 1: Schüler-Klassen-Lehrer, Dokumentation Nr. 20, Bonn 1967.

27 Über Methodologie, Forschungspraxis und Theorie der Bildungsplanung sowie deren Kooperation mit der Bildungspolitik informieren in einem ersten Überblick:

Becker, H., Bildungsforschung und Bildungsplanung, Frankfurt a. M. 1971.

Edding, F., Auf dem Wege zur Bildungsplanung, Braunschweig 1970

Frankfurter Hefte. Hrsg. v. W. Dirks und E. Kogon. Sonderheft Bildung. 26 (1971)4.

Rolff, H.-G., Bildungsplanung als rollende Reform, Frankfurt a. M. 1970.

28 Lübbe, H., Wissenschaft und Kulturpolitik. Eine Verteidigung der »technokratischen« Form ihrer Zusammenarbeit. In: Erziehungswissenschaft. Bildungspolitik. Schulreform. 9. Beiheft der Zeitschrift für Pädagogik, Weinheim 1971, S. 297.

29 Das »Abkommen zwischen Bund und Ländern über die Errichtung eines Wissenschaftsrates« ist abgedruckt in: Lohmar, U., Wissenschaftsförderung und Politik-Beratung, Gütersloh 1967, S. 164–170.

30 Ebd., S. 231.

31 Ebd., S. 171. Seit 1960 hat der Wissenschaftsrat insgesamt 17 Veröffentlichungen (Empfehlungen, Anregungen, Berichte) vorgelegt. Zuletzt die »Empfehlungen zur Struktur und zum Ausbau des Bildungswesens im Hochschulbereich nach 1970«, Band 1–3, Bonn 1970.

Sämtliche Veröffentlichungen des Wissenschaftsrates werden verlegt bei J. C. B. Mohr (Paul Siebeck) in Tübingen.

Der Deutsche Bildungsrat hat bis 1970 folgende Empfehlungen der Bildungskommission veröffentlicht:

Zum Lehrermangel in den mathematisch-naturwissenschaftlichen Fächern an den Gymnasien – Sicherung der öffentlichen Ausgaben für die Schulen bis 1970;

Einrichtung von Schulversuchen mit Ganztagsschulen – Sicherung der öffentlichen Ausgaben für Schulen und Hochschulen bis 1975;

Zur Verbesserung der Lehrlingsausbildung;

Zum Schulbau;

Zur Neugestaltung der Abschlüsse im Sekundarschulwesen;

Zur Einrichtung von Schulversuchen mit Gesamtschulen;

Strukturplan für das Bildungswesen.

Sämtliche Empfehlungen des Deutschen Bildungsrates werden beim Klett-Verlag in Stuttgart verlegt.

32 Zur Diskussion um den Strukturplan des Deutschen Bildungsrates und die Politik des Bildungsrates vgl.:

Arnold, W., Kritische Bemerkungen zum Strukturplan für das Bildungswesen, München 1971.

Blankertz, H., Notizen zu den bildungstheoretischen Prämis-

sen des »Strukturplans«. In: Deutsche Berufs- u. Fachschule, 67(1971), S. 94–100.
Bühl, W., Schulreform. Daten, Fakten, Analysen. Eine soziologische Kritik zum »Strukturplan« des Bildungsrats., München 1971. Ders., Schulreform als gesellschaftlicher Prozeß. In: Zeitschrift für Pädagogik, 17(1971), S. 315–336.
Hornstein, W., Bildungsplanung ohne sozialpädagogische Perspektiven. In: ebd., S. 285–314.
Knoll, J. H., Ein Jahr danach. Bemerkungen zum »Strukturplan«. In: Deutsche Berufs- u. Fachschule, 67(1971), S. 81–94.
Lieth, E. von der, Strukturplan für das Bildungswesen. In: Die höhere Schule, 23(1970), S. 241–244.
Dies., Strukturplan – IV. Kapitel: Lehrerbildung. In: ebd., S. 271–274.
Preissler, G., Bildungsreform im »Strukturplan« des Bildungsrats und im »Bericht zur Bildungspolitik« der Bundesregierung. I. Teil. In: Die Deutsche Schule, 62(1970), S. 750–760. II. Teil. In: ebd. 62(1970), S. 826–841, III. Teil. In: ebd., 63(1971), S. 47–60.
Schorr, K.-E., Strukturreform des Bildungswesens. In: Zeitschrift für Pädagogik, 17(1971), S. 337–350.
Thomas, H., Zum Zusammenhang der Schulstufen. In: Frankfurter Hefte, 26(1971), S. 289–300.
Volk, E., Das berufliche Bildungswesen im Strukturplan des Deutschen Bildungsrates. In: Berufliche Bildung, Heft 7/1970, S. 160–166.

33 Vgl. den o. a. »Zwischenbericht . . .«

34 Lengert, R., Politik der Schulreform im Teufelskreis der Kompromisse. Die unbestimmte Expertenrolle der Pädagogik in der gegenwärtigen Praxis der »Innovationen«, Neuwied 1969, S. 18.

35 Vgl. Bühl, W. L., Schulreform als gesellschaftlicher Prozeß, ebd., S. 315 ff.

36 Deutscher Bildungsrat, Strukturplan, S. 15.

37 Etwa W. Klafki, der für die Kultusministerien in Hessen und Nordrhein-Westfalen Gutachten zum Aufbau der Hauptschule, zur Einführung von Gesamtschulen und für die Curriculum-Reform erarbeitet hat; H. Becker, der durch seine Funktion als Direktor des Instituts für Bildungsforschung in der Max-Planck-Gesellschaft und durch zahlreiche publizistische Beiträge über die fachinterne Diskussion hinaus Beachtung findet und H. Roth, der als einziger Ordinarius für Pädagogik Mitglied der Bildungskommission des Deutschen Bildungsrates ist.

38 So begründet W. Brezinka die von ihm vorgenommene strenge Orientierung der Erziehungswissenschaft an den methodologischen Standards der analytischen Philosophie ausdrücklich mit dem Verweis auf die praktische Bedeutung einer Erziehungswissenschaft, die sich als sogenannte Realwissenschaft von der Erziehung »auf deskriptive und, soweit schon zu leisten, theoretische Sätze in ihren Aussagen beschränkt«. »Im Hinblick auf die Erkenntnisse, die durch den Gebrauch der wissenschaftlichen Methode in vielen Disziplinen bereits gewonnen worden sind, besteht Grund zu der Annahme, daß auch die Klärung und die Lösung *pädagogischer* Probleme durch ihre Anwendung gefördert werden kann.« Ebd., S. 24.

39 Die Notwendigkeit der »modernen Erziehungswissenschaft« sieht H. Giesecke in zwei gesellschaftlichen Tatbeständen begründet. Die vielfältige Abhängigkeit der pädagogischen Praxis sowie die neuartige gesellschaftspolitische Funktion des Ausbildungssektors erfordern ein *Instrument*, »diese Praxis wieder so effektiv wie möglich zu beherrschen«.
Da aber Wissens- und Erziehungsmonopole in der Geschichte zumeist mit Herrschaftsmonopolen verknüpft waren, instrumentales Wissen als Herrschaftswissen jederzeit mißbraucht werden kann, »wird die Erziehungswissenschaft zur Kritik an der jeweils vorgefundenen Praxis im Namen von Maßstäben, die aus dem gesellschaftlichen Prozeß der Demokratisierung gewonnen werden ...« Einführung in die Pädagogik, München 1971[3], S. 192 und S. 194.

40 Die weitestgehenden Anforderungen an die praktisch-politische Bedeutung der Pädagogik formuliert gegenwärtig zweifellos H.-J. Gamm.
»*Zentraler Gegenstand der Pädagogik als Wissenschaft ist demnach der Emanzipationsprozeß selbst.* Mit dieser konstituierenden These wird der Rahmen bestimmt, den die Theorie auszufüllen hat, indem sie eine Theorie von den gesellschaftlichen Notwendigkeiten und den erzieherischen Handlungsmöglichkeiten ist.«
Kritische Schule, München 1970, S. 127.

41 Lübbe, H., ebd., S. 298.

42 Die Unterteilung des Wissens, das für die Lösung bildungspolitischer Probleme hier als relevant angesehen wird, orientiert sich an der von J. Habermas vorgenommenen Kategorisierung in Informationswissen, Interpretationswissen und Analyse. Vgl. Technik und Wissenschaft als »Ideologie«, Frankfurt a. M. 1969[2], S. 162.

43 Ebd., S. 158.

III. Bildungspolitik und Pädagogik in der entstehenden bürgerlich-kapitalistischen Gesellschaft um 1800

1 Herrmann, U., Modell der Schulreform: Das Braunschweigische Schuldirektorium 1786–1790. In: Braunschweigisches Jahrbuch, Band 52, 1971, S. 163.
2 Campe, J. H., Über einige verkannte, wenigstens ungenützte Mittel zur Beförderung der Industrie, der Bevölkerung und des öffentlichen Wohlstandes. Zwei Fragmente. Wolfenbüttel 1786, S. 16. Zitiert nach: Quellen zur Geschichte der Erziehung, Berlin (Ost), 1971^{6}, S. 161.
3 Stein, L. v., Die Verwaltungslehre, Bd. II: Das Bildungswesen, Stuttgart 1884, S. 484 f.
4 Dieses und die folgenden Zitate aus dem Allgemeinen Landrecht sind dem Abdruck der Schulartikel des Landrechts bei G. Giese, Quellen zur deutschen Schulgeschichte seit 1800, Göttingen 1961, S. 61 ff. entnommen.
5 Barth, P., Die Geschichte der Erziehung in soziologischer und geistesgeschichtlicher Beleuchtung, Darmstadt 1967, S. 13 [Unveränderter reprogr. Nachdruck der 5. u. 6. Auflage, Leipzig 1925].
6 Zur Geschichte der Volksschule, Bd. I, Volksschulordnungen 16. bis 18. Jahrhundert. Hrsg. v. T. Dietrich u. J.-G. Klink, Bad Heilbrunn 1964, S. 132.
7 Kant, I., Werke in zehn Bänden, Bd. 9, Darmstadt 1968, S. 53.
8 Herrmann, U., ebd., S. 165.
9 Koneffke, G., Einleitung zu: A. Wagemann, Über die Bildung des Volkes zur Industrie [Göttingen 1791], Glashütten i. T. 1971, S. XI.
10 Ebd., S. X.
11 Zur sozialen Lage in Deutschland und Preußen um 1800 vgl.: Pross, H. (Hrsg.), Dokumente zur deutschen Politik 1806–1870, Frankfurt a. M. 1963.
Treue, W., Wirtschaftsgeschichte der Neuzeit, Stuttgart 1962.
12 Über die Entstehung des modernen Staates und den Zusammenhang bürgerlicher Staat – Wirtschaft vgl.:
Weber, M., Die rationale Staatsanstalt und die modernen politischen Parteien und Parlamente. In: ders., Wirtschaft und Gesellschaft. Studienausgabe, hrsg. v. J. Winckelmann, 2. Halbbd. Köln 1964, S. 1034 ff.
13 Paulsen, F., Das deutsche Bildungswesen in seiner geschichtlichen Entwicklung, Leipzig 1909^{2}, S. 108.
14 So spricht ein so verbreitetes Buch wie der »dtv-Atlas zur Welt-

geschichte« lediglich das bürgerliche Programm für die Staatsreform in Preußen an. Unter dem Titel »Innere Umgestaltung Deutschlands (1807–1814)« findet sich jedoch kein Hinweis auf die politisch-ökonomischen Bedingungsfaktoren dieser Maßnahmen.
Vgl.: Kinder, H. u. Hilgemann, W., dtv-Atlas zur Weltgeschichte, Bd. II, Von der Französischen Revolution bis zur Gegenwart, München 1969[4], S. 33.

15 Koselleck, R., Staat und Gesellschaft in Preußen, 1815–1848. In: Moderne deutsche Sozialgeschichte, hrsg. v. H.-U. Wehler, Köln 1966, S. 68.

16 Treue, W., ebd., S. 518.

17 Koneffke, G., ebd., S. XXVII f.

18 Zu diesen und den folgenden Hinweisen auf den »Königsberger Schulplan« vgl. dessen vollständige Wiedergabe in: W. v. Humboldt, Bildung und Sprache. Eine Auswahl aus seinen Schriften, bes. v. C. Menze, Paderborn 1959, S. 101–110.

19 Vgl.: Quellen zur Geschichte der Erziehung, Berlin (Ost) 1971[6].

20 Humboldt, W. v., ebd., S. 104.

21 Ebd., S. 106.

22 Giese, G., ebd., S. 75.

23 Ebd., S. 18.

24 Quellen zur Geschichte der Erziehung, S. 135.

25 Giese, G., ebd., S. 91.

26 Ebd., S. 93.

27 Ebd., S. 94.

28 Ebd., S. 95.

29 Ebd., S. 96.

30 Paulsen, F., ebd., S. 153.

31 Ebd., S. 153 f.

32 Quellen zur Geschichte der Erziehung, S. 137.

33 Ebd., S. 139.

34 Ebd., S. 142.

35 Campe, J. H., Über die früheste Bildung junger Kinderseelen im ersten und zweiten Jahre der Kindheit. In: Allgemeine Revision des gesamten Schul- und Erziehungswesens, von einer Gesellschaft praktischer Erzieher. 2. Teil, Hamburg 1785.

36 Trapp, E. Ch., Versuch einer Pädagogik. In: ebd., 8. Teil, Wien und Wolfenbüttel 1787, S. 92 f.

37 Zitiert bei C. Menze, Die Hinwendung der deutschen Pädagogik zu den Erfahrungswissenschaften vom Menschen. Eine geschichtliche Betrachtung. In: Zur Bedeutung der Empirie für die Pädagogik als Wissenschaft. Heft 5 der Neuen Folge der

Ergänzungshefte zur Vierteljahrsschrift für wissenschaftliche Pädagogik, Bochum 1966, S. 35.

38 Quellen zur Geschichte der Erziehung, S. 144.

39 Ebd., S. 144.

40 So weist Basedow ausdrücklich darauf hin, daß die Pensionisten in seiner Anstalt grundsätzlich unter gleichen Maximen und mit keinerlei standesspezifischen Vorrechten und Mitteln erzogen werden. Er leitet die »Ordnung des Philanthropins« mit der Präambel ein: »Wir suchen die Pensionisten besonders zur Tugend und zur Geschicklichkeit und Zufriedenheit in den gewiß zuweilen erfolgenden Schicksalen des Lebens zu gewöhnen. Von dem Gebrauch der Hilfsmittel, die wir dafür nötig finden, machen wir nicht darum eine Ausnahme, weil die Eltern fürstlichen, gräflichen, freiherrlichen, adligen Standes oder eines Millionenreichtums sind.« Ebd., S. 142.

41 Koneffke, G., ebd., S. XI.

42 Weber, M., Die Entstehung des rationalen Staates. In: ebd., S. 1034.

43 Quellen zur Geschichte der Erziehung, S. 161.

44 Fiege, H., Geschichte der hamburgischen Volksschule, Hamburg 1970. Zitiert bei L. Jochimsen, Hinterhöfe der Nation. Die deutsche Grundschulmisere, Reinbek b. Hamburg 1971, S. 50.

45 Vgl. Geschichte der Erziehung, Berlin (Ost) 1962^5, S. 175.

46 Quellen zur Geschichte der Erziehung, S. 163.

47 Vgl. dazu die oben zitierte Briefstelle bei J. H. Campe.

48 Rochow, F. E. v., Sämtliche pädagogische Schriften, Berlin 1907 ff., Bd. I, S. 4. Zitiert in: Geschichte der Erziehung, S. 179.

49 So schreibt F. Blättner über die aktuellen Anlässe für das schulpädagogische Engagement v. Rochows:
»Er erzählt in der ›Geschichte meiner Schule‹, wie bei einer Viehseuche die Bauern auch dann versagten, als er ihnen von Tierärzten gute Medikamente, schriftliche Anweisungen und mündlichen Rat geben ließ – sie glaubten weiter an ihre magischen Praktiken und übten sie aus. Da erkannte Rochow, daß die modernen wissenschaftlichen Hilfsmittel (die Medikamente der Veterinärmedizin) gänzlich wertlos waren, wenn sie nicht angewendet werden konnten. Anwenden aber mußten sie die Bauern und Knechte. Wie aber, wenn diese nicht an rationale, kausale Bewirkungen, sondern an Zauberpraktiken glaubten? Rochows Bemühungen, sich in einem Buch, dem ›Bauernfreund‹, an die Alten zu wenden scheiterte, und es wurde ihm klar, daß die Jugend, die noch nicht von Dummheit, Aber-

glauben und Vorurteilen verdorbene Jugend, zum vernünftigen Denken gebildet werden müsse.«
Geschichte der Pädagogik, Heidelberg 1961^7, S 76.
In der o. a. Geschichte der Erziehung heißt es dazu;
»Rochows ökonomische Bemühungen wurden durch die mangelhafte Erziehung und Bildung der Bauern und Taglöhner spürbar gehemmt. Er hatte bei der Aufteilung der gemeinsamen Weide starke Widerstände zu überwinden. Die falsche auf Aberglauben beruhende Behandlung erkrankter Schafe führte zum Verlust von 9000 Talern; viele Obstbäume gingen durch unsachgemäße Behandlung ein, und in den Hungerjahren 1771 bis 1772 verlor er eine größere Zahl wertvoller Arbeitskräfte, weil seine Tagelöhner und Bauern auf Arzt und Arznei, die er kostenlos zur Verfügung stellte, verzichteten und sich Quacksalbern und deren Mitteln zuwandten. Diese Erlebnisse waren für Rochow letzter Anlaß, sich um die ›Aufklärung‹ seiner Bauern zu bemühen.« S. 178.

50 Zitiert bei H. König. Zur Geschichte der Nationalerziehung in Deutschland im letzten Drittel des 18. Jahrhunderts, Berlin (Ost) 1960, S. 204.

51 Ebd., S. 203.

52 Ebd., S. 206.

53 Schreiben v. Rochows an den preußischen Minister v. Zedlitz vom 10. 12. 1776. Zitiert bei G. Koneffke. ebd., S. XIX.

54 Ebd., S. XXXVI.

55 So zeigen z. B. die o. zitierten Passagen aus der Ordnung des Dessauer Philanthropins deutlich, daß die liberalen und emanzipatorischen Intentionen der zeitgenössischen Pädagogik die bestehende ständische Ordnung nicht antasten, sondern in utilitaristischen Orientierungen – ein Mehr an naturwissenschaftlich-mathematisch-kaufmännischer Bildung – ihren Kern haben. Die Gleichheitsvorstellungen der philanthropischen Pädagogik sind in den Grenzen ihrer Zeit zu sehen, insofern war mit der Forderung nach Gleichheit aller der Widerspruch zwischen Bürgertum und Proletariat, der sich damals erst andeutete, eigentlich bereits akzeptiert.

56 Campe war sowohl als Geschäftsmann wie als Bürger wegen seiner anti-feudalistischen Agitation und seiner öffentlich bekundeten Begeisterung für das Ideengut der Französischen Revolution verschiedentlich schweren Repressalien von seiten der Obrigkeit ausgesetzt.
Darüber berichtet ausführlich G. Koneffke in seiner Einleitung zu J. H. Campe, Über einige verkannte, wenigstens ungenützt Mittel zur Beförderung der Industrie, der Bevölkerung und des

öffentlichen Wohlstandes, Wolfenbüttel 1786. Neudruck hrsg. v. H. J. Heydorn und G. Koneffke, Frankfurt a. M. 1969.

IV. Bildungspolitik und äußere Relevanz der Erziehungswissenschaft

1 Deutscher Bildungsrat, Strukturplan, S. 33.

2 Bildung und Wissenschaft in wirtschafts- und gesellschaftspolitischer Deutscher sicht. Hrsg. v. Deutschen Industrieinstitut, Köln 1965. S. 2.

3 Dabei soll das nicht etwa heißen, die bundesrepublikanische Gesellschaft verfüge nicht über diejenige Produktivität, aus der auch für die Bildungsinvestitionen bei vernünftiger Verteilung des Sozialproduktes genügend Mittel zur Verfügung gestellt werden könnten.
Es fügt sich in die im II. Kapitel skizzierte Hierarchie der gesellschaftlichen Teilsysteme – erst die Wirtschaft, dann die anderen – wenn C.-H. Evers u. a. in ihrem Buch »Versäumen unsere Schulen die Zukunft?« die Aufwendungen für die Werbung mit denen für das Schulwesen vergleichen und dabei feststellen müssen: »1970 gaben Bund, Länder und Gemeinden für das Schulwesen etwa 13,5 Milliarden Mark aus. Aber für die Werbung wurden schon 1968 von der Wirtschaft 15,5 Milliarden verpulvert.« Düsseldorf 1971, S. 192.

4 Wichtige Aufschlüsse über das Interesse der Wirtschaft an einer direkteren Orientierung der Bildungspolitik an ihren Interessen erlaubt die o. a. Broschüre »Bildungsgesamtplan«, die unverholen zeigt, daß die Wirtschaft erwartet, ihre Partialinteressen sollten mehr als bisher die Maßnahmen und Planungen im Bereich der Bildungspolitik leiten.

5 Die folgende Entwicklung bzw. Differenzierung des Kriteriums »äußere Relevanz« zur Diskussion erziehungswissenschaftlicher Konzeptionen orientiert sich an einer Arbeit von K. Holzkamp, Zum Problem der Relevanz psychologischer Forschung für die Praxis. In: ders., Kritische Psychologie. Vorbereitende Arbeiten, Frankfurt a. M. 1972, S. 9–34.

6 Ebd., S. 18 f.

7 Diese Beschreibung des Überprüfungsverfahrens stützt sich auf die Methodologie der empirisch-analytischen Wissenschaften, auf die später ja noch ausführlich eingegangen wird. K. R. Popper nennt diese Verfahren »empirische Anwendung« der Theorie. Sie stellt nach Popper eine von vier möglichen Prüfmethoden theoretischer Aussagen dar. »Diese letzte Prüfung

soll feststellen, ob sich das Neue, das die Theorie behauptet, auch praktisch bewährt, etwa in wissenschaftlichen Experimenten oder in der technisch-praktischen Anwendung. Auch hier ist das Prüfungsverfahren ein deduktives: Aus dem System werden (unter Verwendung bereits anerkannter Sätze) empirisch möglichst leicht nachprüfbare bzw. anwendbare singuläre Folgerungen (»Prognosen«) deduziert und aus diesen insbesondere jene ausgewählt, die aus bekannten Systemen nicht ableitbar sind bzw. mit ihnen in Widerspruch stehen. Über diese – und andere – Folgerungen wird nun im Zusammenhang mit der praktischen Anwendung, den Experimenten usw., entschieden. Fällt die Entscheidung positiv aus, werden die singulären Folgerungen anerkannt, *verifiziert*, so hat das System die Prüfung vorläufig bestanden; wir haben keinen Anlaß, es zu verwerfen. Fällt eine Entscheidung negativ aus, werden Folgerungen *falsifiziert*, so trifft ihre Falsifikation auch das System, aus dem sie deduziert wurden.«
Logik der Forschung, Tübingen 1969[3], S. 8.

8 K. Holzkamp schreibt über einen Vergleich von Physik und empirisch-analytischer Psychologie in eben diesem Sinne: »Wie wir schon am Beispiel der Physik aufgewiesen haben, ist der Grad der technischen Relevanz abhängig von der Strukturähnlichkeit zwischen der jeweiligen experimentellen Realität und der alltäglichen Realität, auf die sich das technische Interesse richtet. Wir wollen zeigen, daß die dingliche Alltagsrealität nach den grundsätzlich gleichen Prinzipien handwerklich-technisch bearbeitet werden kann, nach denen die experimentelle Realität der Physik hergestellt wird, so daß die Befunde der Physik häufig unmittelbar dem alltäglichen Kontrollinteresse zu aggressiven, zivilisatorischen etc. Zwecken unterstellt werden können.« Ebd., S. 19.

9 Klafki, W., Erziehungswissenschaft als kritisch-konstruktive Theorie. In: Zeitschrift für Pädagogik, 17(1971)3, S. 385.

10 Der Begriff der *emanzipatorischen* Relevanz ist wiederum K. Holzkamp entlehnt. »Emanzipatorisch relevant wäre psychologische Forschung«, so heißt es in dem o. a. Buch, »sofern sie zur Selbstaufklärung des Menschen über seine gesellschaftlichen und sozialen Abhängigkeiten beiträgt und so die Voraussetzungen dafür schaffen hilft, daß der Mensch durch Lösung von diesen Abhängigkeiten seine Lage verbessern kann.« Ebd., S. 32.

V. Kritik der äußeren Relevanz der geisteswissenschaftlichen Pädagogik

1 Von besonderer Bedeutung: Einleitung in die Geisteswissenschaften (1883).
Der Aufbau der geschichtlichen Welt in den Geisteswissenschaften (1910).

2 Herrmann, U., Art.: Dilthey und die Dilthey-Schule in der Pädagogik. In: Neues Pädagogisches Lexikon. Hrsg. v. H.-H. Groothoff u. M. Stallmann, Stuttgart 1971[5], Sp. 241–245, Sp. 242.

3 Herrmann, U., Die Pädagogik Wilhelm Diltheys, Göttingen 1971, S. 15.

4 Vgl. ebd., S. 75.

5 Ebd., S. 75.

6 Ebd., S. 76.

7 So in dem Titel der 1875 erschienenen Abhandlung »Über das Studium der Geschichte, der Wissenschaften vom Menschen, der Gesellschaft und dem Staat«.

8 Zur Beschreibung der besonderen Qualität des Objektbereiches der Geisteswissenschaften durch Dilthey vgl. Herrmann, U., ebd., S. 74 ff.

9 Röhrs, H., Allgemeine Erziehungswissenschaft, S. 20.

10 Bollnow, O. F., Der Wissenschaftscharakter der Pädagogik. In: ders., Erziehung in anthropologischer Sicht, Zürich 1969, S. 17.

11 Klafki, W., ebd., S. 354.

12 So auch von H.-H. Groothoff in seinem Aufsatz »Über Diltheys Entwurf einer wissenschaftlichen Pädagogik«. In: Pädagogik als Wissenschaft. Heft 4 der Neuen Folge der Ergänzungshefte der Vierteljahrsschrift für wissenschaftliche Pädagogik, Bochum 1966, S. 80–91.

13 Vgl. dazu Herrmann, U., Art.: Dilthey und die Dilthey-Schule in der Pädagogik; weiter in »Die Pädagogik Wilhelm Diltheys« S. 24–57, wo Herrmann ausführlich die »bisherige Interpretation der Pädagogik Diltheys« referiert und kritisiert.

14 Vgl. Dilthey, W., Über die Möglichkeit einer allgemeingültigen pädagogischen Wissenschaft. In: Schriften zur Pädagogik, S. 83.

15 Ebd., S. 88.

16 Ebd., S. 83.

17 Ebd., S. 93.

18 Ebd., S. 93.
19 Ebd., S. 97.
20 Ebd., S. 98.
21 Ebd., S. 99.
22 Ebd., S. 94.
23 Ebd., S. 95.
24 Ebd., S. 94.
25 Ausgewählte Texte aus einer Nachschrift der Berliner Pädagogik-Vorlesung, § 3 Der Zweck der Erziehung. In: ebd., S. 112.
26 Ebd., S. 107.
27 Ethik. Anhang: Praktische Philosophie. In: Ebd., S. 272.
28 Vgl. dazu den Hinweis in der Anmerkung 13 dieses Kapitels.
29 Nohl, H., Die pädagogische Bewegung in Deutschland und ihre Theorie, Frankfurt a. M. 1963[6], S. 111 ff.
30 Ebd., S. 113.
31 Ebd., S. 113.
32 Ebd., S. 112.
33 So heißt es ausdrücklich in Diltheys Abhandlung »Über die Möglichkeit einer allgemeingültigen pädagogischen Wissenschaft«, ebd. S. 99.
34 Ebd., S. 106.
35 Ebd., S. 107.
36 Vgl. Herrmann, U., ebd., S. 39 f.
37 U. Herrmann zitiert dazu die folgende Textstelle bei O. F. Bollnow: »Die Gewaltanwendung, die bei der Erziehung in der Tat vorliegt, darf nicht weggedeutet werden, sondern ist der notwendige Ausdruck der Unterordnung des einzelnen unter den Staat. Die Erziehung ist ihrem Wesen nach nur zu verstehen als eine Funktion der Gesamtheit, die den einzelnen nach der Richtung hin formt, die ihren Erfordernissen entspricht.« Ebd. S. 39.
38 Dilthey, W. Grundlinien eines Systems der Pädagogik. In: Schriften zur Pädagogik, S. 46.
39 Ebd., S. 46.
40 Vgl. dazu ebd., S. 47 f.
41 Ebd., S. 45.
42 Marx, K. u. Engels, F., Die Deutsche Ideologie, Berlin (Ost) 1960, S. 44.
43 Dilthey, W., Ethik, ebd., S. 272.
44 Spranger, E., Kultur und Erziehung, Leipzig 1928[4]. Zitiert bei J. Beck, Zur ideologischen Funktion der Pädagogik. In: K. Kippert (Hrsg.), Einführung in die Soziologie der Erziehung, Freiburg 1970, S. 93–114, S. 101.

45 Flitner, W., Stellung und Methode der Erziehungswissenschaft. In: H. Röhrs (Hrsg.), Erziehungswissenschaft und Erziehungswirklichkeit, S. 138.
46 Flitner, W., Das Selbstverständnis der Erziehungswissenschaft in der Gegenwart, Heidelberg 1966[4], S. 11 f.
47 Ebd., S. 12.
48 Ebd., S. 13.
49 Ebd., S. 13.
50 Ebd., S. 13.
51 Ebd., S. 24.
52 Ebd., S. 24.
53 Flitner, W., Stellung und Methode der Erziehungswissenschaft, S. 142.
54 Klafki, W., ebd., S. 356.
55 Bollnow, O. F., ebd., S. 17 f.
56 Klafki, W., ebd., S. 356 f.
57 Klafki rechnet zu den Praktikern, denen die Pädagogik Aufklärung ihrer Handlungszusammenhänge leisten soll, Lehrer, Sozialpädagogen, Schulorganisatoren und Schulpolitiker. Vgl. ebd., S. 357.
58 Bollnow, O. F., ebd., S. 19.
59 Ebd., S. 19.
60 Dilthey, W., Grundlinien eines Systems der Pädagogik. In: ebd., S. 43.
61 Dahmer, I., Theorie und Praxis. In: Geisteswissenschaftliche Pädagogik am Ausgang ihrer Epoche – Erich Weniger. Hrsg. v. I. Dahmer und W. Klafki, Weinheim 1968, S. 37.
62 E. Fink spricht diesen Tatbestand an, wenn er eine seiner Abhandlungen überschreibt: Der Doppelaspekt der Pädagogik als theoretischer und pragmatischer Wissenschaft. In: Die Deutsche Schule, 53(1961), S. 57–63.
Auf die wissenschaftspolitischen Konsequenzen, die sich aus diesem sogenannten Doppelcharakter der Pädagogik ergeben haben, wurde ja in der Einleitung schon hingewiesen.
63 Flitner, W., ebd., S. 142.
64 Flitner, W., Das Selbstverständnis der Erziehungswissenschaft in der Gegenwart, S. 13.
65 Nohl, H., ebd., S. 119.
66 In diesem Sinne äußert sich z. B. H. Röhrs in seiner »Allgemeinen Erziehungswissenschaft«, S. 19, wo er die Pädagogik als »Wissenschaft vom Menschen und seiner Bildung« umschreibt.
67 Ob dieser Kommunikationszusammenhang in seiner gesellschaftlichen Realität erkannt und durch den Beitrag der gei-

steswissenschaftlichen Pädagogik vorangetrieben werden sollte, ist damit keineswegs schon ausgemacht. Die spätere Kritik dieser Konzeption wird vielmehr erweisen, daß die Kommunikation auf das Gespräch mit der in Texten überlieferten Tradition pädagogischer Theorien beschränkt wurde.

68 Klafki, W., ebd., S. 358.

69 Die Widersprüchlichkeit dieser doppelten Zweckorientierung, die ja auch bei Dilthey zu finden ist, wird bei Nohl aufgelöst durch die Behauptung einer völkischen Gesamtindividualität, die alle Subjekte harmonisch in sich vereint.
Vgl. ebd., S. 127 f.

70 Auf die Übernahme dieser Verantwortung durch die Theorie verweist ausdrücklich W. Klafki in seiner Darstellung der geisteswissenschaftlichen Pädagogik. Pädagogik hat die Aufgabe, die Praxis bei der Lösung ihrer Probleme zu unterstützen.
»Eine solche Hilfe der Theorie für die Praxis schien der geisteswissenschaftlichen Pädagogik nur möglich, wenn die Theorie im Prinzip die Verantwortung der Praxis teilte, wenn sie sich also in die Situation des Praktikers, der Entscheidungen treffen muß, versetzte und engagiert an seiner Verantwortung teilnahm.« Ebd., S. 357.

71 Vgl. H. Nohl, ebd., S. 128.

72 Röhrs, H., Allgemeine Erziehungswissenschaft, S. 25.

73 Weniger, E., Die Eigenständigkeit der Erziehung in Theorie und Praxis, Weinheim 1957, S. 170.

74 Ebd., S. 170.

75 Ebd., S. 170.

76 Nohl, H., ebd., S. 119.

77 Bollnow, O. F., ebd., S. 18.

78 Klafki, W., ebd., S. 362.

79 Ebd., S. 356.

80 Bollnow, O. F., ebd., S. 34.

81 Zur Geschichte der Hermeneutik und den verschiedenen wissenschaftlichen Konzeptionen, die sich mit diesem Begriff verbinden vgl.: G. Ebeling, Art.: Hermeneutik. In: Religion in Geschichte und Gegenwart. Handwörterbuch für Theologie und Religionswissenschaft. Hrsg. v. K. Galling, Tübingen 1959^3, 3. Bd., Sp. 242–262;
Hauff, J., Hermeneutik. In: Methodendiskussion. Arbeitsbuch zur Literaturwissenschaft, Bd. II, Frankfurt a. M. 1971;
Ritzel, W., Art.: Methoden: Hermeneutische Verfahren in der Erziehungswissenschaft. In: Handbuch der pädagogischen Grundbegriffe. Hrsg. v. J. Speck u. G. Wehle, München 1970, Bd. II, S. 163–177.

82 Flitner, W., Das Selbstverständnis der Erziehungswissenschaft in der Gegenwart, S. 24.
83 Vgl. ebd., S. 19.
84 Ebd., S. 24.
85 Bollnow, O. F., ebd., S. 34.
86 Flitner, W., ebd., S. 23.
87 Bollnow, O. F., ebd., S. 34.
88 Dilthey, W., Gesammelte Schriften, Bd. VII, Stuttgart 1958[2], S. 315.
89 Vgl. ebd., S. 148.
90 Bollnow, O. F., ebd., S. 35.
91 Ebd., S. 35.
92 Ebd., S. 35.
93 Ebd., S. 38.
94 Ebd., S. 38.
95 Die von O. F. Bollnow skizzierte Begriffsanalyse stellt auch nach W. Flitner einen wesentlichen Beitrag der *»hermeneutisch-pragmatischen, sinnaufklärenden Pädagogik«* dar.
Flitner beschreibt die darauf abzielende Forschungspraxis wie folgt: »Das Verfahren besteht darin, zunächst die Verwendung dieser Begriffe in der Praxis der Gegenwart aufzusuchen, in der sie eine wenn auch vieldeutige, aber doch Wirklichkeit erschließende Funktion real ausüben – ›real‹ im Raum menschlichen Handlungsgefüges; man dürfte ihn den der Pragmata, abgekürzt den *pragmatischen Raum* nennen. Zum zweiten: diese Begriffe haben ihre Geschichte, und auch der pragmatische Raum um sie hat eine Vergangenheit, aus der sein Inhalt mitsamt seinen Gegensätzen verständlich wird. Diesen *historischen Hintergrund aufzuklären* wird das zweite Anliegen solcher Untersuchungen sein ... Ein dritter Schritt in der Untersuchung richtet sich dann darauf, in der geschichtlichen Bewegung die dauernde *Struktur* der Sphäre zu entdecken, die mit jenen Begriffen gemeint ist, oder die *Phänomene* aufzudecken, die der Sache eigentümlich sind ... Ist dieser Weg durchlaufen, so ist eine *Klärung der pragmatisch gemeinten Diskussion* möglich. Vielleicht bringt die Untersuchung selbst keine Entscheidung der schwebenden Fragen, wohl aber eine *Aufhellung der Sphäre, in welcher die Entscheidungen zu treffen sind.«* Ebd., S. 28.
96 Bollnow, O. F., ebd., S. 39.
97 Ebd., S. 39.
98 Ebd., S. 39.
99 Ebd., S. 40.
100 Ebd., S. 40 f.

101 In diesem Hermeneutik-Verständnis liegt wahrscheinlich auch der grundsätzliche konservative Zug der geisteswissenschaftlichen Pädagogik begründet, wobei damit über die gesellschaftspolitische Einstellung der Vertreter dieser Konzeption selbstverständlich keine Aussage gemacht ist.

Wenn O. F. Bollnow schreibt: »Alle Hermeneutik kann immer nur klären, aber aus ihrer Arbeit kann nie etwas grundsätzlich Neues hervorgehen. Sie kann nicht von sich aus produktiv werden.« (Ebd., S. 37), so läßt sich die Gefahr, mit diesem Verfahren die ja durch Machtverhältnisse gesicherten Meinungen der Wirklichkeit von sich selbst lediglich zu sichern, wohl nicht von der Hand weisen. Zudem erinnert es fast an die Haltung des naiven Empirismus, wenn Bollnow so tut, als könne eine hermeneutische Analyse frei von Interessen und ohne Intention auf die Zukunft erfolgen. Er selbst weist doch auf das Vorverständnis, das wir vor aller theoretischen Reflexion und Analyse von einer Sache immer schon haben, hin. Hier wäre zu ergänzen, daß mit diesem Vorverständnis Attitüden verschiedenster Art verbunden sind, die sich in der hermeneutischen Analyse auswirken, ihre Möglichkeiten wesentlich bestimmen.

Nach J. Habermas liegt dann ein »objektivistisches Selbstverständnis« (vgl. J. Habermas, Der Universalitätsanspruch der Hermeneutik. In: Hermeneutik und Ideologiekritik. Mit Beiträgen von K.-O. Apel u. a., Frankfurt a. M. 1971, S. 127) der Geisteswissenschaften vor, wenn sie die Bindung der hermeneutischen Analyse an den »wirkungsgeschichtlichen Zusammenhang«, »der die erkennenden Subjekte mit ihrem Gegenstand immer schon verbindet« (S. 127), verkannt wird.

102 Bollnow, O. F., ebd., S. 43.

103 Dilthey, W., Über die Möglichkeit einer allgemeingültigen pädagogischen Wissenschaft. In: Ebd., S. 101.

104 Bollnow, O. F., ebd., S. 44.

105 Zu W. Flitners Konzeption vgl. Anmerkung 95.

106 Röhrs, H., ebd., S. 13 ff.

107 Weniger, E., ebd.

108 Röhrs, H., ebd., S. 427.

109 Dahmer, I., Erziehungswissenschaft als kritische Theorie und ihre Funktion in der Lehrerbildung. In: didacta, 3(1969)1, S. 18 f.

110 Klafki, W., ebd., S. 362.

111 I. Dahmer bezieht sich dabei auf H. Nohl, Charakter und Schicksal, Frankfurt a. M. 1963^6 [zuerst 1938].

In seinem Nachwort bezeichnet Nohl das Buch als »Versuch,

die Erfahrungen von Menschen, eigene und fremde, in eine Ordnung zu bringen«, die sich ausdrücklich um »Objektivität« bemüht. Ebd. S. 188. Die Frage, wie denn jene objektive Darstellung bestimmter Erfahrungen überprüfbar sei, wird von Nohl nicht gestellt.

112 Dahmer, I., ebd., S. 22.

113 Bollnow stellt seine Konzeption einer hermeneutischen Pädagogik ausdrücklich in den Zusammenhang der Hermeneutik der Erziehungswirklichkeit, wie sie zuvor bei Dilthey und Nohl schon angesprochen war. Vgl. ebd., S. 34.

114 Klafki, W., ebd., S. 363. Damit wird die von W. Flitner geforderte *pragmatische* Sinnaufklärung vernachlässigt (vgl. dazu Anmerkung 95), denn die Dominanz geistesgeschichtlicher Analysen hat die Aufklärung des gesellschaftlich-geschichtlichen Handlungszusammenhanges in den Hintergrund treten lassen.

115 Funk-Kolleg Erziehungswissenschaft, Bd. 1, Frankfurt a. M. 1970, S. 66.

116 Nohl, H., Pädagogik aus dreißig Jahren, Frankfurt a. M. 1949, S. 152.

117 Mollenhauer, K., Erziehung und Emanzipation, München 1970^3, S. 24.

118 Nohl, H., Die pädagogische Bewegung in Deutschland und ihre Theorie, S. 91.

119 Die oben skizzierten Aufgaben einer »Hermeneutik der Erziehungswirklichkeit« faßt O. F. Bollnow unter den Titel »Aufgaben der theoretischen Grundlegung«. Vgl. ebd., S. 37.
Auf das besondere, dem allgemeinen wissenschaftlichen Sprachgebrauch keineswegs entsprechende Verständnis des Begriffes *Theorie* sei zumindest hingewiesen.

120 Ebd., S. 38.

121 Ebd., S. 38.

122 Auch an anderer Stelle glaubt O. F. Bollnow zeigen zu können, daß aus der Analyse des Seins ein Sollen resultiert.
In seiner Replik auf Brezinkas Buch »Von der Pädagogik zur Erziehungswissenschaft« greift er auf eine – auch von Brezinka zitierte – Feststellung bei Berelson und Steiner zurück, die besagt, daß die emotionale Bindung der Eltern an ihre Kinder auf deren Entwicklung mehr als andere Erziehungstechniken Einfluß nimmt. Daraus glaubt Bollnow nun folgern zu können: »Es ergibt sich also die Anweisung an den Erzieher, diese positive Gefühlszuwendung auch aufzubringen. Insofern folgt auch hier aus der Untersuchung der Wirklichkeit eine Folgerung für das richtige Verhalten, und zwar nicht durch unkri-

tisch gedankenlosen Übergang, sondern weil die Wirklichkeit selbst so beschaffen ist, daß die Wertung nicht in sie hineingetragen wird, sondern die in ihr schon enthaltene Werthaftigkeit durch die Analyse herausgehoben und bewußt gemacht wird.« Empirische Wissenschaft und Hermeneutische Pädagogik. Bemerkungen zu Wolfgang Brezinka: Von der Pädagogik zur Erziehungswissenschaft. In: Zeitschrift für Pädagogik, 17(1971)5, S. 703.

Dazu ist zweierlei anzumerken: Zum einen ist unverständlich, wie Bollnow dazu kommt, die Ergebnisse empirischer Forschungen über die Wirkungen bestimmter Zuwendungstechniken in der Erziehung als Analyse vorgegebener Werthaftigkeit zu bezeichnen.

Zum anderen folgt aus den Einsichten in die Abhängigkeit bestimmter Verhaltensweisen bei Kindern von dem Grad der emotionalen Zuwendung ihrer Eltern doch wohl lediglich eine *technische* Norm, nämlich die, daß eine bestimmte emotionale Bindung in bestimmten Hinsichten eine besonders wirksame Voraussetzung für bestimmte Erziehungserfolge darstellt.

Wenn Bollnow derartige Forschungen und ihre Ergebnisse als Einsichten interpretiert, aus denen für die Erziehung eine Norm resultiert, dann muß an die Kritik bzw. den Vorwurf von H. Nohl gegenüber Diltheys Begründungsversuch einer allgemeingültigen Pädagogik erinnert werden, denn Nohl glaubte ja Dilthey nachweisen zu können, daß er seine allgemeingültige Pädagogik auf die Konzeption eines psychologischen Zweckminimums gründe. Aus der Einsicht in den vollkommenen seelischen Zweckzusammenhang, zu der dann auch Einsichten in die Bedeutung der emotionalen Bindung Eltern-Kind gehörten, lassen sich – so jedenfalls versteht Nohl das Diltheysche Konzept – Regeln, Normen für die pädagogische Praxis gewinnen. Psychologische Theorien über den formalen seelischen Prozeß erlauben jedoch nur formale, eben inhaltlich leere, technische Anweisungen. Vgl. dazu H. Nohl, ebd., S. 112.

123 Albert, H., Ethik und Meta-Ethik. In: Archiv für Philosophie, Bd. 11, 1961–62, S. 58.

124 Bollnow, O. F., ebd., S. 700.

125 Ebd., S. 702.

126 Ebd., S. 702.

127 Vgl. dazu die in Anmerkung 7 der Einleitung angeführten Arbeiten M. Webers.

So betont Weber in dem 1917 veröffentlichten Artikel »Der Sinn der ›Wertfreiheit‹ in den soziologischen und ökonomischen Wissenschaften«: »Daß die Wissenschaft 1. ›wertvolle‹,

d. h. logisch und sachlich gewertet *richtige* und 2. ›wertvolle‹, d. h. im Sinne des wissenschaftlichen Interesses *wichtige* Resultate zu erzielen wünscht, daß ferner schon die Auswahl des Stoffes eine ›Wertung‹ enthält...«, sei inzwischen hinreichend plausibel und bedürfe keiner eingehenden Begründung mehr. Weber äußert sein Befremden darüber, daß »solche Dinge... trotz alles darüber Gesagten allen Ernstes als ›Einwände‹ [gegen die wertfreie Sozialwissenschaft, K. Z.] aufgetaucht« sind. Hier zitiert nach der o. a. Fassung, Stuttgart 1964, S. 262.

128 Mollenhauer, K., ebd., S. 26.

129 Bollnow, O. F., Der Wissenschaftscharakter der Pädagogik, S. 20.

130 Ebd., S. 40.

131 Giesecke, H., Einführung in die Pädagogik, S. 195.

132 Mollenhauer, K., ebd., S. 10.

133 Gamm, H.-J., Das Elend der spätbürgerlichen Pädagogik, S. 45.

VI. Kritik der äußeren Relevanz der normativen Pädagogik

1 Menze, C., Pädagogik als prognostische Leitungswissenschaft? In: Vierteljahrsschrift für wissenschaftliche Pädagogik, 47(1971)4, S. 283.

2 Heitger, M., Zum Verhältnis von Theorie und Praxis in der Pädagogik. In: Einführung in die pädagogische Fragestellung. Teil I. Hrsg. v. W. Fischer, Freiburg i. B. 1961, S. 121.

3 Heitger, M., Pädagogik und Soziologie. In: ebd., S. 62.

4 Ruhloff, J., Marginalien zur Überlieferung des pädagogischen Neukantianismus anläßlich einer Edition von Schriften Jonas Cohns. In: Vierteljahrsschrift für wissenschaftliche Pädagogik, 47 (1971)3, S. 213.

5 Ebd., S. 212.

6 Heitger, M., ebd., S. 63.

7 Heitger, M., Theorie und Praxis, S. 123.

8 Heitger, M., Die Erziehungswissenschaft im Verhältnis zur Psychologie und Soziologie. In: Psychologie und Soziologie in ihrer Bedeutung für das erziehungswissenschaftliche Studium. 6. Beiheft der Zeitschrift für Pädagogik, Weinheim 1966, S. 92. Die zitierte Textstelle steht in folgendem Kontext, der hier zum besseren Verständnis der Absicht normativer Pädagogik wiedergegeben sei: »In unserem Falle aber ist pädagogische Theorie im Sinne rationaler Besinnung auf Prinzipien und Grundsätze die notwendige – wenn auch nicht hinreichende – Bedin-

gung für pädagogisch verantwortbares Handeln. Die Umsetzung dieses Wissens, der jeweilige Vollzug der Verbindlichkeit, ist eine eigene Leistung des Psychischen, die niemals den Anspruch der Theorie in vollendeter Weise erreicht. Soll dieser Vollzug aber nicht der ratlosen Zufälligkeit ausgeliefert werden, so kann Pädagogik als Wissenschaft nicht auf definierte Grundsätze und Prinzipien verzichten, hat sich also ausdrücklich um das Normenprobleme, um die Idealität möglicher pädagogischer Ideale zu kümmern.« Ebd., S. 92.

9 Heitger, M., ebd., S. 88 f.

10 Fischer, W., Kritik der lebensphilosophischen Ansätze der Pädagogik. In: Pädagogik als Wissenschaft. Neue Folge der Ergänzungshefte zur Vierteljahrsschrift für wissenschaftliche Pädagogik, Heft 4, Bochum 1966, S. 34.

11 Vgl. Anmerkung 32 in Kapitel V.

12 Heitger, M., Theorie und Praixs, S. 121.

13 Ebd., S. 129.

14 Ebd., S. 122.

15 Heitger, M., Die Bedeutung des Normativen für den Begriff der pädagogischen Führung. In: Pädagogik als Wissenschaft, S. 116.

16 Heitger, M., Über den Begriff der Normativität in der Pädagogik. In: ebd., S. 43.

17 Ebd., S. 39.

18 Ebd., S. 39.

19 In einer Kritik der hermeneutischen Erziehungswissenschaft schreibt G. Auernheimer, Schüler M. Heitgers und ursprünglich auch dem Konzept einer normativen Pädagogik verpflichtet: »Jedoch kann diese Pädagogik Diltheyschen Entwurfs bestenfalls der ›Aufklärung erster Stufe‹ dienen, der Verdeutlichung pädagogischer Vorurteile nämlich, sofern sie nicht selbst die Erziehung den historisch nicht kritisierbaren Interessen der Gesellschaft ausliefert, aber sie vermag nicht in die Argumentation von Grundsätzen einzutreten, nach denen sich die pädagogische Praxis hier und jetzt unabhängig von zeithaften Ansprüchen richten soll, schon deshalb nicht, weil ihr das systematische Moment mangelt.«
Erziehungswissenschaft kontra Pädagogik. Historisch-systematische Untersuchungen zum Theoriebegriff der Dilthey-Schule, P. Natorps und R. Hönigswalds. Neue Folge der Ergänzungshefte zur Vierteljahrsschrift für wissenschaftliche Pädagogik, Bochum 1968, S. 141 f.

20 Heitger, M., Die Erziehungswissenschaft in ihrem Verhältnis zur Psychologie und Soziologie, S. 94.

21 Ruhloff, J., Ein transzendentalkritisch-bildungstheoretisches Didaktik-Konzept. In: Neue Folge der Ergänzungshefte der Vierteljahrsschrift für wissenschaftliche Pädagogik, Heft 11, Bochum 1970, S. 58.
22 Ebd., S. 59.
23 Ebd., S. 57.
24 Heitger, M., Theorie und Praxis, S. 121.
25 Ebd., S. 121.
26 Ruhloff, J., ebd., S. 59.
27 Zitiert – mit allen Ergänzungen – nach Ruhloff, J., ebd., S. 59.
28 Heitger, M., ebd., S. 121.
29 Heitger, M., Über den Begriff der Normativität in der Pädagogik, S. 37.
30 Vgl. dazu J. Ruhloff, ebd., S. 58, wo er betont, daß »der Begriff der Pädagogik« – als Insgesamt transzendentaler Erkenntnis – fungiert »als Bedingung des Begreifens einer Mannigfaltigkeit von Phänomenen, die bei aller faktischen Verschränkung mit psychischen, physischen, gesellschaftlichen, politischen, ökonomischen und sonstigen Erscheinungen, dennoch als besondere abgrenzbar sind«.
31 Ebd., S. 61.
32 Heitger, M., ebd., S. 44.
33 Bokelmann, H., Das Normproblem in der Pädagogik. 5. Beiheft der Zeitschrift für Pädagogik, Weinheim 1964, S. 234.
34 Derbolav, J., Die Entwicklungskrise der deutschen Pädagogik und ihre wirtschaftspolitischen Konsequenzen, Wuppertal 1970, S. 25.
35 Vgl. H.-J. Gamm, ebd., S. 18 f.
36 Heitger, M., Bildung und moderne Gesellschaft, München 1963, S. 189.
37 Ebd., S. 190.
38 Derbolav, J., ebd., S. 24.
39 Wellendorf, F., Ansätze zur erziehungswissenschaftlichen Theoriebildung in der BRD. In: Erziehungswissenschaft als Gesellschaftswissenschaft, Gesellschaft und Erziehung Bd. I, hrg. v. C.-L. Furck u. a., Heidelberg 1969, S. 81 f.

VII. Kritik der äußeren Relevanz der empirisch-analytischen Realwissenschaft von der Erziehung

1 Brezinka, W., ebd., S. 38.
Die Kontroverse zwischen W. Brezinka und verschiedenen Vertretern philosophisch-normativer und geisteswissenschaftlicher

Pädagogik fand bisher ihren literarischen Niederschlag in folgenden Abhandlungen:
Brezinka, W., Eine kritische Prinzipiengeschichte der Erziehungswissenschaft. Anmerkungen zu Rudolf Lochners Deutscher Erziehungswissenschaft. In: Zeitschrift für Pädagogik, 11 (1965), S. 270–287;
ders., Die Krise der wissenschaftlichen Pädagogik im Spiegel neuer Lehrbücher. In: ebd., 12 (1966), S. 53–88;
ders., Über den Wissenschaftsbegriff der Erziehungswissenschaft und die Einwände der weltanschaulichen Pädagogik. In: ebd., 13 (1967), S. 135–168;
ders., Von der Pädagogik zur Erziehungswissenschaft. Vorschläge zur Abgrenzung. In: ebd., 14 (1968), S. 317–334;
ders., Von der Pädagogik zur Erziehungswissenschaft. Vorschläge zur Abgrenzung. In: ebd., 14 (1968), S. 435–475;
ders., Philosophie der Erziehung. In: ebd., 15 (1969), S. 551–597.
Diese letzten drei Aufsätze bildeten die Vorarbeit für das 1971 erschienene Buch »Von der Pädagogik zur Erziehungswissenschaft«. Rombach, H., Der Kampf der Richtungen in der Wissenschaft. In: Zeitschrift für Pädagogik, 13 (1967), S. 135–168;
Mollenhauer, K., Erziehung und Emanzipation, München 1968 [hier insbesondere die Einleitung];
Bollnow, O. F., Der Erfahrungsbegriff in der Pädagogik. In: Zeitschrift für Pädagogik, 14 (1968), S. 221–252;
Kaltschmid, J., Zum Problem der Voraussetzungslosigkeit und Wertfreiheit der Erziehungswissenschaft. In: Pädagogische Rundschau, 22 (1968), S. 575–585;
Dahmer, I., Erziehungswissenschaft als kritische Theorie und ihre Funktion in der Lehrerbildung. In: didacta, 3 (1969), S. 16–32;
Lempert, W., Bildungsforschung und Emanzipation. In: Neue Sammlung, 9 (1969), S. 347–363;
Achtenhagen, F., Erziehungswissenschaft und empirisch-analytische Wissenschaftstheorie. In: Pädagogische Rundschau, 23 (1969), S. 840–856;
Klafki, W., Erziehungswissenschaft als kritisch-konstruktive Theorie: Hermeneutik-Empirie-Ideologiekritik. In: Zeitschrift für Pädagogik, 17 (1971), S. 351–385;
Bollnow, O. F., Empirische Wissenschaft und Hermeneutische Pädagogik. In: ebd., S. 683–708.

2 Brezinka, W., Von der Pädagogik zur Erziehungswissenschaft, S. 1 ff.

3 Ebd., S. 5.
4 Ebd., S. 2.
5 Ebd., S. 14.
6 Ebd., S. 31.
7 Ebd., S. 6.
8 Ebd., S. 23.
9 Trapp, E. Ch., Versuch einer Pädagogik. Zitiert nach: Erziehungswissenschaft und Erziehungsforschung. Ein Repertorium zur Methodologie der Pädagogik. Hrsg. v. K. Schaller, Hamburg 1968, S. 45.
10 Ebd., S. 44.
11 Diese Äußerung Wezels' zitiert J. Wagner, Pädagogische Jugendkunde, mit besonderer Berücksichtigung der Probleme der modernen Pädagogik (1932). Hier ist die zitierte Äußerung dem Abdruck des Wagnerschen Textes dem o. a. Repertorium zur Methodologie der Pädagogik, S. 41 entnommen.
12 Philosophisches Journal einer Gesellschaft Teutscher Gelehrten. Bd. 1, Neustrelitz 1795, S. 178. Hier zitiert nach: Pädagogik als Wissenschaft. Hrsg. v. F. Nicolin, Darmstadt 1969, S. VIII.
13 Greiling, J. Chr., Über den Endzweck der Erziehung, und über den ersten Grundatz einer Wissenschaft derselben (1793), Vorrede. Hier zitiert nach ebd., S. IX.
15 Zitiert nach ebd., S. 3.
14 Nicolin, F., Einleitung ebd., S. X.
16 In einer Anmerkung zu den Begründungsversuchen einer empiriekritischen philosophischen Pädagogik durch Niethammer, Greiling, Herbart u. a. schreibt F. Nicolin: »Daß sich aus diesem empiriekritischen Ansatz faktisch eine ›empiriefeindliche‹ Haltung entwickelt hat, ist eine andere, nicht wohl zu leugnende Sache.«
Ebd., S. X.
17 Herbart, J. F., Allgemeine Pädagogik aus dem Zweck der Erziehung abgeleitet (1806). Kleine pädagogische Texte. Hrsg. v. H. Nohl, E. Weniger, G. Geißler. Heft 25. Mit einem Vorwort von H. Nohl, Weinheim 1959, S. 8.
18 Brezinka, W., ebd., S. 25.
19 Pfeffer, F., Die pädagogische Idee Otto Willmanns in der Entwicklung, Freiburg 1962. Hier zitiert nach W. Brezinka, ebd., S. 25.
20 Heubaum, A., Ist Pädagogik eine Wissenschaft? (1908) In: Pädagogik als Wissenschaft, S. 74.
21 Ebd., S. 75.
22 Ebd., S. 86.

23 Ebd., S. 85.

24 Ebd., S. 86 f.

25 Fischer, A., Über das Studium der Pädagogik an den Hochschulen (1921). In: Pädagogik als Wissenschaft, S. 265.

26 Ebd., S. 259.

27 Ebd., S. 250.

28 »Wenn wir von einem klassifikatorischen System der Wissenschaften ausgehen, kommen wir zu der Erkenntnis, daß Pädagogik eine von keiner anderen Wissenschaft geleistete Erkenntnisaufgabe hat, und in den Kreis der philosophisch und historisch fundierten Kulturwissenschaften gehört.« Ebd., S. 261.

29 Zur Kritik des naiven oder klassischen Empirismus vgl. besonders H. Albert, Traktat über kritische Vernunft, Tübingen 1968, S. 21 ff. Darin kommt Albert u. a. zu folgenden Urteilen: »Die empirische Version der klassischen Erkenntnislehre unterschätzt die Spekulation, was besonders darin zum Ausdruck kommt, daß sie sie im wesentlichen durch induktive Ableitung aus den Resultaten genauer Beobachtung ersetzen will. Nur durch die Sinneswahrnehmung soll ein unmittelbarer Zugang zur Realität und damit gleichzeitig Gewißheit möglich sein. Theorien sind als wertlos anzusehen, wenn sie nicht auf ihr basieren, also: induktiv aus ihren Ergebnissen erschlossen sind. Aber dieses Ableitungsverfahren, die Induktion, ist, wie schon Hume erkannt hat, eine Fiktion.« Ebd. S. 26.
Zur Auseinandersetzung und Kritik des Empirismus vgl. des weiteren J. Habermas, Erkenntnis und Interesse, Frankfurt a. M., 1968, S. 92–115.

30 Weber, M., Gesammelte Aufsätze zur Wissenschaftslehre, Tübingen 1922.

31 Lochner, R., Zur Grundlegung einer selbständigen Erziehungswissenschaft (1960). In: Pädagogik als Wissenschaft, S. 406.
In dieser Abhandlung nimmt Lochner die Argumentation für eine wertfreie Erziehungswissenschaft als Sozialwissenschaft auf, die er schon vor rund 30 Jahren in folgenden Arbeiten entwickelte:
Deskriptive Pädagogik. Umrisse einer Darstellung der Tatsachen und Gesetze der Erziehung vom soziologischen Standpunkt, Reichenberg 1927;
Zur Grundlegung der Erziehungswissenschaft. In: Zeitschrift für pädagogische Psychologie, 31(1930), S. 1–18;
Erziehungswissenschaft. Kurz gefaßtes Lehrbuch zum Gebrauch an Hochschulen, München 1934.

32 Ebd., S. 407.

33 Ebd., S. 408.
34 Ebd., S. 410.
35 Vgl. dazu Anmerkung 127 in Kapitel V.
36 Zu den hermeneutisch-pragmatischen Wissenschaften rechnet W. Flitner Theologie, Jurisprudenz, Medizin und Pädagogik. »Sie sind es, insofern in ihrer Mitte die Verantwortung eines geistig gebildeten Amtes für ein allgemeines, öffentliches, mitmenschliches Interesse steht.« Das Selbstverständnis der Erziehungswissenschaft in der Gegenwart, S. 25.
37 Ebd., S. 25.
38 Ebd., S. 26.
39 Ebd., S. 26. Hervorhebungen vom Verfasser.
40 Brezinka, W., ebd., S. 13.
41 Ebd., S. 13.
42 Ebd., S. 13.
43 Ebd., S. 13.
44 Ebd., S. 67.
45 Albert H., Wertfreiheit als methodisches Prinzip. In: Logik der Sozialwissenschaften. Hrsg. v. E. Topitsch, Köln 1965, S. 184.
46 Popper, K. R., Logik der Forschung, S. 15.
47 Ebd., S. 7.
48 Kraft, V., Die Grundlagen der wissenschaftlichen Wertlehre, Wien 1951^2, S. 199.
49 Albert, H., Das Werturteilsproblem im Lichte der logischen Analyse. In: Zeitschrift für die gesamten Staatswissenschaften, 112. Bd., 1956, S. 420.
50 Ebd., S. 420.
51 Ebd., S. 420.
52 Brezinka, W., ebd., S. 3.
53 Ebd., S. 3 f.
54 Ebd., S. 7.
55 Popper, K. R., ebd., S. 31.
56 Ebd., S. 31.
57 Albert, H., Probleme der Theoriebildung. In: Theorie und Realität. Hrsg. v. H. Albert, Tübingen 1964, S. 19.
58 Brezinka, W., ebd., S. 7.
59 Topitsch, E., Das Verhältnis zwischen Sozial- und Naturwissenschaften. In: Logik der Sozialwissenschaften, S. 65.
60 Brezinka, W., ebd., S. 39 f.
61 Ebd., S. 32.
62 Ebd., S. 32.
63 Habermas, J., Erkenntnis und Interesse. In: ders., Technik und Wissenschaft als »Ideologie«, Frankfurt a. M. 1962^2, S. 157.
64 Popper, K. R., ebd., S. 3.

65 Ebd., S. 3.
66 Vgl. dazu H. Albert, Traktat über kritische Vernunft, I. Kapitel, wo er sich kritisch mit den verschiedenen Versuchen auseinandersetzt, wissenschaftliche Aussagen durch die Evidenz von Vernunfterkenntnis oder die reine Sinneswahrnehmung, also durch die Behauptung der Möglichkeit eines unmittelbaren Zugangs zur Wahrheit zu begründen.
67 Ebd., S. 26.
68 Brezinka, W., ebd., S. 64.
69 Ebd., S. 67.
70 Ebd., S. 71.
71 Habermas, J., ebd., S. 157.
72 Brezinka, W., ebd., S. 71.
73 Ebd., S. 71.
74 Ebd., S. 71.
75 Ebd., S. 70.
76 Ebd., S. 71.
77 Ebd., S. 71 f.
78 Popper, K. R., ebd., S. 31 ff.
79 Opp, K.-D., Methodologie der Sozialwissenschaften, Reinbek b. Hamburg 1970, S. 33.
80 Popper, K. R., ebd., S. 7. Hervorhebungen vom Verfasser.
81 Ebd., S. 14.
82 Ebd., S. 14.
83 Ebd., S. 7.
84 Brezinka bezieht sich hier auf W. Stegmüller, Hauptströmungen der Gegenwartsphilosophie. Stuttgart 1969^4, S. 401.
85 Brezinka, W., ebd., S. 56.
86 Ebd., S. 56.
87 Ebd., S. 79.
88 Ebd., S. 79.
89 Albert, H., Probleme der Theoriebildung, S. 19.
90 Brezinka, W., ebd., S. 81.
91 Albert, H., Theorie und Prognose in den Sozialwissenschaften. In: Logik der Sozialwissenschaften, S. 136.
92 Brezinka, W., ebd., S. 82.
93 Ebd., S. 83.
94 Ebd., S. 83.
95 Um die Basis der Auseinandersetzung mit dem kritischen Rationalismus exakt abzustecken, stellt J. Habermas fest: »Meine Kritik richtet sich nicht gegen die Forschungspraxis strikter Erfahrungswissenschaften, auch nicht gegen eine verhaltenswissenschaftliche Soziologie – soweit es sie gibt; eine andere Frage ist, ob es sie jenseits der Grenzen einer sozialpsychologi-

schen Kleingruppenforschung überhaupt geben kann. Meine Kritik richtet sich ausschließlich gegen die positivistische Deutung solcher Forschungsprozesse. Denn das falsche Bewußtsein einer richtigen Praxis wirkt auf diese zurück. Ich bestreite nicht, daß die analytische Wissenschaftstheorie die Forschungspraxis gefördert und zur Klärung methodologischer Entscheidungen beigetragen hat. Daneben wirkt sich aber das positivistische Selbstverständnis restriktiv aus; es stellt die verbindliche Reflexion an den Grenzen empirisch-analytischer (und formaler) Wissenschaften still.«
Gegen einen positivistisch halbierten Rationalismus. In: Der Positivismusstreit in der deutschen Soziologie, Neuwied 1969, S. 235.

96 Brezinka, W., ebd., S. 81.
97 Ebd., S. 79.
98 Vgl. ebd., S. 83.
99 Ebd., S. 83.
100 Ebd., S. 31.
101 Ebd., S. 32.
102 Habermas, J., ebd., S. 235.
103 Brezinka, W., ebd., S. 33.
104 Über die bisher vorliegenden Versuche, daß Erkenntnisinteresse und Theorieverständnis der Pädagogik unter Bezugnahme auf die kritische Theorie (Horkheimer, Marcuse, Adorno, Habermas) neu zu bestimmen, urteilt Brezinka: »Für unsere wissenschaftstheoretische Thematik genügt hier die Feststellung, daß die philosophisch-dialektische normative Pädagogik mit jenen Aussagesystemen, die hier ›Erziehungswissenschaft‹ genannt und den Sozialwissenschaften zugeordnet worden sind, wenig gemeinsam ist.« Ebd., S. 43.
105 Ebd., S. 84.
106 Deutscher Bildungsrat, Strukturplan für das Bildungswesen, S. 17.

VIII. Schluß

1 Bollnow, O. F., Empirische Wissenschaft und Hermeneutische Pädagogik, S. 703.
2 Vgl. dazu die Zitate auf S. .
3 Heitger, M., Über den Begriff der Normativität in der Pädagogik, S. 38.
4 Vgl. Anmerkung 27 im Kapitel VI.
5 Heitger, M., ebd., S. 46.

6 Horkheimer, M., Traditionelle und kritische Theorie. In: ders., Kritische Theorie, 2 Bde., Hrsg. v. A. Schmidt, Frankfurt a. M. 1968, 2. Bd., S. 137–191.
7 Ebd., S. 190.
8 Ebd., S. 190.
9 Ebd., S. 188.
10 Ebd., S. 198.
11 Ebd., S. 158.
12 Ebd., S. 159.
13 Mollenhauer, K., ebd., S. 10.
14 »Für die Konzentration in einer Spezialwissenschaft sprechen nur *praktische* Gründe: insbesondere die Erwartung, daß die Theoriebildung vorangetrieben werden kann und die einschlägigen Forschungen fruchtbarer werden dürften, wenn aus den verschiedenen Disziplinen alle die Erziehung betreffenden Probleme und Lösungsversuche in einem größeren Zusammenhang kritisch gesichtet, begrifflich aufeinander abgestimmt und inhaltlich koordiniert werden.« Brezinka, W., ebd., S. 39 f.
15 Ebd., S. 38.
16 Vgl. ebd., S. 33.
17 Eine kritische Theorie der Erziehung hätte zu prüfen, von welcher Relevanz ein erweiterter Begriff von Kritik für sie ist. Hier wäre auszugehen von J. Habermas: »Kritik ist die vorbehaltlose Diskussion von Annahmen. Sie bedient sich aller erreichbaren Techniken der Widerlegung. Eine solche Technik ist die Gegenüberstellung von Hypothesen mit Ergebnissen systematischer Beobachtung. Aber Testergebnisse gehen in kritische Erörterungen ein, sie machen nicht die Kritik aus. Kritik ist keine Methode der Überprüfung, sie ist diese Prüfung selbst als Diskussion.« Ebd., S. 249.
18 Horkheimer, M., ebd., S. 158 f.

X. Literaturverzeichnis

1. Zur Geschichte und gegenwärtigen Praxis der Bildungspolitik in Deutschland

Altvater, E. und Huisken, F. (Hrsg.), Materialien zur politischen Ökonomie des Ausbildungssektors, Erlangen 1971

Barth, P., Die Geschichte der Erziehung in soziologischer und geistesgeschichtlicher Beleuchtung, Darmstadt 1967

Baethge, M., Ausbildung und Herrschaft. Unternehmerinteressen in der Bildungspolitik, Frankfurt a. M. 1970

Beck, J. u. Schmidt, L., Schulreform oder Der sogenannte Fortschritt, Frankfurt a. M. 1970

Beck, J. u. a. Erziehung in der Klassengesellschaft, München 1970

Becker, H., Bildungsforschung und Bildungsplanung, Frankfurt a. M. 1971

Bericht der Bundesregierung zur Bildungspolitik, Hrsg. v. Bundesminister für Bildung und Wissenschaft, Bonn 1970

Bildungsgesamtplan – ein finanz-, konjunktur-, preis- und lohnpolitisch realisierbarer Vorschlag für die Jahre 1970–1980 (und später) – (Zugleich eine Materialsammlung). Hrsg. in Zusammenarbeit mit der Studienstiftungsgesellschaft zur Förderung der angewandten Sozial- und Wirtschaftswissenschaften GmbH Lübeck und der Studiengesellschaft für Geld- und Kreditwirtschaft von 1931, Düsseldorf 1971

Blättner, F., Geschichte der Pädagogik, Heidelberg 1961[7]

Bühl, W. L., Schulreform, München 1971

Campe, J. H., Über die früheste Bildung junger Kinderseelen im ersten und zweiten Jahre der Kindheit. In: Allg. Revision des gesamten Schul- und Erziehungswesens, von einer Gesellschaft praktischer Erzieher. 2. Teil, Hamburg 1785

Dahrendorf, R., Bildung ist Bürgerrecht, Hamburg 1965
Dehm, D., (Hrsg.) Schulreport. Kritische Beiträge zur modernen Erziehungspolitik, Frankfurt a. M. 1970
Deutscher Ausschuß für das Erziehungs- und Bildungswesen, Empfehlungen 1953–1965 (Gesamtausgabe), Stuttgart 1966
Deutscher Bildungsrat, Empfehlungen der Bildungskommission. Zur Neugestaltung der Abschlüsse im Sekundarschulwesen, Bonn 1969
Deutscher Bildungsrat, Empfehlungen der Bildungskommission. Strukturplan für das Bildungswesen, Stuttgart 1970
Deutsches Industrieinstitut (Hrsg.), Bildung und Wissenschaft in wirtschafts- und gesellschaftspolitischer Sicht, Köln 1965
Dietrich, T. u. Klink, J.-G. (Hrsg.): Zur Geschichte der Volksschule. Bd. I, Volksschulordnungen 16. bis 18. Jahrhundert, Bad Heilbrunn 1964
Dohnanyi, K. v., Wo die Reform weh tut. In: Die Zeit, Nr. 34/1971
Edding, F., Geleitwort zu: K. Bahr, Die Ermittlung des Nachwuchsbedarfs an technischen Führungskräften. Eine internationale vergleichende Untersuchung, Berlin 1963
Erziehungswissenschaft. Bildungspolitik. Schulreform. 9. Beiheft der Zeitschrift für Pädagogik, Weinheim 1971
Evers, C.-H. u a., Versäumen unsere Schulen die Zukunft? Düsseldorf 1971
Froese, L., Bildungspolitik und Bildungsreform. Amtliche Texte und Dokumente zur Bildungspolitik, München 1969
Gamm, H.-J., Das Elend der spätbürgerlichen Pädagogik, München 1972
Gamm, H.-J., Kritische Schule, München 1970
Geschichte der Erziehung, Berlin (Ost) 1966[7]
Giese, G., Quellen zur deutschen Schulgeschichte, Göttingen 1961
Hahn, W., Bildung für die Welt von morgen, In: Schulentwicklungsplan Baden-Württemberg, Bildung in neuer Sicht, Schriftenreihe des Kultusministeriums Baden-Württemberg zur Bildungsforschung, Bildungsplanung und Bildungspolitik, Reihe A Nr. 1, Villingen o. J.
Hahn, W., Wirtschaftswachstum und Ausbildungsbedarf. In: Bildung und Wirtschaftswachstum. Modellstudie

zur Bildungsplanung von H. P. Widmaier u. a., Villingen 1966
Herrmann, U., Modell der Schulreform: Das Braunschweigische Schuldirektorium 1786–1790. In: Braunschweigisches Jahrbuch, Band 52, 1971
Hirsch, J., u. Leibfried, St., Materialien zur Wissenschafts- und Bildungspolitik, Frankfurt a. M. 1971
Humboldt, W. v., Bildung und Sprache. Eine Auswahl aus seinen Schriften. Bes. v. C. Menze, Paderborn 1959
Jaeggi, U., Macht und Herrschaft in der Bundesrepublik, Frankfurt a. M. 1969
Jahresbericht der Bundesregierung, Hrsg. v. Presse- und Informationsamt der Bundesregierung, Bonn 1969
Jochimsen, L., Hinterhöfe der Nation. Die deutsche Grundschulmisere, Reinbek b. Hamburg 1971
Kinder, H., u. Hilgemann, W., dtv-Atlas zur Weltgeschichte, Bd. II. Von der Französischen Revolution bis zur Gegenwart, München 1964[4]
König, H., Zur Geschichte der Nationalerziehung in Deutschland im letzten Drittel des 18. Jahrhunderts, Berlin (Ost) 1960
Koneffke, G., Einleitung zu: A. Wagemann, Über die Bildung des Volkes zur Industrie (1791), Glashütten i. T. 1971
Koneffke, G., Integration und Subversion – Zur Funktion des Bildungswesens in der spätkapitalistischen Gesellschaft. In: Das Argument, 11 (1969), S. 389–430
Koselleck, R., Staat und Gesellschaft in Preußen, 1815–1848. In: Moderne deutsche Sozialgeschichte, hrsg. v. H.-U. Wehler, Köln 1966
Lengert, R., Politik der Schulreform im Teufelskreis der Kompromisse. Die unbestimmte Expertenrolle der Pädagogik in der gegenwärtigen Praxis der »Innovationen«, Neuwied 1969
Lohmar, U., Wissenschaftsförderung und Politik-Beratung, Gütersloh 1967
Lübbe, H., Wissenschaft und Kulturpolitik. Eine Verteidigung der »technokratischen« Form ihrer Zusammenarbeit. In: Erziehungswissenschaft. Bildungspolitik. Schulreform. 9. Beiheft der Zeitschrift für Pädagogik, Weinheim 1971
OECD (Hrsg.) OECD – Examen der Bildungspolitik in der Bundesrepublik Deutschland, Paris 1971

Paulsen, F., Das deutsche Bildungswesen in seiner geschichtlichen Entwicklung, Leipzig 1909[2]
Picht, G., Die deutsche Bildungskatastrophe, München 1965
Quellen zur Geschichte der Erziehung, Berlin (Ost) 1971[6]
Rochow, F. E. v., Sämtliche pädagogische Schriften, Berlin 1907 ff.
Rohloff, H.-J., Bildungspolitik und Bildungswesen in Deutschland (1945–1970). In: Die Deutsche Schule, 64 (1972), S. 90–106
Ständige Konferenz der Kultusminister der Länder in der Bundesrepublik Deutschland (Hrsg.), Kulturpolitik der Länder 1963 und 1964, Bonn 1965
Ständige Konferenz der Kultusminister der Länder in der Bundesrepublik Deutschland (Hrsg.), Schulbesuch 1961 bis 1970. Erster Bericht der Arbeitsgruppe für Fragen der Bedarfsfeststellung, Heft 1: Schüler-Klassen-Lehrer. Dokumentation Nr. 20, Bonn 1967
Stein, L. v. Die Verwaltungslehre. Bd. II: Das Bildungswesen, Stuttgart 1884
Trapp, E. Ch., Versuch einer Pädagogik. In: Allg. Revision des gesamten Schul- und Erziehungswesens, von einer Gesellschaft praktischer Erzieher, 8. Teil, Wien u. Wolfenbüttel 1787
Treue, W., Wirtschaftsgeschichte der Neuzeit, Stuttgart 1962
Zwischenbericht der Bund-Länder-Kommission für Bildungsplanung an die Regierungschefs des Bundes und der Länder über den Bildungsgesamtplan und ein Bildungsbudget beschlossen am 18. Oktober 1971, Bonn

2 Zur Wissenschaftstheorie der Pädagogik und zum Theorie-Praxis-Verhältnis in den Sozialwissenschaften

Adorno, Th., Aufsätze zur Gesellschaftstheorie und Methodologie, Frankfurt a. M. 1970
Albert, H., Ethik und Meta-Ethik. In: Archiv für Philosophie, Bd. 11, 1961/62, S. 28–63
Albert, H., Probleme der Theoriebildung. In: Theorie und Realität. Hrsg. v. H. Albert, Tübingen 1964
Albert, H., Sozialwissenschaft und politische Praxis. In: Archiv für Rechts- und Sozialpolitik, Vol. 1968 LIV/2, S. 247–277
Albert, H., Theorie und Prognose in den Sozialwissenschaften. In: Logik der Sozialwissenschaften. Hrsg. v. E. Topitsch, Köln 1965

Albert, H., Traktat über kritische Vernunft, Tübingen 1968
Albert, H., Wertfreiheit als methodisches Prinzip. In: Logik der Sozialwissenschaften. Hrsg. v. E. Topitsch, Köln 1965
Albert, H., Das Werturteilsproblem im Lichte der logischen Analyse. In: Zeitschrift für die gesamten Staatswissenschaften, 112. Bd. 1956, S. 410–439
Albert, H. u. Topitsch, E. (Hrsg.), Werturteilsstreit, Darmstadt 1971
Albert, H., Wissenschaft und Politik. Zum Problem der Anwendbarkeit einer wertfreien Sozialwissenschaft. In: Probleme der Wissenschaftstheorie. Festschrift f. V. Kraft, Wien 1960
Auernheimer, G., Erziehungswissenschaft kontra Pädagogik. Historisch-systematische Untersuchungen zum Theoriebegriff der Dilthey-Schule, P. Natorps und R. Hönigswalds, Bochum 1968
Beck, J., Zur ideologischen Funktion der Pädagogik. In: Kippert, K. (Hrsg.), Einführung in die Soziologie der Erziehung, Freiburg 1970
Beutler, K., Der »Autonomie«-Begriff in der Erziehungswissenschaft und die Frage nach dem gesellschaftlichen Fortschritt. In: Pädagogische Rundschau, 23 (1969), S. 195–207
Beutler, K., Die konservative Pädagogik und ihr Verhältnis zur Politik. In: Westermanns Pädagogische Beiträge, 19 (1967), S. 64–69
Bloch, E., Pädagogica, Frankfurt a. M. 1971
Bokelmann, H., Das Normproblem in der Pädagogik. In: 5. Beiheft der Zeitschrift für Pädagogik, Weinheim 1964
Bollnow, O. F., Empirische Wissenschaft und Hermeneutische Pädagogik. Bemerkungen zu Wolfgang Brezinka: Von der Pädagogik zur Erziehungswissenschaft. In: Zeitschrift für Pädagogik, 17 (1971), S. 683–708
Bollnow, O. F., Der Erfahrungsbegriff in der Pädagogik. In: Zeitschrift für Pädagogik, 14 (1968), S. 221–252
Bollnow, O. F., Der Wissenschaftscharakter der Pädagogik. In: ders., Erziehung in anthropologischer Sicht, Zürich 1969
Brezinka, W., Von der Pädagogik zur Erziehungswissenschaft, Weinheim 1971
Dahmer, I., Erziehungswissenschaft als kritische Theorie und

ihre Funktion in der Lehrerbildung. In: didacta, 3 (1969), S. 16–32
Dahmer, I., Theorie und Praxis. In: Geisteswissenschaftliche Pädagogik am Ausgang ihrer Epoche – Erich Weniger. Hrsg. v. I. Dahmer u. W. Klafki, Weinheim 1968
Dahrendorf, R., Gesellschaft und Freiheit, München 1961
Derbolav, J., Die Entwicklungskrise der deutschen Pädagogik und ihre wirtschaftspolitischen Konsequenzen, Wuppertal 1970
Dilthey, W., Schriften zur Pädagogik, Bes. v. H.-H. Groothoff und U. Herrmann, Paderborn 1971
Doepp-Vorwald, H., Pädagogie – Pädagogik – Erziehungswissenschaft. In: Pädagogik als Wissenschaft. Hrsg. v. F. Nicolin, Darmstadt 1969
Doepp-Vorwald, H., Über den »hermeneutisch-pragmatischen« Wissenschaftscharakter der Pädagogik. In: Pädagogische Rundschau, 15 (1961), S. 1–9
Dolch, J., Aufgabe und Aufbau der Pädagogik, einer umstrittenen Wissenschaft, In: Röhrs, H. (Hrsg.), Erziehungswissenschaft und Erziehungswirklichkeit, Frankfurt a. M. 1964
Fink, E., Der Doppelaspekt der Pädagogik als theoretischer und pragmatischer Wissenschaft. In: Die Deutsche Schule, 53 (1961), S. 57–63
Fischer, A., Über die Bedeutung des Experiments in der pädagogischen Forschung und die Idee einer exakten Pädagogik (1913) In: Röhrs, H. (Hrsg.), Erziehungswissenschaft und Erziehungswirklichkeit, Frankfurt a. M. 1964
Fischer, A., Über das Studium der Pädagogik an den Hochschulen (1921). In: Pädagogik als Wissenschaft. Hrsg. v. F. Nicolin, Darmstadt 1969
Fischer, W., Erneute, die Geschichte berücksichtigende Erörterung der Frage, ob die Pädagogik eine Wissenschaft sei oder abgebe. In: Vierteljahrsschrift für wiss. Päd., 42 (1966), S. 245–260
Fischer, W., Kritik der lebensphilosophischen Ansätze der Pädagogik. In: Pädagogik als Wissenschaft. Neue Folge der Ergänzungshefte zur Vierteljahrsschrift für wiss. Päd., Heft 4, Bochum 1966
Flitner, W., Allgemeine Pädagogik, Stuttgart 1965
Flitner, W., Das Selbstverständnis der Erziehungswissenschaft in der Gegenwart, Heidelberg 1966[4]

Flitner, W., Stellung und Methode der Erziehungswissenschaft. In: Röhrs, H. (Hrsg.), Erziehungswissenschaft und Erziehungswirklichkeit, Frankfurt a. M. 1964

Funk-Kolleg Erziehungswissenschaft, Bd. 1–3, Frankfurt a. M., 1970/71

Gamm, H.-J., Das Elend der spätbürgerlichen Pädagogik, München 1972

Gamm, H.-J., Kritische Schule, München 1970

Giesecke, H., Einführung in die Pädagogik, München 1971

Groothoff, H.-H., Über Diltheys Entwurf einer wissenschaftlichen Pädagogik. In: Pädagogik als Wissenschaft. Heft 4 der Neuen Folge der Ergänzungshefte zur Vierteljahrsschrift für wiss. Päd., Bochum 1966

Habermas, J., Erkenntnis und Interesse, Frankfurt a. M. 1968

Habermas, J., Erkenntnis und Interesse. In: ders., Technik und Wissenschaft als »Ideologie«, Frankfurt a. M. 1969²

Habermas, J., Gegen einen positivistisch halbierten Rationalismus. In: Der Positivismusstreit in der deutschen Soziologie, Neuwied 1969

Habermas, J., Technik und Wissenschaft als »Ideologie«, Frankfurt a. M. 1969²

Habermas, J., Theorie und Praxis, Neuwied 1967²

Habermas, J., Der Universalitätsanspruch der Hermeneutik. In: Hermeneutik und Ideologiekritik. Mit Beiträgen v. K.-O. Apel u. a., Frankfurt a. M. 1971

Habermas, J., Wissenschaft und Politik. In: Offene Welt, 1964, S. 413–431

Heitger, M., Die Bedeutung des Normativen für den Begriff der pädagogischen Führung. In: Pädagogik als Wissenschaft. Neue Folge der Ergänzungshefte zur Vierteljahrsschrift für wiss. Päd., Heft 4, Bochum 1966

Heitger, M., Bildung in der modernen Gesellschaft, München 1963

Heitger, M., Die Erziehungswissenschaft im Verhältnis zur Psychologie und Soziologie. In: Psychologie und Soziologie in ihrer Bedeutung für das erziehungswissenschaftliche Studium. 6. Beiheft der Zeitschrift für Pädagogik, Weinheim 1966

Heitger, M., Pädagogik und Soziologie. In: Einführung in die pädagogische Fragestellung. Teil I Hrsg. v. W. Fischer, Freiburg i. B. 1961

Heitger, M., Zum Verhältnis von Theorie und Praxis in der Pädagogik. In: Einführung in die pädagogische Fragestellung. Teil I. Hrsg. v. W. Fischer, Freiburg i. B. 1961

Herbart, J. F., Allgemeine Pädagogik aus dem Zweck der Erziehung abgeleitet (1806), Vorwort v. H. Nohl, Weinheim 1959²

Herrmann, U., Art.: Dilthey und die Dilthey-Schule in der Pädagogik. In: Neues Pädagogisches Lexikon, Stuttgart 1971⁵

Herrmann, U., Die Pädagogik Wilhelm Diltheys, Göttingen 1971

Heubaum, A., Ist Pädagogik eine Wissenschaft? (1908). In: Pädagogik als Wissenschaft. Hrsg. v. F. Nicolin, Darmstadt 1969

Hoffmann, D., Ansatz und Tragweite einer »kritischen Erziehungswissenschaft«. In: Westermanns Pädagogische Beiträge, 23 (1971), S. 167–175

Holzkamp, K., Kritische Psychologie. Vorbereitende Arbeiten. Frankfurt a. M. 1972

Horkheimer, M., Kritische Theorie, 2 Bde., hrsg. v. A. Schmidt, Frankfurt a. M. 1968

Kippert, K. (Hrsg.), Einführung in die Soziologie der Erziehung, Freiburg 1970

Klafki, W., Erziehungswissenschaft als kritisch-konstruktive Theorie: Hermeneutik – Empirie – Ideologiekritik. In: Zeitschrift für Pädagogik, 17 (1971) 3, S. 351–385

Kraft, V., Die Grundlagen der wissenschaftlichen Wertlehre, Wien 1951²

Langeveld, M. J., Einführung in die theoretische Pädagogik, Stuttgart 1965⁵

Langeveld, M. J., Der Wissenschaftscharakter der Pädagogik. In: Pädagogik als Wissenschaft. Hrsg. v. F. Nicolin, Darmstadt 1969

Litt, Th., Das Wesen des pädagogischen Denkens, In: Röhrs, H. (Hrsg.), Erziehungswissenschaft und Erziehungswirklichkeit, Frankfurt a. M. 1964

Lochner, R., Deutsche Erziehungswissenschaft, Meisenheim am Glan 1963

Lochner, R., Zur Grundlegung einer selbständigen Erziehungswissenschaft (1960). In: Pädagogik als Wissenschaft. Hrsg. v. F. Nicolin, Darmstadt 1969

Lompe, K., Sozialwissenschaft und politische Praxis. In:

Archiv für Rechts- und Sozialpolitik, Vol. 1968 LIV/4, S. 549–574
Lompe, K., Wissenschaftliche Beratung der Politik. Ein Beitrag zur Theorie anwendender Sozialwissenschaften, Göttingen 1966
Marx, K., u. Engels, F., Die Deutsche Ideologie, Berlin (Ost) 1960
Menze, C., Erziehungswissenschaft und Erziehungslehre. In: Pädagogische Blätter. H. Döpp – Vorwald zum 65. Geburtstag, hrsg. v. F.-J. Holtkemper, Ratingen 1968, S. 303–332
Menze, C., Die Hinwendung der deutschen Pädagogik zu den Erfahrungswissenschaften vom Menschen. Eine geschichtliche Betrachtung. In: Zur Bedeutung der Empirie für die Pädagogik als Wissenschaft. Heft 5 der Neuen Folge der Ergänzungshefte zur Vierteljahrsschrift für wiss. Päd., Bochum 1966
Menze, C., Pädagogik als prognostische Leitungswissenschaft? In: Vierteljahrsschrift für wiss. Päd., 47 (1971), S. 273–286
Mollenhauer, K., Erziehung und Emanzipation, München 1970[3]
Myrdal, G., Das Verhältnis zwischen Sozialwissenschaft und Sozialpolitik. In: ders., Das Wertproblem in der Sozialwissenschaft, Hannover 1965
Nicolin, F. v. (Hrsg.), Pädagogik als Wissenschaft, Darmstadt 1969
Nohl, H., Die pädagogische Bewegung in Deutschland und ihre Theorie, Frankfurt a. M. 1963[6]
Nohl, H., Pädagogik aus dreißig Jahren, Frankfurt a. M. 1949
Opp, K.-D., Zur Anwendung sozialwissenschaftlicher Theorien für praktisches Handeln. In: Zeitschrift für die gesamten Staatswissenschaften, 123. Bd. 1967, S. 393–418
Opp, K.-D., Methodologie der Sozialwissenschaften, Reinbek b. Hamburg 1970
Popper, K. R., Logik der Forschung, Tübingen 1969[3]
Röhrs, H., Allgemeine Erziehungswissenschaft, Weinheim 1969
Röhrs, H. (Hrsg.), Erziehungswissenschaft und Erziehungswirklichkeit, Frankfurt a. M. 1964
Röhrs, H., Forschungsmethoden in der Erziehungswissenschaft, Stuttgart 1968
Roth, H., Die realistische Wendung in der pädagogischen Forschung. In: Röhrs, H. (Hrsg.), Erziehungswis-

senschaft und Erziehungswirklichkeit, Frankfurt a. M. 1964

Ruhloff, J., Marginalien zur Überlieferung des pädagogischen Neukantianismus anläßlich einer Edition von Schriften Jonas Cohns. In: Vierteljahrsschrift für wiss. Päd., 47 (1971), S. 211–218

Ruhloff, J., Ein transzendentalkritisch – bildungstheoretisches Didaktik-Konzept. In: Neue Folge der Ergänzungshefte zur Vierteljahrsschrift für wiss. Päd., Heft 11, Bochum 1970

Schaller, K. (Hrsg.), Erziehungswissenschaft und Erziehungsforschung. Ein Repertorium zur Methodologie der Pädagogik, Hamburg 1968

Schelsky, H., Die politische Aufgabe der Wissenschaft. In: ders., Abschied von der Hochschulpolitik oder Die Universität im Fadenkreuz des Versagens, Bielefeld 1969

Schleiermacher, F. E. D., Theorie der Erziehung, Nachschriften der Vorlesungen aus dem Jahre 1826, In: Schleiermacher, Ausgewählte pädagogische Schriften, bes. v. E. Lichtenstein, Paderborn 1959

Spranger, E., Kultur und Erziehung, Leipzig 1928⁴

Spranger, E., Die Bedeutung der wissenschaftlichen Pädagogik für das Volksleben, In: Röhrs, H. (Hrsg.), Erziehungswissenschaft und Erziehungswirklichkeit, Frankfurt a. M. 1964

Thiersch, H., Hermeneutik und Erziehungswissenschaft. In: Die Deutsche Schule, 58 (1966), S. 3–21

Topitsch, E., Sozialtheorie und Gesellschaftsgestaltung. In: Theorie und Realität, hrsg. v. H. Albert, Tübingen 1964

Topitsch, E., Das Verhältnis zwischen Sozial- und Naturwissenschaften. In: Logik der Sozialwissenschaften. Hrsg. v. E. Topitsch, Köln 1965

Wellendorf, F., Ansätze zur erziehungswissenschaftlichen Theoriebildung in der BRD. In: Erziehungswissenschaft als Gesellschaftswissenschaft, Heidelberg 1969

Weniger, E., Die Eigenständigkeit der Erziehung in Theorie und Praxis, Weinheim 1957

Namenregister

Über den Autor

Karl Zenke wurde am 23. 1. 1939 geboren. Er studierte an der Pädagogischen Hochschule Wuppertal, war 1963/64 als Volksschullehrer tätig und setzte sein Studium dann an der Universität Köln fort. 1965 Magister-Examen in den Fächern Pädagogik, Psychologie und Anglo-Amerikanische Geschichte. Danach zwei Jahre Dozent an einer sozialpädagogischen Fachhochschule. Fortsetzung der Studien in Pädagogik, Soziologie und Geschichte. Assistenz im Fachbereich Erziehungswissenschaft der Universität Konstanz. 1971 Promotion zum Dr. phil. bei Hans-Jochen Gamm. Derzeit Dozent für Allgemeine Pädagogik an der Pädagogischen Hochschule Reutlingen.

Erziehungswissenschaft
Herausgegeben von Hans-Jochen Gamm

Band 1661

Erziehung in der Klassengesellschaft
Einführung in die Soziologie der Erziehung

Von Johannes Beck, Manfred Clemenz, Franz Heinisch, Ernest Jouhy, Werner Markert, Hermann Müller, Alfred Pressel.

Diese Einführung, von Mitarbeitern der Abteilung für Erziehungswissenschaften an der Frankfurter Universität erstellt, enthält Beiträge zu einer sozialwissenschaftlichen Theorie und Praxis emanzipatorischer Erziehung. Sie richtet sich an alle, die Bedingungen, Ziele und Inhalte gegenwärtiger Erziehung ändern wollen.

Band 1662

Arno Combe

Kritik der Lehrerrolle

Dieses Buch über die Lehrer und die Schule wird zum Kristallisationskern einer Kritik an den Anforderungen der spätkapitalistischen Leistungsgesellschaft, die verhindern, daß die Schule in der gegenwärtigen Gestalt einen gesellschaftlichen Bereich darstellt, wo die Demokratisierung der Gesellschaft vorangetrieben werden kann.

Erziehungswissenschaft
Herausgegeben von Hans-Jochen Gamm

Band 1663

Freerk Huisken
Zur Kritik bürgerlicher Didaktik und Bildungsökonomie

Kaum eine der erziehungswissenschaftlichen Disziplinen hat sich in den letzten Jahren in ihren Fragestellungen und Methoden so sehr gewandelt wie die Didaktik. Der Autor untersucht die veränderten Methoden und Fragestellungen in der Didaktik und stellt fest, daß durch die Übernahme des positivistischen Wissenschaftsbegriffs die Didaktik in zunehmendem Maß zu einer Disziplin wird, die uns Techniken zur Lernmaximierung entwirft, ohne nach den gesellschaftlichen Interessen zu fragen.

Die Gesellschaft und ihre Wissenschaften

Band 1621

Demosthenes Savramis
Theologie und Gesellschaft

Savramis gibt einen Überblick der Wechselwirkungen zwischen Theologie und Gesellschaft von der Urkirche bis in die Gegenwart. Er geht dabei von der Einsicht aus, daß auch Theologie und Kirche irren können, und daß sich diese Irrtümer auf die Gesellschaft verhängnisvoll auswirken. Diese Einsicht impliziert aber auch neue Aufgaben für die Theologie innerhalb unserer modernen Gesellschaft.